KB055975

사랑하는   님

하나님의 사랑과 평안이 삶에 가득하시기를

기도하며 이 책을 드립니다.

_____ 드림

나는, 내가 좋다

나는, 내가 좋다

초판 1쇄 펴낸 날 | 2010년 8월 31일
초판 2쇄 펴낸 날 | 2010년 11월 9일
지은이 | 홍광수
펴낸이 | 우수명
펴낸곳 | 도서출판 NCD

등록번호 | 제129-81-80357호
등록일자 | 2005년 1월 12일
등록처 | 경기도 고양시 일산구 장항동 578-16 나동

ISBN 978-89-5788-142-2

도서출판 NCD

주소 | 서울시 강남구 대치동 943-13 윤천빌딩 3층
주문 | 영업부 (일산) 031-905-0434, 0436 팩스 031-905-7092
본사 | 편집부 (강남) 02-538-0409, 3959 팩스 02-566-7754
한국 NCD 지원 · 코칭 | 02-566-7752 팩스 02-566-7754
NCD몰 | www.ncdmall.com

• 책값은 뒤표지에 있습니다.
• 잘못된 책은 구입하신 서점에서 교환해 드립니다.
• 본문에 인용된 성경 구절은 개역개정판을 따랐습니다.
• 책 내용에 대한 문의나 출간을 의뢰하는 원고는 editor@asiacoach.co.kr로 메일을 보내주십시오.
• 이 책은 《기질로 읽는 내 삶의 프로파일》과 《나를 찾아 떠나는 심층여행》을 기본으로 하여 개정한 책입니다.

종이 시그마페이퍼 **출력** 미성 D&C **인쇄** 한국소문사 **제책** 국일문화사

교회를 건강하게 성장하도록 돕는 도서출판 NCD

도서출판 NCD는 '자연적으로 성장하는, 더 좋고 많은 교회 번식 운동'을 펼치고 있는 한국NCD 및 이와 관련된 기관들의 사역을 문서로 지원하는 출판사입니다.
한국 NCD는 현재 전 세계 6대주 66개국 10,000교회 4,200만 자료로 검증된 설문 조사 자료를 토대로 하여 한국에서 8가지 질적 특성을 중심으로 교회의 건강을 진단할 뿐만 아니라 더 많은 교회들이 건강하게 세워질 수 있도록 지속적으로 자료 및 도구 제공, 훈련, 세미나, 컨설팅, 코치 사역, 세계 선교, 지역 및 정보 네트워크를 통해 사역하고 있는 국제적인 전문 사역 기관입니다.

나는,
내가
좋다

홍광수 지음

도서출판 NCD

사랑이란, 상대를 이해하는 것이다. '서로 사랑하라'는 말씀은 서로 이해하라는 것이다. 그러나 사람은 서로가 다르다. 달라도 너무 다르다. 사랑하기에는 품을 수 없고, 이해하기에는 담을 수 없는 사람들이 너무나 많다. 그러나 우리는 이렇게 서로 다른 사람들끼리 한 가정에서, 한 교회에서, 한 직장에서 서로 얼굴을 맞대고 살아야 한다.

우리는 서로 '틀린' 존재가 아니라 서로 '다른' 존재라는 것을 이해하려는 노력이 필요하다. 어떤 사람은 일하는 것을 좋아하나 어떤 사람은 노는 것을 더 좋아한다. 어떤 사람은 차분한데 어떤 사람은 덜렁댄다. 어떤 사람에게 큰 문제가 되는 것이 다른 사람에게는 아무런 문제가 되지 않는다.

세상에는 사자 같은 사람도 필요하고 소 같은 사람도 필요하다. 모두가 다 사자일 필요도 없고 소가 될 필요도 없다. 사자는 사자처럼, 소는 소처럼 살면 된다. 그래야 세상도 조화와 균형 속에 모두가 평화를 누리며 살아갈 수 있다.

소크라테스의 불변의 명제처럼 '자기 자신을 아는 일'이 제일 중요한 것이다. 소가 사자를 부러워할 때 소의 불행이 시작되고, 덜렁대는 사람이 차분한 사람을 부러워할 때 정신적인 해리가 일어난다. 차분한 사람은 차분하게 살고 덜렁대는 사람은 덜렁대며 사는 것이 행복의 길이다. 서로를 배려하는 마음으로 말이다.

그리고 그 행복의 지름길은 먼저 내가 어떤 유형의 사람인가를 알고 그리고 나와 함께 사는 사람들을 아는 것이다. 이것은 사람의 성격 유형을 알고 그들의 행동을 이해하게 되면 가능한 일이다. 서로를 알면 오해가 사라지고, 나의 약점을 상대방의 강점으로 보완할 수 있다.

이 책에서는 사람의 성격의 유형을 알고 그들의 행동을 이해하며, 사람을 사랑하도록 돕기 위해 다음과 같은 내용을 담았다. 먼저, 사람의 행동 유형을 히포크라테스의 '기질 이론' 과 그것을 응용한 윌리엄 말스톤의 'DISC 이론' 으로 접근하여 제시했다. 그리고 성경에서 서로 다른 유형의 인물들을 하나님이 어떻게 쓰셨는가를 주목했다.

단순한 성격뿐 아니라 복잡한 성격을 가진 성경인물들에 대한 면밀한 분석을 통해, 사람에 대한 깊이 있는 통찰을 얻게 되고 또한 자신을 있는 그대로 받아들이고 사랑하는 법을 배우게 될 것이다. 누가 뭐라 해도 나는 이 세상에서 단 하나뿐인 특별한 존재이기 때문이다. 이 책을 통해 다른 사람이 아닌 나 자신을 발견하고 사랑하게 되길 바란다.

이 책의 내용으로 사람을 전부 이해할 수 있다고 생각하는 것은 위험천만하며 또한 불가능한 일이다. 다만 지혜롭게 서로 사랑하며 이해

나는,
내가 좋다

하고, 다른 사람과 행복한 관계를 만들어 나가는 데 요긴한 도움을 주는 지침서로 여긴다면 그것으로 족하겠다.

오랜 시간 동안 성격 유형에 대한 여러 강의를 통해, 그리고 이 책을 통해 사람들을 깊이 이해하고 관계를 회복할 수 있도록 인도하신 하나님께 감사를 드린다. 그리고 이 책을 출간하도록 격려해 주신 도서출판 NCD의 폴정 박사님과 우수명 대표님 그리고 스태프들에게 감사를 드리며, 특별히 열심히 나의 강의를 듣고 '기질 전도사'가 된 사랑하는 모든 이들에게 고마움을 표한다.

홍광수

C·O·N·T·E·N·T·S

글 머리에

들어가며

PART 1   인간의 다양한 성격 유형들

단순한 성격의 사람   20

복잡한 성격의 사람   23

성경인물들의 성격 유형   28

PART 2   성격대로 쓰임받은 성경인물들

Chapter 1   600만불의 사람들 (D형 이야기)   39

파워풀한 지도자 D형 솔로몬   52

분노의 사람 D형 가인   63

정치적 감각이 타고난 D/I형 여호수아   65

미지의 개척자 D/C형 바울   73

Chapter 2   화려한 언어의 마술사 (I형 이야기)   103

관계를 중요시하는 I/D형 베드로   111

사람을 세우는 I/S형 바나바   124

예술적 감성의 소유자 I/C형 다윗   129

Chapter 3 유언을 하고도 43년을 더 산 사람 (S형 이야기) 155

온유함으로 땅을 차지한 S형 이삭 165

안정과 조화를 추구하는 조언자 S/I형 아브라함 173

때를 아는 전략가 S/C/D형 야곱 191

Chapter 4 웬만해선 만족하지 않는 사람 (C형 이야기) 213

신중하고 주도면밀한 C형 모세 217

비판적이고 고집스러운 C/D형 요나 229

신비스러운 영성의 소유자 C/S형 요한 234

자기관리가 철저한 C/S형 요셉 244

순종의 사람 C/S형 노아 248

PART 3 성숙한 인격을 향하여

가면을 쓰는 사람들 256

완전한 성품을 지닌 분 258

이야기를 맺으며 279

부록 DISC로 알아보는 성격 유형 검사 방법

기원전 4세기경, 그리스의 코스^{Cos} 섬에 살던 의학의 아버지 히포크라테스는 당시 의술의 신으로 추앙받던 아스클레피우스를 존경했다. 히포크라테스는 자연히 아스클레피우스의 의술을 익히게 되었고, 사람들을 치료하면서 똑같은 질병에 똑같은 약을 처방해도 낫는 사람이 있는가 하면 그렇지 않은 사람이 있다는 것을 발견했다. 그는 이 현상에 의문을 품게 되었는데 마침내 그가 찾아낸 답은 인간의 모든 내부 장기의 체액이 사람마다 다르다는 것이었다.

이러한 체액설을 통한 인간 성향의 이해가 2천 년 가까이 진행되는 동안 콜롬비아대학의 윌리엄 말스톤 교수는 1920~1930년까지 약 10년간 히포크라테스의 네 가지 체액설을 바탕으로 사람들의 행동 양식을 연구한 결과, D.I.S.C.라는 성격 유형을 만들었다.

사람의 성격 유형을 분류하는 기준에는 여러 학설과 연구 결과들

나는,
내가 좋다

이 있는데 그 중 DISC 이론은 사람의 변화무쌍한 마음을 겉으로 드러나는 행동 양식을 통해서 알 수 있다고 말한다. 따라서 DISC 이론은 이해하기가 쉽고 용어의 사용과 기본적인 이해가 명확하다. 아주 단순하게, 주도적인 D형, 사교적인 I형, 안정적인 S형, 신중한 C형으로만 구분 지어도 많은 사람들의 성격을 이해할 수 있고 그들의 행동 양식을 예측할 수 있기 때문에 사람을 이해하는 데 많은 도움을 준다. 또한 상대를 설득하거나 문제를 해결할 때 그들의 주된 성향만 알아도 문제의 50%는 풀린다고 볼 수 있다.

그러나 문제는 인간이 그렇게 절반의 열쇠만 가지고 열리는 존재가 아니라는 사실이다. 여러 가지 다른 성격 유형들이 뒤섞여서 아주 복잡하게 생각하고 행동하는 사람들이 더 많다. 내향적인 C형의 성격을 가지고 있으면서 그 속에 정반대의 외향적인 I형 성격이나 힘 있고 추진력이 강한 D형이 함께 있을 때, 그를 겉으로 드러나는 C형으로만 이해하기에는 많은 부분에서 오해를 낳는다. '저 사람이 왜 이럴 때는 이렇게 행동하다가 저럴 때는 저렇게 행동할까?' 하고 그를 이해하지 못한다. 이처럼 사람이 자기 정체성을 알지 못하고 주변 사람들도 그 사람에 대해서 이해할 수 없는 경우는 그 안에 서로 다른 성격 유형들이 공존하기 때문이다.

내 자신의 정체성을 분명하게 알기 위해, 그리고 날마다 함께 대면하고 살아야 하는 사람들을 더욱 깊이 이해하기 위해 우리는 DISC 각각의 성격 유형에 대해서 정확하게 알 필요가 있다. 따라서 여기서는 DISC 각 유형의 대표적인 인물을 성경에서 찾아 그들이 왜 그렇게 행동했는지에 관한 프로파일을 밝혀보고자 한다.

우선 D형군에서 D/C형 사도 바울을 통해 개척자들의 유형을 분석

나는,
내가 좋다

해보고, I형군에서 I/C형 다윗을 통해 감성의 사람들을 조명해본다. S형에서는 S/I형 아브라함을 통해 조언자형을 알아보고, 세 기질이 뒤섞인 S/C/D형 야곱을 통해 전략가들의 스타일을 파악해 볼 것이다. 마지막으로 C형군에서 C/S형 사도 요한을 통해 차분한 관리자요 신비주의자들을 알아보고자 한다. 그리고 무엇보다도 이러한 인간 성품의 불완전한 부분을 온전케 해주실 우리의 주 예수 그리스도를 소망하는 시간이 되었으면 한다.

이 과정에서 우리의 삶 속에서 자주 부딪치는 사람들의 성격을 더욱 잘 이해하도록 돕기 위해 일상생활의 현장감 있는 생생한 언어들로 성경을 재구성해 보는 것을 널리 양해해 주기 바란다.

PART 1

인간의 다양한
성격 유형들

일반적으로 사람들은 한 가지 이상의 성격 유형을 갖고 있다.
모든 사람들이 한 가지의 단순한 성격만 갖고 살아간다면 사람
들의 행동 양식을 이해하는 것이 쉽겠지만 묘하게도 사람은 그
렇게 단순하게 지어지지 않았다.

여호와 하나님이 땅의 흙으로 사람을 지으시고
생기를 그 코에 불어넣으시니 사람이 생령이 되니라 (창 2:7)

chapter **I**

인간의 다양한
성격 유형들

　모든 사람들은 각기 다른 성격 유형을 갖고 있다. 그것은 하나님이
부모를 통하여 각기 다른 체질을 물려주셨기 때문이다.

　서양 기질학의 시초라고 할 수 있는 히포크라테스(460~370 B.C)는
인간의 질병을 치료하면서 환자들에게 서로 다른 체질이 있음을 발견했
다. 그는 인간의 기질이 사람의 몸속에서 생성되는 체액 때문이라고 생
각했다. 사람의 몸은 피blood, 흑담즙black bile, 황담즙yellow bile, 점액phlegm
과 같은 네 가지 체액을 생성하는데 이러한 체액들이 기질을 만든다고
여긴 것이다. 히포크라테스는 인간의 기질적 특징이, 현대식으로 말하

면 호르몬 분비의 영향으로 형성된다고 보았다.

이에 반해 동양에서는 아직 학문적으로 온전히 정립되지는 않았지만, 한국의 대표적인 체질의학인 '사상의학'의 관점으로는 사람의 기질이 음양의 조화로부터 생겨난다고 보았다. 한 부모 안에서 서로 다른 성품을 가진 형제가 나오듯, 음과 양이 서로 만나 각기 다른 기운들을 만들어 나간다. 사람의 기운은 음부장기의 크기와 감각에 따라 편차가 생기는데, 이 기운의 편차에 의해 사람마다 다른 체질이 형성된다는 것이다.

이제마 선생은 《동의수세보원》에서 사람은 누구나 '태소음양'의 네 가지 체질을 벗어날 수 없다고 말한다. 네 가지 체질은 봄에 해당되는 소양인, 여름에 해당되는 태양인, 가을에 해당되는 소음인, 겨울에 해당되는 태음인으로 설명할 수 있다.

이처럼 동서양이 서로 다른 근거에서 각기 기질의 원리를 풀어나갔지만 묘하게도 네 가지 체액과 네 가지 체질로 인간의 성격을 설명한 것은, 온 인류가 기질 곧 성격 유형에 대해서 공통된 견해를 갖고 있음을 말해준다.

| 성격 유형에 관한 연구의 다양한 이론들 |

인류 역사상 가장 오래된 히포크라테스의 기질론은 인간의 성격 유형에 관한 다양한 이론을 만들어 내는 데 밑거름이 되었다. 1920~1930년, 미국의 콜롬비아 대학의 윌리엄 말스톤 교수는 히포크라테스의 이론을 바탕으로 'DISC 이론'을 개발해냈다.

DISC 이론은 인간의 행동 유형에 따라 성격을 구분 짓는데, 인간을 주도형(D형), 사교형(I형), 안정형(S형), 신중형(C형)으로 나눈다. 대다수의 DISC 연구가들은 이 네 가지 유형을 개인의 성격을 측정하는 수단으로 활용해왔다. 미국의 팀 라헤이 박사는 가장 안정적이고 보편적이라는 이유로 히포크라테스의 네 가지 기질 이론을 확대시켜 사용하고 있다.

1950~1960년에는 마이어스-브릭스 모녀가 칼 융의 분석심리학을 응용해서 16가지 심리 분석 이론을 만들기도 했다. 우리에게는 MBTI^{Mayers-Briggs Type Indicator}로 통하는 이 이론은 사람들의 심리를 8가지 유형으로 구분 짓는다. 외향성과 내향성, 감각형과 직관형, 사고형과 감정형, 판단형과 인식형이 그것인데 이는 주로 인간의 심리를 분석하는 도구로 쓰인다.

MBTI가 인간 내면의 심리를 이해하기 위한 것이고 DISC가 인간 외면의 행동 유형을 찾는 것임을 보면, MBTI와 DISC를 병행하여 인간의 심리와 행동 유형에 대한 폭넓은 이해를 얻을 수 있을 것이다. 그 외에도 정상적인 행동과 비정상적인 행동을 다루는 진단 도구로 MMPI^{The Minesota Multiphasic Personality Inventory} 이론과 TJTA^{The Tailor-Johnson Temperament Analysis} 이론이 있다. 그리고 인성을 진단하는 도구로 애니어그램 이론 등도 있다.

그러나 나는 서양인의 체질에 바탕을 둔 성격 분석 이론만으로 동양인의 체질이나 성향을 이해한다는 것은 분명히 문제가 있다고 본다. 서양인들의 토질이나 기후, 음식과 문화 또한 그들의 음부장기가 동양

사람과 다르기 때문에 동양인의 체질과 성격은 그에 맞는 방식으로 이해해야 하는 것이다. 이런 관점에서 볼때 비록 일천하지만 동서양의 성격에 관한 이론을 접목시키려는 시도는 필수적인 연구 과제가 되었다.

꼭 들어맞는 것은 아니지만 서양의 DISC 이론과 동양의 사상의학은 D형은 태양인, I형은 소양인, S형은 태음인, C형은 소음인과 유사한 성격 구조를 갖는다. 성격 유형과 체질의 배열 순서도 같다. 이 책에서는 동양의 철학적 원리와 사람의 외양에 따라 성격을 구분하는 부분에서 사상의학의 도움을 얻는다.

단순한 성격의 사람

| 네 가지 성격의 일반적 이해 |

히포크라테스의 이론에 의하면 네 기질은 담즙질, 다혈질, 점액질, 우울질로 구분된다. 그러나 DISC 이론에서는 D, I, S, C로 행동 유형을 구분 짓는다. 히포크라테스 방식은 내면의 성격을 규정하며, DISC 방식은 밖으로 드러나는 행동 양식을 설명한다.

DISC란 각 성격 유형을 나타내는 단어들의 머리글자를 딴 것이다. DISC의 용어들을 살펴보면 다음과 같다.

주도형 D   D형은 담즙질로 설명된다. 담즙질은 보편적으로 가장 활동성이 강한 사람들이다. 성격 유형에서도 10% 안팎으로 가장 적은 비율이며 화산과 같은 성품을 지녔다. 이들은 사상의학에서 태양인으로

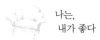

D형 (주도형)	Dogmatic(독단적인), Dictatorial(독재적인), Directive(지배적인), Decisive(단호한), Determined(결연한), Demanding(요구가 지나친), Defiant(도전적인) Domineering(거만한)
I형 (사교형)	Interested(흥미있는), Influencing(감화를 주는), Inducing(설득력 있는), Interacting(영향을 끼치는), Interchangeable(융통성 있는), Inspirational(영감이 풍부한), Impressive(인상적인)
S형 (안정형)	Stable(안정적인), Standing(고정된), Sleeping(활동하지 않는), Status quo(안주하는), Steady(한결같은), Service(봉사하는) Special(전문적인), Shy(수줍은), Sweet(감미로운), Sensitive(민감한)
C형 (신중형)	Cautious(신중한), Careful(조심성 있는), Calculating(계산적인), Correct(정확한), Critical(비판적인), Contemplative(심사숙고하는), Competent(유능한), Conservative(보수적인), Concise(간결한)

구분돼, 에너지가 가장 왕성한 여름에 해당되며 1,000명에 한 명꼴이다. 왜냐하면 이들은 사람들을 통제하고 주도하는 지도자적인 성향을 띠기 때문에 하나님께서도 적은 무리로 만드신 것이다.

이들은 동물에 비유하면 흔히 사자로 표현된다. 사자는 초원에서 제일 강하고 무서운 존재지만 그들의 수는 제일 적다. D형이 세상에 많았으면 인류는 공룡처럼 멸절되었을지도 모른다. 그들은 주도적이고 일 중심적이며 독재적이고 다른 사람들을 자기의 통제 하에 넣으려는 강한 사람들이기 때문이다. 이들은 사람이나 사건의 핵심을 읽는 직관력이 뛰어나고 고정관념을 무너뜨리는 데 능하다.

사교형 I형   I형은 다혈질로 설명된다. 다혈질은 사상의학에서 봄에 해당되며, 소양인을 말한다. 반드시 일치하는 것은 아니지만 I형과 소양인은 상당한 유사점을 갖고 있다. 그들은 차가운 겨울의 대지를 뚫고 피어나는 식물들처럼 부드러우면서도 활동적이다. 이들은 씩씩하고 따뜻하며 봄과 같은 화창한 분위기를 온몸에 가지고 있다. 이들은 몸도 마음도 따뜻하다.

사람과 함께 있는 것을 좋아하며 누구하고도 쉽게 사귄다. 공부를 하거나 골치 아픈 일은 싫어하지만, 지구상에 이들이 사라지면 사람들은 사는 맛을 느끼지 못할 것이다. 이들은 아름다운 꽃이자 유능한 연기자들이다. 사람들은 이들로 인해 용기와 격려를 얻으며 위로와 기쁨을 얻는다.

안정형 S   S형은 점액질이다. 이름 그대로 끈적거리는 성품을 갖고 있다. 이들은 사상의학에서 태음인으로, 겨울에 해당되는 사람들이다. 겨울은 가장 춥지만 추울수록 봄이 가깝듯이 겉은 차가워도 속은 따듯하다. 마치 추운 겨울에 땅속에서 따뜻한 물을 내듯이 행동이 느리고 조용하기 때문에 남의 일에 빨리 반응하지 않아 차가운 사람들처럼 보이지만 근본적으로 인간에 대한 따뜻한 성품을 가지고 있다.

이들은 갈등을 싫어하고 압박받는 분위기를 두려워한다. 또한 겨울에는 요란한 일들이나 분주한 활동이 적듯이 이들은 한 곳에 있기를 좋아하고 안정적이며 꾸준하다. 또한 인생을 실용적으로 사는 사람들이라 자기와 깊이 연관되지 않으면 쉽사리 움직이지 않는다. 주변의 성질급한 사람들은 속이 타겠지만 이들은 정말 급한 일이라면 누군가 급한 사람이 하게 되어 있다는 분명한 철학을 가지고 살아간다.

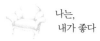

신중형 C　C형은 우울질의 성격과 행동 양식을 갖는다. 우울질은 이름 그대로 우울한 사람들이다. 이들은 사상의학에서 가을 체질인 소음인의 행동 구조를 가지고 있다. 이들은 타인과 자신에 대해 최고의 기대치를 갖고 사는 사람들이다. 그러므로 남의 실수를 지적하거나 자신의 완전하지 못함에 대해 스스로를 학대하는 사람들이다. 이들은 학문을 하는 데 유리하며 매사에 분석적이다.

이들이 생각을 쉽게 행동으로 옮기지 못하는 것은 아직 머릿속에서 검토 중이기 때문이다. 이들은 최고의 감성을 가지고 있어 위대한 예술가들이 많고, 법이나 철학과 같이 나라의 근간을 세우는 이론적인 일에는 이들을 따라잡을 사람이 없다. 이들은 모든 기질 중에 제일 재능이 많은 사람들이다. 그러나 안타까운 것은 그들 자신이 그러한 재능을 가졌다는 사실을 잘 인정하지 않는다는 것이다.

복잡한 성격의 사람

일반적으로 사람들은 한 가지 이상의 성격 유형을 가진다. 인간은 부모의 형질로부터 성격을 물려받는다. 부모가 모두 단순한 성격을 가지고 있을 경우 자녀들도 단순한 성격 유형으로 태어나지만, 일반적으로 단순한 성격만을 가진 부모로부터 태어나는 사람들은 흔하지 않다. 남녀 간에는 본성적으로 서로 다른 성격에게 끌리기 때문에 서로 다른 성격과 만나 결혼을 하는 경우가 많고, 따라서 대부분의 사람들은 복합적인 성격 유형을 가지고 태어난다.

아주 독특하게 네 가지 성격 유형을 비슷한 비율로 갖는 사람도 있지만 대부분의 경우는 두세 가지 유형을 혼합해서 갖고 있다. 주 성격 유형은 성격 유형 검사 후 제일 앞서는 유형을 말하고 종 성격 유형은 두 번째나 세 번째로 나오는 유형을 말한다. 주 유형과 종 유형이 서로 50%씩 나오는 사람들도 더러 있지만 대부분은 이 두 가지 유형이 구분된다. 복합적인 성격 유형은 동일한 성격끼리 연합된 사람들도 있고 상반된 성격이 연합된 사람들도 있다.

| 네 가지 성격 유형의 배합 |

앞에서 설명한 대로 모든 사람들이 단순한 성격만 갖고 살아간다면 성격과 행동 양식을 통한 인간 이해가 쉽겠지만 묘하게도 사람은 그렇게 단순하게 구성되어 있지 않다. 네 가지 성격 유형은 서로 만나 12가지 유형을 만든다. 그래서 복합적인 12가지 유형과 4개의 단순한 성격 유형을 합해 보편적으로 인간의 성격 유형을 16개로 본다. 물론 더욱 섬세하게 구분하면 더 많이 나눌 수 있겠지만 그 이상으로 구분하면 이해하기 어려워지기 때문에 보통 16개의 성격 유형으로 인간의 성격을 구분한다.

동일한 성격의 결합 사상의학에서 인간을 크게 양과 음으로 나누듯이 성격도 크게 외향성과 내향성으로 나눌 수 있다. D형과 I형은 각기 태양인과 소양인처럼 양인이며 외향성이다. 그러나 S형과 C형은 태음인과 소음인처럼 음인이며 내향성이다. D/I형이나 I/D형은 서로 같

은 외향성을 드러내고 S/C형이나 C/S형은 내향성으로 자기 정체성의 통일성을 보여준다. 이러한 동일 성향을 갖는 기질끼리의 결합은 성격과 행동 양식을 이해하는 데 용이하다.

이를테면 D/I형은 일이나 인간관계가 모두 빠른 사람들이라 직관력과 결정이 빠르고 행동도 빠르다. 서로 외향적인 성격이므로 외향적인 것으로 일관성 있게 융합된다. 반면 S/C형은 인간관계도 일도 모두 느리고 침착하며 신중한 내향성으로, 서로 융합이 쉽고 내성적인 성격으로 연합된다. 이러한 동일 유형끼리 복합된 성격을 가진 사람들을 이해하는 것은 어렵지 않고 대체로 일관적이며 통일적이다.

상반된 성격의 결합 　그러나 한 인격체 안에서 서로 다른 성격이 공존하는 사람은 행동 양식이 일치되지 못하고 자신이나 남들에게도 알 수 없는 사람으로 인식된다. 사람들이 "저 사람은 도무지 어떤 사람인지 모르겠다"라고 말하거나 혹은 자기 자신도 자신의 정체성을 모르는 경우, 대부분 서로 상반된 복합 성격을 가지고 있는 경우이다.

이를테면 빠른 일 중심의 D형과 느린 관계 중심의 S형이 혼합된 D/S형은 자기 자신 안의 정서적인 불일치 때문에 자신이나 주변 사람들이 아주 황당해하는 경우들이 많이 있다. 또는 평소에는 말도 시원시원하게 잘하고 아주 싹싹한 사람인 것 같다가 급박한 상황이 생길 때 한발 뒤로 빼는 사람들을 보면 대개 S/I형인 경우가 많다. 또한 C/I형이나 I/C형은 감정의 기복이 심하다. 그래서 자기도 자기를 이해하지 못하고 남들도 자기를 모른다.

이처럼 D/S형이나 C/I형과 같이 서로 반대되는 성격이 섞여 있을

때는 자기정체성의 통일을 갖지 못한다. 그렇다고 "나는 성격이 왜 이 모양일까?"라고 자기를 혐오하지 말고 정확한 자기 성격 유형을 알아서 자기 성격으로 성공할 수 있고 하나님나라를 위해 기여할 수 있는 일을 찾아야 한다. 그리고 두 가지 성격의 장점을 찾아서 극대화시키는 훈련을 하면, 한 가지 성격을 가진 사람들이 갖고 있는 장점보다 더 많은 장점을 갖게 된다는 사실을 기억해야 한다. 그러나 결코 잊지 말아야 할 것은, 두 가지 성격의 단점이 극대화되면 그 누구보다도 단점이 더 많은

나는,
내가 좋다

사람으로 전락할 수 있다는 사실이다.

| 성경인물들의 복합적인 성격 |

성경은 복합 성격의 장점으로 축복받고 성공하거나, 단점으로 인해 패망의 길을 걸은 많은 인물들을 적나라하게 보여주고 있다.

서로 반대되는 내향성과 외향성의 성격이 혼합된 대표적인 인물은 다윗(I/C형)과 바울(D/C형)이다. 다윗은 내향성과 외향성이 결합된 사람이기 때문에 그의 시편에서도 보는 바와 같이 감정의 기복이 심하다. 랍바성 전투가 걱정되어 지붕 위를 거닐다가(C형) 목욕하는 여인을 바라보고 미혹당하는 모습(I형)이 한 사람 안에 공존하고 있다. 한참 신나게 놀다가 '내가 왜 이렇게 경솔하지?' 하고 금방 우울해한다.

바울은 D형의 일에 대한 추진력과 C형의 이론적 정밀함의 강점을 갖고 이방땅에 복음을 전한 개척자형의 대표 인물이다. 그러나 로마서 7장을 보면 그의 안에서 두 가지 상반된 성격(경향성)이 충돌했던 것을 알 수 있다.

"내 속사람으로는 하나님의 법을 즐거워하되 내 지체 속에서 한 다른 법이 내 마음의 법과 싸워 내 지체 속에 있는 죄의 법 아래로 나를 사로잡아 오는 것을 보는도다 오호라 나는 곤고한 사람이로다 이 사망의 몸에서 누가 나를 건져내랴 우리 주 예수 그리스도로 말미암아 하나님께 감사하리로다 그런즉 내 자신이 마음으로는 하나님의 법을 육신으로는 죄의 법을 섬기노라" (롬 7:22-25).

성경인물들의 성격 유형

성경인물들의 성격을 살펴보는 것은 대단히 흥미롭고 의미있는 일이다. 우리는 성경 속의 위대한 인물들처럼 살기 원하나 쉽지 않다는 것을 잘 알고 있다. 그러나 성격 유형 이론으로 성경의 인물들을 접근해가다보면 의외로 쉽게 문이 열리는 것을 볼 수 있다. 성경인물들의 감춰졌던 모든 인성을 알게 되며, 하나님이 왜 그들을 시험하시고 또 사용하셨는지 그 비밀이 풀린다. 또한 성경인물들이 우리와 달리 하늘에서 뚝 떨어진 사람들이 아니라 우리와 성정이 똑같은 사람들이라는 것을 깨닫게 된다.

이런 과정을 통해 그들과 동일한 성격을 가지고 있는 우리들에게 하나님이 기대하시는 행동 양식이 어떤 것인지 알 수 있다. 또한 하나님은 각기 다른 성격을 가진 사람들을 어떠한 모양으로 사용하셔서 하나님나라를 이루어 가셨는지를 알게 해 준다. 그러므로 성경인물들은 우리 자신의 성격을 알고 성령으로 변화받아 살아야 할 모범을 보여준다고 할 수 있다.

| 하나님의 숨결과 인간의 잠재의식 |

창세기 2장 7절에는 "하나님이 흙으로 사람을 지으시고 생기를 그 코에 불어넣으시니 사람이 생령이 된지라"라고 했다. 사람이 다른 피조물과 다른 것이 바로 이 부분이다. 다른 피조물과 똑같이 흙으로 지음받았지만 유일하게 사람에게만 하나님의 '생기', 곧 '생명의 기운'을

코에 불어넣어 주셨다는 것이다.

생기 곧 생명의 기운은 하나님의 '숨'이다. 하나님의 숨은 하나님의 '생명'이다. 하나님의 생명은 영원하다. 그러므로 하나님이 사람 속에 불어넣으신 그 생명의 기운은 영원성을 갖고 있는 것이다. 인간이 영원한 존재라는 사실은, 자기 속에 들어 있는 하나님의 숨결을 느끼게 될 때 비로소 깨닫게 된다. 하나님의 숨결이 들어 있는 자리를 심리학에서는 무의식 또는 잠재의식이라고 하고, 성경에서는 속사람이라고 부른다.

| 속사람의 성품들이 깨어나야 |

지금 우리에게 가장 중요하고 시급한 일은 우리의 속사람이 깨어나야 한다는 것이다. 하나님이 부여해 주신 하나님의 숨결을 회복해야 한다. 우리는 그동안 돈, 성공, 명예, 권력, 지위, 인기, 집착, 승부, 탐욕, 이기심, 착취, 강탈, 미움, 불평 등과 같은 세속적인 가치들을 전부로 여기고 살아왔다. 그러나 우리의 깊은 잠재의식 속에 들어 있는 하나님의 숨결은 세속적 가치들과는 전혀 다른 것이다.

나무는 그 열매와 동일성을 갖는다. 탱자나무에서 탱자가 열리고 유자나무에서 유자가 열리는 것처럼 하나님나무에서는 하나님열매가 열린다. 그런데 그 열매 곧, 하나님의 성품들은 이미 창세 때에 하나님이 우리에게 불어넣어 주신 숨결 안에 다 들어 있는 것들이다. 거룩함, 진리, 사랑, 평화, 기쁨, 인내, 자비한 마음, 착한 양심, 충성스러운 마음, 온유, 절제, 순종, 상생, 따뜻함 등 하나님나라의 가치들이 우리의 속사람 안에 자리잡고 있다.

두 사람이 실험 한 가지를 해 보라. 상대방이 모르게 화학조미료를 담은 봉투를 쥐어주고 오링테스트(오링테스트에 관해서는 부록 284쪽을 참고)를 해 보라. 그 사람은 봉투 안에 무엇이 들어 있는지 모르기 때문에 오관을 통한 의식의 활동이 없이 다만 잠재의식이 활동할 뿐이다. 아마도 그 사람의 손가락은 쉽게 벌어질 것이다. 이번에는 봉투 안에 속사람의 성품들과 연관된 것(성령의 아홉 가지 열매를 쓴 종이, 갓난아이나 임산부의 사진 같은 것들)을 넣어 주고 오링테스트를 해보라. 그 사람의 손가락은 절대로 벌어지지 않는다.

이것은 우리의 의식으로 무엇을 분별하지 않아도 우리의 내면에 들어 있는 속사람이 자신과 동일성을 갖는 것에 환호하고 기뻐하며 엄청난 에너지를 만들어 낸다는 사실을 증명하는 것이다. 이제 우리는 나의 겉사람이 전부인 것처럼 여기고 또 세속적인 가치체계가 우리의 삶의 구조인 것처럼 여기며 살아왔던 데에서 달라져야 할 때가 되었다.

| 성경인물들의 성격을 연구하는 이유 |

인간의 성격은 속사람의 가치들과 겉사람의 가치들을 공유하고 있다. 그래서 한 사람 안에 거룩한 모습과 추악한 모습을 동시에 담고 있는 것이다.

바울이 "원하는 것은 행하지 아니하고 도리어 미워하는 그것을 함이라"(롬 7:15)고 하며 "그것을 행하는 자는 내가 아니요 내 속에 거하는 죄니라"(롬 7:17)고 한 것은 바로 인간 성격의 핵심을 보여준다. 위대한 사도 바울은 바로 겉사람과 속사람, 표면의식과 잠재의식, 죄와 성령,

성격의 단점과 강점 두 양극단 사이에서 갈등하는 자신의 모습을 분명하게 파악했던 것이다.

성경의 인물들을 성격 유형으로 분석하는 이유는 우리 안에서 말씀하시는 하나님의 숨결에 올바르게 순종하기 위해서다. 다시 말하면 성경인물들이 자신의 성격적인 단점과 죄성을 극복하여 거룩함에 도달하는 과정을 살펴보고 반대로 자신의 내면의 소리보다 사회가 요구하는 표면적 가치에 따라 움직임으로써 결국 실패하고 말았던 인물들의 삶을 조명해 보면서 교훈을 얻고자 하는 것이다. 성경인물들의 성격을 분석함으로써 그것을 통해 우리의 속사람이 새롭게 변화되는 것을 경험해 보자.

| 인류 최초의 사람의 성격은? |

성경인물들의 성격 분석을 들어가기 전에 가볍게, 인류 최초의 사람을 한번 만나 보고 가자. 인류 최초의 사람 아담에 대해서는 그의 행동 양식이나 언어 등에 관한 자료가 너무 빈약하여 정확하게 추정하기는 어렵다. 그러나 성경에 나온 몇 가지 단서를 기초로 분석해 보면 아담은 S형에 가깝다고 할 수 있다.

S형은 안정형 타입의 사람이다. 일에는 성실하고 사람 관계는 수동적이지만 친근하고 부드러우며 우호적인 사람이다. 간장부에 에너지가 강한 사람이므로 간처럼 빨리 반응하지 않으며 화를 잘 내지 않는다.

남들(주로 D형)이 화를 벌컥벌컥 낼 때, S형은 왜 저 사람이 화를 내는지 잘 이해하지 못한다. 또 어떤 상황은 본인 자신도 자존심 상할 만한 일인데도 금방 화를 내지 않는다. S형은 집에 가거나 잠자리에 들 때 쯤이 되어서야 서서히 불쾌해진다. 그러다가도 일단 잠은 자고 내일 가서 한 번 더 그러면 화를 내야되겠다고 생각하고 잠이 든다. 지구상에서 S형만이 할 수 있는 일이다.

그들은 남의 일에 심각하게 반응하지 않는다. 자기만 힘들게 하지 않으면 이래도 좋고 저래도 좋은 사람들이다. 그러나 분명하게 자신이 해야 할 일에 대해서는 전문가적인 식견을 갖고 아주 성실하게 일하는 사람들이다.

이들이 좋아하는 환경은 온화하고 가정적이며 누구의 침해도 받지 않는 조용하고 목가적인 환경이다. 직장생활도 월급을 많이 주는 곳으로 옮기는 것보다 적게 받더라도 한 곳에서 꾸준하게 일하는 것을 더 좋아한다. 한 가지 일을 꾸준히 하기 때문에 자연히 전문가들이 많다.

체질적으로는 살집이 있고 후덕하게 생긴 사람들이 많다. 그리고 실제로 잠도 많이 자고 게으르며 느긋하다. 먹는 것에 거절함이 없으며, 남에게 싫은 소리를 잘 못하지만 결정적인 때에는 속에 쌓인 것들을 폭발하듯이 내뱉기도 한다. 그러나 이들은 말없이 일하는 관리자이며 순종적인 사람들이다.

우리는 성경에서 아담이 적극적이거나 능동적으로 행동한 부분을 거의 찾아볼 수 없다. 하나님이 시키는 대로 행할 뿐이다. 하나님도 아담에게 에덴동산을 지키게 하시는 것이 쉬웠다. 아마도 아담이 D형이나 I형 타입의 사람이었다면 지키고 관리하게 하는 일은 어려웠을 것이다.

또한 아담은 실제적이고 단문을 사용하는 S형의 언어 형태를 보여

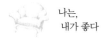

주고 있다. 하나님이 아담을 잠들게 하시고 그의 갈비뼈를 취하여 아내를 만들어 데리고 오셨을 때 그가 한 말을 보라. C형이었다면 "이 사람은 누구냐, 어디서 왔느냐, 내가 어떻게 해야 되느냐"라는 등 궁금증이 풀릴 때까지 물었을 것이고, I형은 그녀의 아름다움에 대한 표현이나 아내를 선물로 주신 하나님께 감사하는 여러 가지 표현을 했을 것이다. 그러나 S형 아담은 그의 아내를 보고 말하기를 "이는 내 뼈 중의 뼈요 살 중의 살이라" 이렇게 간단하게 핵심적으로만 그의 감동을 표현할 뿐이었다.

다른 성경인물 중에 대표적으로 S형인 아브라함이나 이삭을 보더라도 길고 지루한 언어를 사용하지 않는다. 아들을 제사 지내러 사흘 길을 걸어가는 동안에 나누는 S형 부자의 대화는 간단명료한, 실제적인 일 중심적 언어들이다.

아담이 S형으로 추측되는 또 한 가지 사례는 그의 아내가 금단의 열매를 주어서 먹게 했을 때, 아무 생각 없이 받아먹었다는 부분이 결정적인 단서가 된다. 아담은 분명히 하나님이 "동산 각종 나무의 실과는 임의로 먹되 선악을 알게 하는 나무의 실과는 먹지 말라 네가 먹는 날에는 정녕 죽으리라"(창 2:16-17)고 하신 말씀을 들었으면서도 아름다운 아내가 건네주는 실과에 대해 그 출처나 과실의 이름조차 묻지 않고 빠르게 그리고 생각 없이 받아먹는 행동을 보인다. 이것은 전형적인 S형의 행동 양식이다.

만약에 아담이 D형이었다면 특유의 빠른 직관으로, 저 과일은 건드리면 안 되는 금단의 열매인 것을 알아차리고는 "당신 미쳤어? 이게 무슨 짓이야! 이 과일은 하나님께서 금하신 과일 아냐? 어떻게 하려고 이런 짓을 해!"라고 소리를 지르며 막아서 사태를 빠른 시간 내에 해결했을지도 모른다. 만일 C형이었다면, 먹기 전에 이 과일은 이름이 뭐냐? 어디서 났느냐? 라고 묻다가 금단의 열매임을 안 뒤에는 그의 원칙 중심적인 사고와 행동으로 이를 금하고 사태를 해결하려고 했을 것이다. 물론 아담이 I형이었다면 S형인 것보다 더 큰 문제를 야기시켰을 가능성이 있지만 아담은 I형의 경쾌하고 싹싹한 모습을 보이지 않으므로 논외한다.

아담이 S형인 또 한 가지의 증거는, S형은 급한 일이나 어려운 일이 발생하면 일단 자기 몸부터 숨겨버리는 행동 양식을 가지고 있는데 아담이 그렇다. 아담은 선악과를 먹고 난 뒤에 눈이 밝아졌다고 했다. 눈이 밝아졌다는 말은 멍청했다가 똑똑해졌다는 뜻이 아니라, 선과 악을 구분하고, 사리를 분별하며, 시비를 가리는 지적 기능이 밝아졌다는 의미이다. 그가 선악과를 먹은 뒤에 자기를 찾으시는 하나님의 음성을 듣고 나무 뒤에 숨은 것은, '두려움'이라는 것을 인식하고 S형대로 반응하는 모습인 것이다.

지금까지 인류 최초의 사람에 대해 성격으로 이야기를 풀어보았다. 하나님께서 최초의 사람을 평온하고 순종적인 S형으로 만드신 데에는, 이 세상 만물의 기초가 '온유'와 '순종'으로 이루어져 있다는 단초를 제공한다. 하늘과 땅과 세상 만물은 모두 생성하고 소멸하는 데에 불안함이 없다. 실로 만물의 근원은 평온함이다(창 1:1-2).

PART 2

성격대로 쓰임받은
성경인물들

성경의 인물들을 통해 그들과 동일한 성격 유형을 갖고 있는
우리들에게 하나님이 기대하시는 행동 양식이 어떤 것인지 알
수 있다. 또한 하나님은 각기 다른 성격을 가진 사람들을 어떠
한 모양으로 사용해서 하나님나라를 이루어 가셨는지를 알게
해 준다.

노하기를 더디하는 자는 용사보다 낫고
자기의 마음을 다스리는 자는 성을 빼앗는 자보다 나으니라 (잠 16:32)

600만불의 사람들

(D형 이야기)

D형은 모든 분야에서 창조적인 역할을 한다. 그들은 철저히 일 중심적이며, 추진력이 뛰어나 일의 속도로는 천하에 그들을 따라잡을 자가 없다. 그들은 마치 일하기 위해 태어난 사람들처럼 자나 깨나 일에 대한 생각뿐이다. 그러므로 함께 일하는 사람에 대해서는 자연히 소홀하게 된다. 또한 이런 유형의 사람들은 일이 잘못되는 것을 결코 용납하지 않는다. 그들은 모든 관계를 일을 통해 형성해 간다.

외적으로 이러한 유형을 구별해 낼 수 있는 근거가 정확하다고 할수는 없지만, D형의 대부분은 다음과 같은 외모의 특징을 가지고 있다.

이들은 얼굴이 각지고 광대뼈가 튀어나왔으며 눈의 정기가 강하기 때문에 동공에 작은 힘만 주어도 다른 사람으로 하여금 위협감을 느끼게 한다. 이들은 폐가 크기 때문에 어깨가 넓고 목소리가 크다. 전철에서 이들이 전화 통화를 하면 모든 사람이 통화내용을 다 들을 수 있다.

어깨 뒤 근육이 강해서 상체가 웅장하며 귀의 정기가 약하기 때문에 남의 말을 쉽게 믿는 대신 오래 듣지 못한다. 걸음걸이는 가슴을 뒤로 젖히고 걸어서 자연히 배가 앞으로 나오게 되며 무게중심이 뒤에 있어서 겨울에는 빙판을 조심해야 한다. 말할 때의 어투는 항상 자기 과시가 강하기 때문에 '내가'라는 말을 많이 사용하고, 일이 잘못되었을 때에는 '너 때문에'라는 말을 많이 쓴다. 불같은 사람들이기 때문에 작은 일에도 화를 잘 내며 아무하고도 싸움을 잘한다.

| D형의 강점 |

일 중심적인 사람 D형과 C형은 똑같이 일 중심적인 사람들이지만 같은 일을 해도 C형은 준비하느라 속도가 느린 반면에 D형은 직관적으로 일의 핵심을 보기 때문에 판단력과 일의 실행 속도가 매우 빠르다(성격 유형과 일의 속도에 관해서는 옆 도표를 보라). D형의 강점은 모든 분야에서 일의 속도가 빠르다는 것이다. 그러므로 일에 관한 한 이들을 따라잡을 사람이 없을 만큼 D형은 타고난 지도자감이다. 그러므로 D형을 이해하기 위해서는 그들의 가족이나 친구관계보다는 업무관계에서 그들을 파악하는 것이 효과적이다.

이들이 일을 행하는 데 있어서 탁월한 이유는 감정에 이끌리지 않

〈성격 유형과 일의 속도〉

으며 냉철한 판단력을 가지고 모든 일에 대처하기 때문이다. 이러한 그들의 특성이 일의 능률을 오르게 하는 것이다. I형과 같이 다른 사람들과 수다를 떨다가 일을 놓친다거나 C형처럼 이것저것 생각하다가 기회를 놓치는 일이 없다. S형처럼 망설이다가 남에게 일을 빼앗기지도 않는다. 이들이 일을 잘하는 것은 그들의 사고구조가 실용적이기 때문이다. 즉, 사고구조가 군더더기가 없고 쓸데없는 일에 시간을 낭비하지 않는다. 모든 사물이나 사람을 일의 관계 속에서 내게 유익이 되는가로 평가하고 만날 뿐이다. 이들은 직관력이 강하기 때문에 순간적인 느낌이나 깨달음이 강하다.

　　혼자서도 열심히 일하는 사람　　D형은 스스로 자기의 삶을 성취해나가는 유형이라 누구의 조언도 필요로 하지 않는 사람이다. 혼자서 깨닫고 혼자서 결정하여 실행해 나간다. 사막에 갖다 놓도 혼자서 충분히 대궐을 짓고 살아갈 만한 사람이다. 주변에 사람이 없어도 결코 외로워하지 않는다. 오히려 혼자 있을 때 일에 집중하는 에너지가 충만하기 때문에 일을 방해하는 주변의 요소들에 혐오감을 갖는다.

마음속을 꿰뚫어 보는 사람 D형은 보편적으로 직관력이 뛰어나다. 그래서 사건이나 사물의 본질을 이해하는 데 남다른 능력을 보인다. 다른 사람들은 이야기 내용도 파악하지 못하고 있을 때 D형은 벌써 대답할 말을 찾고 있다. 이것은 그들이 천성적으로 타고난 능력이다. 그래서 갈등 구조에서 문제의 해결을 찾는 데 능숙하다. 복잡하고 어려운 문제조차도 이들은 지극히 단순하게 해결한다. 어떤 문제든지 해결점을 찾는 데 타의 추종을 불허한다. D형이 상당히 거칠어 보이지만 의외로 지혜가 뛰어난 것은 이들의 직관력 때문이다.

길게 말해서는 안 되는 사람 D형과 함께 일하는 사람들은 일에 대해 길게 설명할 필요가 없다. 이미 그들은 상대방이 무슨 말을 하려는지 알고 있기 때문이다. 아마도 이들에게 긴 설명을 늘어놓으면 그들의 감정은 폭발하고 말 것이다. 이들 앞에서는 요점과 핵심만을 간추려 이야기하는 습관을 가져야 좋은 관계가 형성된다.

책임감이 강한 사람 D형은 보편적으로 보스기질을 타고난 사람이다. 그들이 회사나 조직의 장長이 되는 것은 강한 책임의식을 갖고 있기 때문이다. D형은 인격이 성숙해지면 솔선수범하고 잘못된 결과를 남에게 돌리지 않는다. 많은 사람들 앞에서도 체면유지에 상관없이 아랫사람들의 보호막이 되기도 한다. 그래서 아랫사람들의 존경을 받기도 한다.

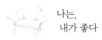

고정관념을 잘 깨뜨리는 사람　D형의 일에 대한 생각과 스타일은 남다르다. 웅장한 스케일에 박진감 넘치는 많은 일을 할 수 있도록 시스템을 구축하는 데 있어 이들을 따라잡을 수 있는 사람은 없다. 자질구레한 것에 신경 쓰기보다 일의 핵심적인 부분을 보고 추진하기 때문이다.

D형은 보편적으로 스케일이 크다. 소프트웨어보다는 하드웨어 쪽에 더 많은 장점을 가지고 있다. 그래서 엄청난 건물을 짓는다거나, 산을 깎고 길을 내고 바다 위에 다리를 놓을 생각을 하는 사람들이다. 이들은 어떻게 해야 하는가보다는 무엇을 해야 하는가에 관심이 더 많다.

다윗은 꿈에나 그리던 성전 건축과 왕궁 공사를 아들 솔로몬이 20년에 걸쳐 이룩한 것은 그가 D형이었기 때문에 가능한 것이었다. 이들의 생각은 막힘이 없다. "까짓것 하면 되지!"라는 결단력으로 일을 추진한다.

동시다발적으로 일하는 사람　바둑에는 '다면기'라는 것이 있다. 수가 높은 지도자가 수가 낮은 다수의 사람들을 대상으로 동시에 바둑을 두는 것을 말한다. D형은 바로 이런 식으로 일을 하는 사람들이다. 일에 관한 한 이들의 능력과 속도는 가히 천재적이고, 능력의 에너지는 끝이 없기 때문에 여러 일을 동시다발적으로 얼마든지 잘해 나갈 수 있는 사람들이다.

다른 사람들이 지칠 시간에도 일에 대한 이들의 열정은 식지 않는다. 그래서 집으로 일을 가지고 가서 가족들이 잠든 시간에도 일에 매달린다. 일에 방해가 되면 가족들을 떠나든지 재우든지 하는 스타일이다. 이러한 유형은 원래 남을 통제하는 기질이 강하며, 일을 방해받는 것을 참지 못해 가족들이 그에게 일방적으로 맞춰야 하다보니 가족들의 기분이 상하기도 한다.

　D형이 여성인 경우, 새벽까지 치우고 닦고 정리하며 요란하게 일을 한다. 그것도 그냥 일만 하지 않는다. 어떤 여성은 자신을 청소하게 만든 원인 제공자나 일을 매끄럽지 못하게 만든 원인들에 대해 온갖 불평을 하며 일을 한다. 그래서 D형 사람이 일할 때에는 모두가 긴장하게 된다. 마르다(S/D형)처럼 주님을 접대하는 봉사를 하면서도 방 안에 앉아서 예수님 말씀만 듣고 있는 마리아가 얄미워서 "걔 좀 나와서 일 좀 거들라고 해 주세요" 이렇게 말하는 스타일이다.

　D형 사람들은 개혁적인 원대한 비전을 갖고 그 비전을 실행으로 옮길 수 있는 아이템과 실행 능력이 무궁한 사람들이다. 그래서 큰일을 잘 이끌어 나가는 지도자가 많다. 회사의 대표들이 나름대로 성공해서 정상에 오르게 된 것은, 주로 남이 생각하지 않고 도전하지 못한 분야에 먼저 발을 들여놓았기 때문이다.

| D형의 약점 |

비정한 사람　D형은 속도를 제어할 수 없는 '브레이크 없는 벤츠'처럼 앞만 보고 나가는 일 중심의 사람들이다. 이것은 이들의 강점이지만 동시에 최대의 단점이기도 하다. 즉, 일 중심적이라는 것은 다시 말해 대인관계에 소홀해질 수 있다는 것이다. 그래서 이들은 주로 인간관계에서 많은 문제점들을 가지고 있다. 가족이나 동료 혹은 아랫사람들은 겉으로 드러내지는 못하지만 그들을 멀리하고 싶은 두려움을 갖고 있다. D형은 일을 잘하기 위해서 얼마든지 냉혹해질 수 있는 사람들이다. 그러므로 그들은 비정하고 잔인할 때가 많으며, 특히 난폭한 언어를 많이 사용한다.

때문에 이들은 상대방에게 씻을 수 없는 상처를 남기곤 한다. 가슴이 차가운 이들은 남들과 싸워도 괴로워하지 않으며, 자신이 남들에게 말로 상처준 것을 기억하지도 못한다. D형의 이러한 성격을 곁에서 직접 경험한 사람들은 언젠가는 그의 곁을 떠날 것을 결심하게 된다. 그러므로 이들의 인생 노년이 외롭게 되는 것이다.

후회를 잘하는 사람　D형은 변덕스럽기가 이루 말할 수 없다. 사람이나 일을 대할 때 핵심과 본질을 빨리 파악하기 때문에, 좋다는 생각이 들기만 하면 즉시 명령을 내리거나 본인이 직접 일에 뛰어든다. 그러다 시간이 조금만 지나면 신중하지 못한 결정으로 인한 문제들이 여기저기에서 드러나고, 그것을 발견하면 다시 명령을 번복하거나 뜯어고치는 일이 많다. 이것이 D형이 후회를 잘 하는 이유이다.

칭찬과 높임 받기를 좋아하는 사람　이들은 또한 자기들의 업적 위주로 사는 사람들이기 때문에 자신이 해낸 일에 대해 생색내기를 좋아한다. 조그만 일에도 '내가'라는 주어가 반드시 뒤따른다. D형인 솔로몬과 바울이 '내가'라는 단어를 얼마나 많이 사용했는가 보라(솔로몬은 90번, 바울은 387번 사용했다).

D형이 제일 두려워하는 것은 자기권위의 상실이다. 누구한테서라도 자기의 권위나 자기의 업적에 대해서 폄하하거나 도전하면 이들은 수단과 방법을 가리지 않고 분노를 폭발한다. D형들은 자기가 행한 일

에 대해 칭찬받지 못할 때에 폭력을 휘두르는 포악한 인류의 독재자가 되곤 한다.

D형인 바울도 "무익하나마 내가 부득불 자랑하노니"라고 했다(바울은 자랑이라는 말을 55번 사용함). D형이 자랑할 때 그에게 겸손하라고 말하면 안 된다. 이들은 칭찬과 높임을 받을 때 더욱 많은 봉사와 헌신을 할 수 있기 때문이다. 칭찬과 격려는 이들의 분노를 식게 하는 아주 좋은 약이다.

D형과 같이 있는 사람들은 쓸데없는 논쟁이나 대결을 피해야 한다. 마음속으로라도 '또 잘난 체하고 있네' 하고 비난해서는 안 된다. 이들은 상대의 작은 표정에서도 이미 자기를 혐오하고 있음을 직관적으로 알아차리기 때문이다. 만일 용감하게 이들의 업적의 실수나 잘못된 것을 들추어낸다면 당신은 그 대가를 톡톡히 치르게 될 것이다.

혹시라도 사업상 이들을 대해야 할 때면 이들이 한마디 말할 때마다 감탄사를 연발하면서 연신 존경의 눈빛으로 고개를 끄덕이라. 그러면 이들은 당신이 요청한 문제들을 들어줄 것이다. 이들은 충분히 그렇게 할 수 있는 능력이 있는 사람들이다.

남에게는 높고 자신에게는 낮은 기대치를 가진 사람 D형은 자신에 대한 기대치보다 다른 사람에 대한 기대치가 높다. I형이나 S형은 타인에 대한 기대치가 낮기 때문에 대인관계를 잘한다. C형은 남과 자신에 대해서 최고로 높은 기대감을 갖고 있기 때문에 남의 실수를 용납하지 않고 비난할 뿐만 아니라 자신의 실수에 대해서도 심각하게 생각한다.

D형은 C형처럼 타인에 대한 기대치가 높기 때문에 주변 사람들이

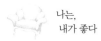

그들의 마음에 흡족하게 일을 못할 때 몹시 화를 내는 반면 자신에 대해서는 아주 관대하다. 자기의 잘못에 대해서는 스스로를 탓하기보다 자기를 잘못하게 만든 원인 제공자에게 모든 화살을 돌린다.

이러한 성격적 요인들로 인해 D형은 인격이 성숙하지 못한 사람들로 비쳐질 때가 많다. 그러나 D형의 성격을 이해하면 이들이 인격이 성숙하지 못해서 그런 것이 아니라, 그들이 천성적으로 갖고 있는 기대치가 성숙하지 못한 것이기 때문임을 알아야 한다.

그러므로 D형 주변의 사람들은 그들을 조금 더 이해해주고, D형 자신들은 자기를 돌아보아야 한다. 성숙한 인격으로 거듭난 D형이 되어야 원대한 포부와 더불어 사람들을 가슴에 안은 지도자가 될 수 있다. 최소한 내가 남에게 말한 것은 지키려고 노력한다면 D형은 가공할 능력에 고매한 인품까지 갖춘 지도자로 거듭나게 될 것이다.

| D형이 삶과 일에서 성공하는 방법 |

삶의 우선순위를 재조정하라 인간은 다른 사람과 더불어 사는 존재이다. 일도 사람을 위해서 하는 것이다. 아무리 일이 잘 되지 않아도 사람을 격려하고 아끼면 그들은 당신의 일을 더욱 완벽하게 해낼 것이다. 무엇보다도 사람이 가장 큰 자산이다. 사람을 귀하게 여기고 더불어 인내하는 훈련을 많이 해야 한다.

자신의 감정을 잘 조절하라 D형에게는 늘 분노가 잠재되어 있다. 성격 유형상 D형의 분노는 대부분 폭발하게 되어 있다. 대부분의 D형들이 일을 성공적으로 잘하면서도 함께 일하며 가까이 있는 사람들에게 호감을 주지 못하는 것은 바로 분노를 터뜨리기 때문이다.

D형이여, 화가 치밀어 오를 때는 노동을 필요로 하는 곳에 찾아가서 열심히 땀을 흘리며 일하라. 또한 순간적으로 분노가 치밀었을 때에는 운전을 하지 말고 잠시 집을 떠나 여기저기 걸어다니라. 그래도 정 견디기 어려우면 길가에 있는 전봇대라도 발로 걷어차라. 가족들은 당신이 웃으며 돌아오기까지 집에서 기도할 것이다. 당신의 가정은 분노의 폭발물을 처리하는 곳이 아니라는 사실을 명심하라.

하루에도 수많은 부부가 이혼을 하고, 거리를 헤매는 자녀들이 많이 생겨나는 것은 바로 D형의 성격을 가진 사람이 가정에서 분노를 폭발하여 낳은 결과임을 깊이 인식해야만 한다.

귀를 조금 닫으라 D형은 눈의 정기가 강해서 남의 속내를 파악하는 직관력은 강하지만 반면에 귀가 얇다. 그래서 남의 말을 확인도 해보지 않고 쉽게 믿어 시행착오를 일으켰다가 그러한 원인을 제공한 사람에게 화를 낸다. 남들이 하는 말이 다 사실은 아니다. 신중하게 듣고 천천히 말해야 한다. D형은 남의 말에 너무 빨리 반응하기 때문에 사실여부를 떠나서 일을 그르치는 경우가 많다.

일의 속도를 한 박자 늦추라 주변 사람들이 모두 당신처럼 일을 유능하게 잘할 수 있는 것은 아니다. 특히 C형이나 S형의 성격을 가진 사람들에게는 시간을 주고 기다려 주라.

남들에게 드러내려는 자신을 잘 통제하라 작은 일이라도 스스로 자신을 드러내지 말고 남들이 당신을 칭찬할 수 있게 해야 한다. 그래서 솔로몬도 "타인이 너를 칭찬하게 하고 네 입으로는 하지 말며 외인이 너를 칭찬하게 하고 네 입술로는 하지 말지니라"(잠 27:2)고 교훈한 것이다.

성령님께 다스림을 받도록 항상 기도하라   솔로몬은 "자기의 마음을 제어하지 아니하는 자는 성읍이 무너지고 성벽이 없는 것과 같으니라"(잠 25:28)고 했다. 또한 "모든 지킬 만한 것 중에 더욱 네 마음을 지키라 생명의 근원이 이에서 남이니라"(잠 4:23)고 했다. 마음을 어떻게 지킬 수 있는가? 인간의 성격은 내가 노력한다고 쉽게 변화되는 것이 아니다. 성령께서 나를 지배하시도록 마음을 열어드리고 그분의 음성에 따르는 기도와 훈련을 평소에 많이 쌓아야 한다(잠 16:32, 갈 5:22-23, 엡 4:32, 막 11:22, 고전 9:24-27, 행 17:4 참조).

| D형의 분노 제어 운동 |

D형들은 평소에 자신의 내부 깊은 곳에 흐르는 분노를 제어하는 노력을 해야 한다. 분노를 제어하는 훈련 방법으로 나는 다음 두 가지 운동을 제안한다.

검지 손가락 누르기   사람은 분노할 때에 검지 손가락을 내세운다. "너 정말 그 따위로 할 거야?"라고 화날 때 상대를 지목하며 자신도 모르게 검지 손가락을 세운다. 이것은 남들이 하니까 그렇게 따라 하는 것이 아니다. 사람이 화를 낼 때, 인간의 몸 안의 경락에는 양명대장경으로 분노의 기운이 흐르는데 그 기운의 흐름이 마무리되는 곳이 검지 손가락이다. 그래서 검지 손가락을 내밀어 분노를 표출하는 것이다.

이것을 역으로 생각해 보면, 분노가 일기 전에 검지 손가락으로 분노의 기운을 제어할 수 있다는 것이다. 뾰족한 것이나 아니면 자신의 손톱을 사용하여 검지 손가락 손톱 밑을 30초 이상 꼭 누르라. 그러면 가슴이 써늘해지면서 분기가 삭게 된다.

오른손 검지 손가락을 누르고, 다시 왼손을 눌러 주라. 이렇게 반복하면서 긴 단전호흡을 하면 마음이 평안해질 수 있다. 물론 의식이 몸을 만들기 때문에 정신적인 훈련이 제일 중요하지만 그렇게 하기가 쉽지 않은 사람들은 몸이 의식을 만들기도 한다는 것을 기억하고 좋은 습관을 만들어야 한다.

가슴을 여는 운동하기 D형은 독맥督脈에 강한 에너지가 흐르는 사람들이다. 이 독맥은 사람의 회음부에서 시작하여 등의 척추 중앙선을 따라 목을 지나 머리 정수리를 넘어 윗잇몸에 맺히기 때문에 보편적으로 윗입술이 두꺼운 사람들이 많다. 이들은 남의 말을 안 듣고 화를 잘 내며 독단적인 성격을 소유한 사람들이 많다. 새들도 사납고 공격적인 새들은 윗부리가 강하고 아랫부리가 약하다. 바다의 포식자 상어는 아예 아랫입술이 보이지 않는다. 사람이나 모든 동물들도 화가 나면 윗입술이 올라가고 잇몸이나 치아가 보이는 것도 그러한 경락의 원리에서 발생하게 되는 것이다.

D형의 에너지 흐름은 독맥의 경락과 같은 맥을 하고 있기 때문에 등에서 땀을 많이 흘리고 특히 뒷머리에서 목으로 땀을 많이 흘리게 된다. D형과 이야기하다가 그들이 뒷목을 쓰다듬는다든지 목뒤를 만지면 무척 따분해하고 있다는 비언어적 표현임을 읽을 줄 알아야 한다. 그러므로 D형 사람들은 독맥의 에너지를 키우는 것보다 반대로 상대를 받

아들이는 관용과 포용의 능력을 키우는 것이 현명한 일이다.

임맥은 사람의 아랫입술로부터 회음혈까지 앞가슴을 타고 내려가는데, 쉽게 말하면 열린 가슴이 된다는 뜻이다. 원리는 앞가슴을 제치고 열어 주는 것이다. 이러한 종류의 운동을 하면 임맥으로 흘러가는 에너지들이 더욱 활달하게 움직이고, 크게 열려진 임맥으로 자유로운 에너지가 흐르면서 독맥에서 정체되어 움직이지 못했던 분노와 같은 나쁜 에너지를 표출하지 않게 된다.

첫째는 주먹을 쥐고 양팔을 어깨 높이만큼 올린 뒤 머리와 몸은 움직이지 말고, 팔과 어깨만 좌우로 반복해서 돌려 주는 것이다. 둘째는 팔굽혀펴기를 하는 것이다. 상체의 무게를 양가슴으로 지탱하기 때문에 가슴이 자연히 열리게 된다. 셋째는 양팔을 좌우로 벌린 채로 흔들어 가슴을 열어 주는 운동을 하는 것이다. 어떠한 방식으로 하든지 원리는 가슴을 열어 주는 것이기 때문에 가슴을 활짝 제치고 가슴에서 땀이 나도록 적어도 30회 이상은 움직여야 한다.

이와 같이 하여 앞과 뒤 골고루 에너지 운행이 이루어지면 폐활량이 커지고 호연지기를 기를 수 있다. 사람이 가슴을 열어야 상대에 대해서 분노하지 않고 포용하게 된다. D형이 열린 가슴으로 사람을 대하면 그들은 천하에 당할 자가 없는 사람이 된다. 따라서 쉽고도 단순한 이 운동을 부지런히 하기 바란다.

파워풀한 지도자 D형 솔로몬

성경의 많은 인물들 가운데 순수하게 D형의 성격만을 가진 사람은 그다지 많지 않다. 복합적 성격을 가진 D형으로 사도 바울이나 여호수아가 있으나 순수 D형은 찾아보기 어렵다. 애굽의 바로왕이나 솔로몬, 기생 라합 정도가 있을 뿐이다. 여기에서는 솔로몬을 통해 순수 D형에 대해 알아보도록 하자.

| 열성적인 일 중심의 솔로몬 |

우리는 일반적으로 솔로몬을 유약하며 쾌락만 탐닉하다가 간 사람으로 알고 있지만 실제 성격 유형으로 그의 삶을 깊이 들여다보면 이 사람처럼 많은 일을 한 사람도 없음을 알게 된다. 그는 전형적인 D형으로, 창조적인 사람이었다. 그는 왕이 되어 사십 년 동안 예루살렘을 통치하였는데 그의 통치 기간의 대부분을 건축하는 일에 보냈다.

예루살렘 성전을 짓는 데 7년 걸렸고, 자기 왕궁을 짓는 데 13년 걸렸다(왕상 6:38-7:1). 성전과 왕궁 공사가 끝난 뒤에는 밀로와 예루살렘성과 하솔과 므깃도와 게셀을 동시다발적으로 건축해 나갔고(왕상 9:15), 모든 국고성과 병거성들과 마병의 성들을 건축하고 예루살렘과 레바논과 다스리는 온 땅에 건축하고 싶은 것을 다 건축했다(왕상 9:19).

아마도 솔로몬이 아니었다면 우리는 '하나님의 성전'이란 말을 사용하지도 못했을지 모른다. 솔로몬이 D형이었기 때문에 그 아버지 다윗이 꿈으로만 그리던 성전 건축을 그가 해낼 수 있었던 것이다. D형인 솔로몬에게는 이런 엄청난 공사를 시행하는 것이 큰 문제가 아니었다.

그런데 그 위대한 건축물들은 보는 사람들의 감탄을 자아냈겠지만 한편으로 얼마나 많은 사람들이 노역에 동원됐겠는가? 그래서 솔로몬의 아들 르호보암이 왕이 된 뒤 이스라엘 온 회중이 왕에게 찾아와서 "왕의 부친이 우리의 멍에를 무겁게 하였으니 왕은 왕의 부친이 우리에게 시킨 고역과 메운 무거운 멍에를 가볍게 해 달라"(왕상 12:3-4)고 청원할 정도였다. 열심히 일하는 D형 지도자 밑에 있는 사람들은 많은 일에 시달리게 된다.

만일 인정 많은 I/C형인 다윗이었다면 백성들의 고통을 마음 아파할 다윗을 생각해 하나님이 그에게 성전 건축을 맡기지 않으셨을지도 모른다. 지구상의 최고의 불가사의한 건축물들은 대다수가 무자비한 D형 임금들 통치 시에 지어졌다는 사실을 기억해야 한다. 피라미드도 D형인 바로왕이 세웠고 앙코르와트 사원도 크메르 왕조 아래서 지어졌다는 것은, 일 중심의 사람들만이 이루어 낼 수 있는 결과물이기 때문이다.

한편 솔로몬이 하나님의 성전을 짓는 일에는 7년이 걸리고 자기의 궁을 짓는 일에는 그 두 배의 기간이 걸렸다는 사실을 통해, 그가 하나님의 엄위하심보다 D형적인 자기 과시의 위엄을 내세우는 데 많은 공을 들였다는 것을 알 수 있다. 아마 I/C형인 다윗이었다면 하나님의 성전을 짓는 것과 자기의 궁을 짓는 것의 시간 비율이 솔로몬과는 정반대였을 것이다.

| 웅장한 세리머니를 홀로 주도하는 솔로몬 |

D형은 웅대한 세리머니를 하는 데 아주 탁월한 재능을 가지고 있다. 솔로몬의 D형 기질은 기브온 산당에서 하나님께 자신의 통치 첫 출발을 아뢰는 일부터 시작한다. 그는 누구도 상상할 수 없는 일천 번의 제사를 드린다(왕상 3:4). 소 일천 마리의 제사를 생각하고 실행에 옮길 수 있는 사람은 필경 D형밖에 없다.

이것을 쉽게 추정할 수 있는 것은 그가 성전 낙성식에 드린 제물을 통해서다(왕상 8:63). 아무리 일국의 왕이라 할지라도 막 발흥된 신생국가나 다름이 없는데 이것저것 고려하지 않고 하나님께 이만 이천 마리의 소와 십이만 마리의 양을 제물로 드렸으며 무려 14일 동안 이 절기를 지켰다는 사실은, 왜 하나님이 솔로몬에게 건축을 맡겼는지 짐작하게 하는 대목이다. 소 이만 이천 마리와 양 십이만 마리를 길에 세워 놓고 차례로 죽여나가는 일을 상상해 보라. 심장이나 비위가 약한 사람은 자기가 먼저 죽었을지도 모른다.

솔로몬에게 있어 성전을 짓는 일은, 자기를 왕으로 세운 아버지 다윗의 꿈을 이루어 드리는 일이기도 했지만 솔로몬 자신의 통치권을 확실하게 할 수 있는 기회이기도 했다. 솔로몬은 이 기회를 결코 놓치지 않았다. 열왕기상 8장은 솔로몬의 이러한 집요한 모습을 보여주고 있다.

여호와의 언약궤를 새 성전으로 모시는 과정에서 이스라엘 장로들과 모든 지파의 족장들을 소집하고 그들 앞에서 제사장들이 언약궤를 메도록 한다(왕상 8:1). 그리고 나서 14절에 왕이 얼굴을 돌이켜 온 회중을 위하여 축복했다고 되어 있다. 엄청난 낙성식에 자기의 위엄과 신정

통치의 신탁을 자신의 한 몸에 집중시킨다. 이 성전 낙성식에는 어떠한 선지자나 제사장의 이름도 거론되지 않고 있다. 자기가 제사드리고, 자기가 대표기도(8:22-53)하며, 자기가 축도(8:55)까지 하고, 자기가 백성들에게 음식을 나누어 주고, 자기가 절기를 선포한다. 이 부분은 D형인 솔로몬이 얼마나 강한 주도적 성격을 가졌는지를 보여주는 예이다.

| 하나님까지 통제하려 하는 솔로몬 |

D형은 모든 주변 상황을 자기가 통제하려 한다. 자신은 남의 통제를 받기 싫어하면서 남은 자기의 통제하에 넣으려고 한다. 심지어 하나님까지도 자신의 통제 범위 안으로 넣으려고 한다. "여호와께서 캄캄한 데 계시겠다 말씀하셨사오나 내가 참으로 주를 위하여 계실 전을 건축하였사오니 주께서 영원히 거하실 처소로소이다"(왕상 8:12-13). 하나님은 다른 데 돌아다니지 마시고 이 성전에 계셔서 나라가 위급할 때마다 이곳에서 우리가 기도하면 바로 응답해 달라는 것이다.

그러나 하나님은 전혀 다른 반응을 보이신다. "네가 아무리 멋진 성전을 짓고 나를 이곳에 묶어 놓으려 하여도 나의 말에 순종하지 아니하면 도리어 이 건물을 세상 사람들의 웃음거리로 만들겠다. 보이는 것들보다 보이지 않는 마음의 순종이 더욱 중요하다. 이런 것 가지고 나를 통제하려 하지 말고 먼저 내 말에 순종하라"(왕상 8:6-9 참고).

실제로 훗날 이스라엘 백성들이 하나님의 말씀에 순종하지 않았을 때에 하나님은 솔로몬이 지은 이 화려한 성전을 버리셨다. 예수님도 예루살렘 성전을 바라보시면서 껍질만 남아 있는 죽은 건물을 향하여

"돌 하나 돌 위에 남지 아니하고 무너지리라"고 명하셨고 A.D. 70년에 로마 티투스 장군에 의하여 완전히 파괴되어 버렸다.

| 사람의 속을 꿰뚫어 보는 솔로몬 |

D형은 눈의 정기가 제일 강한 사람이다. 단순히 사람이나 사물의 겉만 보는 것만이 아니라 속까지 꿰뚫어볼 정도로 직관력이 강하다. 이들의 직관력은 사안을 빨리 판단하고 아주 빠른 결정을 내리게 한다. 그리고 대부분 그들의 결정은 거의 정확하다. 우리가 이미 잘 알고 있는 것처럼 솔로몬은 지혜의 대명사다. 그러한 지혜도 하나님이 주신 D형의 성격으로부터 생겨나는 것이다.

열왕기상 3장에는 두 명의 여인이 갓난아이 때문에 재판을 받는 장면이 나온다. 한 여인이 아이를 먼저 낳고 사흘 뒤에 또 한 여인이 아이를 낳는다. 둘이 같이 산후조리를 하고 있는데 신중하지 못한 한 여인이 그만 몸을 뒤척이다가 아이를 깔아죽였다. 이 여인은 잠자는 다른 여인의 아이를 자기의 죽은 아이와 몰래 바꿔치기했다. 상황을 눈치 챈 여인이 아이를 돌려 달라고 아무리 해도 그 여인은 자기 아이라고 시치미를 뗐다. 그래서 결국 그들은 솔로몬에게 판결을 내려달라고 찾아온 것이다.

솔로몬은 상황을 알고 이렇게 판결했다. "그런 것 가지고 싸울 것 없다. 아이를 반으로 잘라 나눠 주어라." 만일 그대로 실행한다면 왕의 명령을 누가 어기겠는가? 살아 있는 갓난아이를 절반으로 자른다고 상상해 보라! 얼마나 끔찍한 판결인가. 그러나 솔로몬은 이미 진짜 엄마의

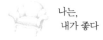

행동반경을 꿰뚫어보고 이런 극단적인 판결을 내린 것이다. 거칠어 보이지만 그 속에 누구도 따라잡을 수 없는 지혜를 품고 있는 D형의 특성을 보여주는 한 예이다.

| D형의 가장 큰 적은 분노 |

D형의 최대 단점은 분노를 참지 못하는 것이다. 사상의학에서 이들은 가장 열이 많은 화火에 속하는 태양인들이다. 모든 에너지가 밖으

로 향해 있는 사람들이다. 그래서 성격전문가들은 D형을 말할 때 "머리에 베수비오 화산을 이고 다니는 사람"이라고 한다. 언제 폭발할지 모르는 사람들이기 때문이다. 늘 신경질적이기 때문에 별것 아닌 작은 일에도 화를 잘 내며 한번 화가 나면 폭력적으로 돌변한다.

일반인도 아닌 수많은 백성들의 생사권을 쥐고 있는 왕으로서 그의 불같은 분노를 입술과 행동으로 옮겼을 때 어떤 일들이 벌어지겠는가? 솔로몬의 배다른 형인 학깃의 아들 아도니야는 장자로서 당연히 왕위의 계승권을 가지고 있었다. 그래서 그는 장군 요압과 제사장 아비아달을 끌어들여 자기가 왕위를 계승받았음을 만천하에 공포했다(왕상 1:5-10). 그러나 선지자 나단과 솔로몬의 어미 밧세바는 다윗의 생전 약속을 근거로 다윗을 움직여 극적으로 솔로몬에게 왕위가 돌아가도록 했다.

솔로몬에게서 간신히 목숨을 구한 아도니야는 왕권에 대한 아쉬움을 못내 감추지 못하고 아버지 다윗의 여인 아비삭을 자기의 첩으로 줄 것을 솔로몬의 어머니 밧세바에게 구한다. 임금의 여인을 맞이하겠다는 것은 자기가 임금의 반열에 들어 있었다는 과시의 발로였을까? 이 사건으로 엄청난 일들이 발생한다.

밧세바는 아도니야의 부탁을 별것 아닌 문제로 생각하고 솔로몬에게 이 문제를 해결해 달라고 찾아온다. 그러나 솔로몬이 그 이야기를 들었을 때 그의 분노는 화산과 같이 폭발하고 말았다(왕상 2:22). D형은 한번 폭발하면 분을 이기지 못하고 그동안 쌓여 있던 불만까지 모두 폭발해 버린다. 그래서 솔로몬은 자기보다 아도니야를 왕위에 앉히려 했던 요압과 제사장 아비아달에게도 연속적으로 분노를 폭발해 간다.

나는,
내가 좋다

I/S형인 밧세바는 아주 큰 문제도 아니고 후궁 하나 주어서 아도니야의 마음을 달래 형제의 갈등을 없애려는 가벼운 마음으로 요청한 것이었는데, 이것이 큰 화를 불러오리라고는 상상도 못한 것이다. D형들의 기질을 이해하고 지혜롭게 대처하는 것이 세상에 평화를 유지하기 위해 얼마나 중요한지를 보여주는 사례이다.

D형 솔로몬이 사태에 대한 이해가 얼마나 빠르고 일을 처리하는 행동이 얼마나 순식간인지 보라. 어머니에게 화를 낸 솔로몬은 그 분노를 즉시 실행으로 옮긴다. 일말의 재고도 없이 말이다. 전형적인 D형 성격대로 행동하는 것이다. "여호와를 두고 맹세하여 이르되 아도니야가 이런 말을 하였은즉 그의 생명을 잃지 아니하면 하나님은 내게 벌 위에 벌을 내리심이 마땅하니이다"(왕상 2:23) 하고 즉시로 장군 브나야를 보내 자기의 형 아도니야를 죽인다.

바로 뒤이어 아도니야 편에 섰던 제사장 아비아달을 제사장직에서 파직하고 숨 쉴 틈도 없이 브나야를 보내어, 아버지의 적이자 자기 정권의 최대 적이었던 요압을 칼로 찔러 죽인다. 밧세바를 움직여 아비삭을 달라고 했던 아도니야는 자신의 말 한마디에 자신과 요압의 운명을 바꾸었던 것이다. 여담으로, 만일 아도니야가 성격 유형을 공부했더라면 결코 그런 일로 D형의 분노를 폭발시키지 않았을 것이다. 살살 눈치를 보다가 먼 나라로 도망가서 살았다면 적어도 목숨만은 부지했을 것이다.

솔로몬은 자기의 분노에 대해서 이렇게 말한다. "왕의 진노는 죽음의 사자들과 같아도 지혜로운 사람은 그것을 쉬게 하리라"(잠 16:14, 19:12, 20:2). 또한 그는 "노하기를 더디 하는 것이 사람의 슬기"(잠 19:11)

며 "노하기를 맹렬히 하는 자는 벌을 받을 것이라"(19:19), "노를 품는 자와 사귀지 말며 울분한 자와 동행하지 말지니"(22:24), "노하기를 더디 하는 자는 용사보다 낫고 자기의 마음을 다스리는 자는 성을 빼앗는 자보다 나으니라"(16:32), "분을 쉽게 내는 자는 다툼을 일으켜도 노하기를 더디 하는 자는 시비를 그치게 하느니라"(15:18)라고 말했다. 분노를 통제하지 못해 얻은 뼈저린 경험들을 통해 이러한 교훈을 얻게 된 것이다.

| 분노와 혀의 사용을 제어하라 |

솔로몬은 자신이 항상 입술을 통하여 분노를 표현한다는 것을 알고 있었다. 그래서 잠언의 많은 부분에서 분노의 언어를 제어하라고 거의 매 장마다 가르치고 있는 것이다. D형의 성격을 가진 솔로몬이 같은 D형들에게 주는 교훈이다. 잠언서는 말에 관한 많은 말씀으로 우리를 교훈한다. "칼로 찌름같이 함부로 말하는 자가 있거니와 지혜로운 자의 혀는 양약과 같으니라"(잠 12:18) 등 혀에 관한 교훈을 18번 사용하고, 입술에 관한 교훈은 40번이나 사용한다. 그 외에 말조심에 관한 교훈도 수없이 하고 있다. 무엇 때문일까? 그의 자제할 수 없는 감정이 혀끝에서 폭발하여 많은 사람들이 죽거나 감옥에 갇혔기 때문이다. 솔로몬 사후에 나라가 갈라지게 된 것도 그의 D형 성격으로 행사한 왕권으로 인해 온 국민들의 마음이 그에게서 떠났다는 것을 보여주는 것이다.

D형의 성격을 가진 사람은 밖에서뿐만 아니라 가정에서도 똑같이 행동한다. 그래서 가족들이 상처받는 경우가 많다. D형 아버지의 폭력에 시달린 D형 아들은 자기 아버지가 힘이 쇠해지기를 기다렸다가 더

심한 D형의 성격적 방법으로 복수하려고 한다. 오늘 우리 사회에 감정과 혀를 다스리지 못한 이러한 D형의 가정들이 얼마나 많이 무너져 가고 있는가?

| 남에게는 강요하고 자신에게는 관대한 솔로몬 |

D형은 남에게는 아주 높은 기대치를 가지고 있다. 그래서 그와 함께 일하는 사람들은 D형의 기대치에 미치지 못하면 핀잔을 듣는다. 그러나 자신에게는 관대한 D형은 자신이 한 말은 금세 잊어버리고 실천하지도 않는다. 그래서 사람들에게 믿음을 주지 못하고 신의가 없다는 말을 많이 듣는다.

솔로몬도 예외가 아니다. 그가 장년의 때에 기록한 잠언에서 잠언의 본질과도 같은 "여호와를 경외하는 것이 지식의 근본이라"(잠 1:7, 29, 2:5, 9:10, 27, 14:26, 27, 15:33, 19:23)는 말을 수도 없이 많이 기록했다. "아비의 훈계를 들어서 반드시 네 하나님 여호와를 경외하라"(잠 1:8, 23, 3:1, 4:1, 10, 20, 5:1, 7, 13, 6:20-23, 7:1-2). 셀 수도 없는 많은 훈계들로 얼마나 신신당부하고 있는가? "내 법을 눈동자처럼 지키고", "목에 매며", "이마에 새기고", "네 머리의 아름다운 관이요 네 목의 금 사슬"(잠 1:9)이라고 수없이 강조했지만, 정작 자기 자신은 여인들 품속에서 이성을 잃고 여호와를 떠나 죄악된 길을 걸어갔던 것이다(왕상 11:1-11).

열왕기상 11장 4절에 보면 "솔로몬의 나이가 많을 때에 그의 여인들이 그의 마음을 돌려 다른 신들을 따르게 하였으므로 왕의 마음이 그의 아버지 다윗의 마음과 같지 아니하여 그의 하나님 여호와 앞에 온전하지 못하였으니"라고 했다. 결국 솔로몬은 마음을 돌려 하나님을 버리고 이방신들을 섬겼던 것이다. 하나님이 솔로몬에게 두 번이나 경고하셨지만 다른 사람의 충고를 잘 받아들이지 않는 D형의 성격을 가진 그는 결국 하나님으로부터 버림받게 되었다. 남에게 교훈만 하지 말고 자신이 그것을 지켰다면 얼마나 불세출의 훌륭한 임금이 되었을까?

| 인생 말년에 땅을 치며 후회하는 솔로몬 |

솔로몬이 인생 노년에 자기가 얼마나 잘못 살아왔는지 가슴을 치며 후회하는 글을 쓴 것이 전도서다. 인생의 교훈은 잠언으로 남겼지만, 인간적인 생각으로 바르게 살지 못했던 자신을 돌이켜 하나님을 경외하는 신앙을 고백한 내용은 마지막 전도서로 전한 것이다.

앞만 보고 달려간 D형의 인생 최후의 신앙 고백은 무엇인가? 해 아래서 누리는 모든 부귀영화와 명예와 권력은 헛되다는 것이다. 일 중심의 사람 솔로몬은 자신의 부귀영화와 물질적 가치의 성공만을 향해 일벌레처럼 일했고 자신이 누리고 싶은 것을 다 누려 보았지만 인생은 결코 그런 것만으로는 행복할 수 없다는 것이다.

물질적 가치를 최우선으로 두는 자본주의 시대를 사는 우리들에게 D형 솔로몬이 주는 교훈은 두 가지다. 첫째는 하나님을 사랑하고 늘 그분과 함께 사는 것이 인생의 행복이고, 둘째는 가족들과 더불어 서로 사랑하며 사는 것이 행복의 요체라고 하는 것이다.

분노의 사람 D형 가인

가인의 성격 유형은 주도형인 D형 타입이다. 조금 더 깊게 영적인 시각으로 본다면 아담과 하와가 타락하고 에덴에서 추방당한 뒤에 비로소 출생한 자식이기도 하다. 이는 다른 말로 하면 타락 이후의 첫 생명이라는 것이다.

인간의 영혼은 본래 그 성정이 지극히 깨끗하고 거룩하다. 사랑과 관용의 에너지로 가득 차 있다. 그러나 이러한 가장 깊은 내부의 성품은 타락 이후 개인이나 집단의 무의식(즉, 사회의 관념과 시스템이 원하는 대로 만들어 낸 내부 의식)으로 뒤덮여 더러워져 버렸다.

타락한 이후 아담과 하와는 어떤 마음으로 삶을 영위해 나갔을까? 아마도 그들이 가진 내부적인 상처와 아픔들은 마음 한 구석에 분노라는 감정을 형성하고 있었을 것이다. 하나님이 말씀하신 대로 노동으로 인한 고생과 수고, 늙어가는 아픔과 행복을 잃은 슬픔, 최종적으로 그들을 기다리고 있는 죽음 등은 그들로 하여금 하나님을 두려워하고 에덴의 복된 삶을 항상 그리워하게 만들었을 것이다. 그래서 그들은 하나님을 예배했지만 마음 깊은 곳에는 지난 과거의 실수와 거역함이 큰 괴로움으로 자리 잡고 있었을 것이다.

아담은 자신을 불순종하게 만든 아내를 향해 분노를 품고 있었을 것이다. 그의 관계형(S형) 성격으로 보면 드러나게 말은 하지 않는다 해도 계속해서 그 마음속 깊이 현재의 불행의 원인에 대한 분노가 자리 잡고 있었을 것이다. 또한 아내의 권유에 확실하게 대응하지 못하고 미적 지근하게 받아먹어 동반적인 거역을 한 자신에게도 깊은 분노를 가지고 있었을 것이다.

반면, 하와는 사교형(I형) 성격이기 때문에 에덴에서 쫓겨 나와 살면서도 땅이 주는 아름다움과 즐거움을 찾아서 스스로 만족하며 살았을 것이다. 하와의 이러한 모습에 더욱 불만족하는 아담과 가끔씩 아담의 이야기에 신경질적으로 반응하는 하와의 사이에서 태어난 첫 사람이 바로 가인인 것이다.

| 분노의 사람 |

가인은 D형이기 때문에 S형들이 제일 잘하는, 꾸준하게 뿌리고 심고 거두는 장기적인 일에 능하지 못하다. 빨리 심고 빨리 거두어 승리의 결과를 빨리 보는 성미기 때문에 농사짓는 일에는 적합하지 않은 성격이다. 조급한 마음으로 화를 내고 신경질을 내며 땅을 쾅쾅 소리가 나도록 짓밟는다든지 자라나는 새싹을 뽑아버리거나 발로 걷어차기도 했을 것이다.

땅에 대한 그의 분노의 마음은 땅에서 나온 소출에 사랑의 에너지가 실리지 못하도록 했고 그러한 농산물을 하나님은 결코 받으실 수 없었던 것이다. 이미 마음이 어두워졌고 분노에 눈이 가리어진 가인은 동생의 제사를 받으시는 하나님께는 원망이, 동생에게는 질투의 격정이 끓어올랐다.

D형들은 조속한 승리를 맛보기 원한다. 이미 하나님의 판정이 난 상황 하에서 조속한 승리는 승리자를 제거하는 길밖에 없다. 동생에게

자신의 땅을 보여주겠다고 꼬인 후 들로 데리고 나가 그 자리에서 돌로
쳐 죽여버렸다.

하나님의 준엄한 음성과 함께 동생을 찾으시는 말씀에 분노의 격
정을 이겨내지 못하는 D형 가인은 "내가 내 동생이나 지키는 사람입니
까?"라고 하나님을 향한 분노를 표출한다. 하나님의 징계에 두려움으로
가득 찬 가인은 자신을 향한 징벌이 너무 크다고 하며 선처를 원하지만
그것이 그 마음의 선한 빛을 표현한 것은 결코 아니었다. 악한 의식의
에너지는 결코 쉽게 사라지지 않는다. 분노의 피는 그의 후손들의 혈관
과 깊은 내부 의식을 타고 흘러내려 5대 후손에 이르러 라멕이라는 가
장 큰 열매를 맺는데, 그는 70명의 사람을 죽이고서 "가인을 위하여는
벌이 칠 배일진대 라멕을 위하여는 벌이 칠십칠 배이리로다"(창 4:24)라
는 사탄의 노래를 부른다.

정치적 감각이 뛰어난 D/I형 여호수아

모세의 일대 사역을 다룬 영화 〈십계〉를 보면 여호수아는 모세를
찾아 애굽에서 도망쳐 나온 사람으로 등장한다. 그는 미디안 광야에서
부터 모세와 함께 생활하며 모세의 생애 전체에 걸쳐 모세와 함께한다.
모세가 홍해바다를 가르고 이스라엘 백성들이 강바닥을 걸어 탈출하는
엄청난 광경이 벌어진다. 모세는 강 건너편 바닥에서 이스라엘 백성들
을 재촉한다. 이때 여호수아가 모세에게 이렇게 말한다.

"모세님, 저 위에 보이는 바위에 올라가서 지팡이를 들어 온 이스라엘 백성들이 바라볼 수 있도록 하십시오." 그 말을 들은 모세는 바위에 올라가 지팡이를 들고 이스라엘 백성들을 독려한다. 두려움이 가득 찬 모습으로 거센 파도 사이를 빠져나가던 이스라엘 백성들은 높은 바위에서 지팡이를 손에 들고 자신들을 독려하는 모세를 보고 용기를 얻어 성공적인 출애굽을 할 수 있었다.

모세와 여호수아는 정반대의 성격을 가졌다. 모세는 전형적인 내향형이고 여호수아는 전형적인 외향형이다. 내외향이 서로 조금씩 섞인 것이 아니라 전혀 다른 두 개의 강한 성격들로 대비될 수 있는 사람들이다. 본래 성격적으로만 보면 이스라엘 백성들을 애굽에서 이끌어 내는 일에 모세보다는 여호수아가 제격이다.

| 정치적 감각이 타고난 여호수아 |

만일 하나님이 이스라엘 백성들을 애굽에서 해방시키는 목적만을 가지셨다면 이 사역을 감당하는 데는 모세보다는 여호수아 같은 사람들이 훨씬 더 적합했을 것이다.

이들은 주도적인 성격이 강해서 하나님이 열 번에 걸쳐서 바로를 징계하시겠다고 하시면 "하나님, 그렇게 오래 끌 것이 뭐 있습니까? 오늘밤에 애굽의 모든 장자들을 죽여 그냥 한 방에 끝냅시다" 이렇게 말했을 수도 있다. 또 이스라엘 백성들을 설득하는 일에도 "따라나오지 않는 자는 애굽의 장자들을 멸한 것 같이 모두 죽임을 당할 것이다"라고 찍소리도 못하도록 반 강압적으로 데리고 나왔을 사람들이기 때문이다.

그러나 하나님이 모세를 사용하신 이유는 출애굽 이후의 사역이 더욱 중요하기 때문이다. 애굽 왕궁에서 40년 동안 왕도학을 배운 지식과 신중한 완벽주의자 모세의 지적 능력이 율법이라는 영적 체계를 완성할 수 있는 바탕이 되었기 때문이다.

여호수아는 모세 밑에서 하나님을 배워가지만 하나님은 여호수아를 향한 또 다른 계획이 있으셨다. 가나안을 차지해야만 하는 정복 전쟁을 D형인 여호수아에게 맡기시는 것이었다. 만일 모세가 가나안 정복 전쟁까지 맡았다면 상당한 시일이 소요되었을 것이고, 침묵하며 분석하는 과정에서 이스라엘 백성들은 정착 문화에 일찍 동화되어 광야에서보다 더 많은 문제들을 야기했을 수도 있다. 정복 전쟁처럼 속전속결을 필요로 하는 일에는 D형들보다 더 나은 사람이 없다.

D형은 뒤는 보이지 않고 앞에 있는 할 일이 먼저 보이는 사람들이다. 그리고 어떠한 원칙이나 틀에 매이지 않고 상황에 따라서 자기를 바꿔 나갈 수 있는 사람들이기 때문에 전쟁과 같이 빠른 전략과 전술을 요하는 곳에 더욱 부합된다. 군인 중 D형이 많은 이유도 이러한 요구에 그들의 성격이 잘 맞기 때문이다.

이들은 두뇌 구조상 두정엽이 제일 발달했으며 '아세틸콜린'이라는 창의력을 만드는 화학 물질이 강하여 직관능력이 뛰어나다. 그래서 상황의 핵심을 정확하게 파악하고 빠른 결단을 내린다. 이들은 정치적인 감각도 기민한 사람들이라 어떠한 곳에서든지 자신을 부각시키는 데에는 타고난 감각을 가진 사람들이다.

강바닥에서 지팡이를 들고 있는 모세에게 높은 곳에 올라가 지팡이를 들고 있도록 권유한 여호수아의 조언은 그의 타고난 정치적인 감각에서 연유한 것이다. 한 번에 한 가지밖에 생각하지 못하고 한 번에 한 가지 일만 하기를 원하는 C형이나 S형들과는 달리 D형들은 한 번에 한 가지 일만 하기엔 너무 답답하다. 한꺼번에 여러 사안을 생각하고 여러 가지 일을 동시에 처리할 수 있는 능력을 가진 사람들이기 때문이다.

똑같이 강바닥 속에 있었지만 여호수아는 자기에게 맡겨진 일을 하면서도 모세를 보고 있었다는 것이다. 지도자를 바라보고 있는 사람, 이들은 지도자들이 어떻게 해야 하는지를 태어나면서부터 감각적으로 갖고 나오는 사람들이다.

사람의 몸짓 언어를 보면 D/I형들은 이러한 감각에 탁월하다. 정상들이 대담을 하고 악수를 할 때, D형들은 오른쪽 자리에 서려고 한다. 악수를 할 때 사진에 자신의 오른쪽 손등이 보이기 때문이다. 오른쪽 손등이 보이면 자연적으로 내가 상대의 손을 덮은 형상이 되고, 이러한 영상들은 사진을 보는 사람들에게 둘 중 누가 우월한지에 대한 이미지를 자연스럽게 마음에 새기게 하는 중요한 포인트가 되기 때문이다.

| 좋은 리더 |

여호수아는 평강 공주와 같은 D형의 성격이 있다. 그는 지혜롭고 추진력이 있으며 빠르게 결단하고 전체를 조망하는 시야를 갖고 있다. 여호수아는 모세로부터 정직하고 신중한 성품을 훈련받았기 때문에 그의 지도력은 더욱 빛날 수 있었다.

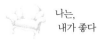

| 경제적 이익을 추구하는 사람들 |

만약 여호수아와 같은 성격을 가진 사람이 돈을 추구한다면, 그는 야곱의 외삼촌 라반과 같은 사람이 됐을 것이다. 라반은 여호수아와 같은 성격을 가진 사람이지만, 부자가 되는 것에 마음을 두었기 때문에 그의 삶은 전적으로 '고노동 저임금제'의 악덕기업주의 삶을 살게 된 것이다. 야곱이 형 에서와 아버지 이삭을 속이고 장자권에 집착했던 것 역시 그의 성격적 탐심이 작용한 것도 있지만, 남을 속이는 피는 전적으로 외가쪽 혈통을 물려받은 것이다. 그는 외가로 도피해 가서야 "뛰는 놈 위에 나는 놈 있다"는 말을 실감했을 것이다.

야곱은 라반의 딸 라헬과 결혼하기 위해 라반을 위해 7년 동안 봉사하기로 하고 결혼식을 치렀다. 그런데 첫날밤을 지내고 보니 라반이 라헬을 언니 레아와 바꿔치기해 놓았다. 자기가 아버지 이삭을 속인 것은 이 사건에 비하면 아무것도 아니다. 라반은 뻔뻔하게도 이렇게 말한다. "우리 동네에는 동생을 먼저 시집보내는 법이 없다네." 그렇다면 미리 말을 했어야 하지 않은가? 인생의 중대사인 결혼을 사기 친 아버지보다 더 어이없는 사람은, 첫날밤을 함께 지낸 레아다. 밤새도록 무슨 소리라도 냈을 법도 한데 시침 뚝 떼고 한마디 소리도 안 내고 첫날밤을 버틴 레아의 집념도 끔찍할 정도로 가상하다.

한편으로 감금을 당했는지 아니면 아버지에게 순종해야만 하는 딸의 입장 때문인지 모르겠지만 결혼 예식 후에 사라진 딸 라헬과 함께 라반의 집은 모두가 대단히 사기성이 농후한 가문의 사람들이다. 이렇게 야곱이라는 인력과 자기 자식들까지도 자신의 재산 증식을 위하여 이용해먹은 라반은 자기 몫을 요구하는 야곱에게 "걱정하지 말게. 내 것이 다 자네 것이고 자네 것이 다 내 것이 아니겠는가. 우리는 남이 아니지 않은가?" 이렇게 교활한 말로 설득한다.

말로 사람을 설득하고 꾀는 일에는 D/I형이나 I/D형을 따라갈 사람들이 없다. 타고난 I형의 화려한 멘트와 빠른 수긍을 요구하는 D형의 압박에 내향성의 C/S형들은 대충 "예"라고 말해 놓고 돌아서면 후회하지만 이미 상대는 홀연히 사라진 후다.

야곱이 참다못해 20년 노하우를 발휘해 자신의 재산을 만들어 도망갈 생각을 할 때 그의 부인들 이야기가 의미심장하다. "그럽시다, 같이 도망갑시다. 우리 아버지가 우리를 팔아먹고 우리 몫으로 받은 돈도 다 떼어먹었어!" 더 흥분한 라헬은 아예 아버지가 가장 소중히 여기는 신주단지인 '드라빔'까지 훔쳐가지고 야반도주를 한다. 뒤늦게 소식을 듣고 간신히 추격하여 야곱일가를 만난 라반의 일설을 들어보라.

"네가 나를 속이고 내 딸들을 칼에 사로잡힌 자 같이 끌고 갔으니 어찌 이같이 하였느냐 내가 즐거움과 노래와 북과 수금으로 너를 보내겠거늘 어찌하여 네가 나를 속이고 가만히 도망하고 내게 알리지 아니하였으며 내가 내 손자들과 딸들에게 입 맞추지 못하게 하였으니 네 행위가 참으로 어리석도다"(창 31:26-28).

얼마나 말을 비단결처럼 잘하는지 라반의 이 말에 야곱이 대응하기란 쉽지 않다. 돌이켜 생각해 보면, 라반의 딸들이 오죽하면 어린 자식들을 데리고 야반도주까지 감행했겠는가? C형 타입의 사람이었다면 오히려 눈물을 흘리며 "내가 미안하다. 이렇게까지 힘들어하는 줄 몰랐다"라고 자책하며 그들을 위로했을 것이다.

그러나 정치나 경제적 이익의 가치를 추구하는 D/I형들이 오랜 세월 살아오면서 굳어버린 마음은 이러한 영혼에서 울리는 소리를 듣지 못한다. 감언이설로 사람을 꾀고 달래며 부려먹다가 쓸모없어질 때에는 가차 없이 버리는 야박스러운 성격의 사람이다. 정치인들이 욕을 제일 많이 먹는 이유가 이것이다. 정직하지 않고 진실하지 못하며 사람에 대해 진지하지 않을 뿐더러 무엇이든 말로 해결하는 일이 많다.

정치인들 가운데는 D/I형들이나 I/D형들이 제일 많다. 이들은 말에 있어서는 누구에게도 지지 않는다. 상황 판단도 빠르다. 이들이 자기 본연의 성격을 바르게 사용하면 여호수아와 같이 어려움을 헤쳐 나가는 지도력을 발휘하지만, 잘못된 가치관을 가지면 라반처럼 희대의 사기꾼이 될 수 있는 것이다.

| D/I형의 긍정적 지도력 |

D형이나 I형은 모두 미래지향적이며 긍정적이다. 이들은 과거의 아픔을 생각하지 않는다. 오직 미래의 행복을 위해 소망을 갖는다. C형의 사람들이 과거에 매달려 시간을 낭비하는 동안, 이들은 우주를 여행할 꿈을 꾸고 우주에 탐사선을 띄우는 사람들이다.

민수기 14장에 보면 유명한 '가데스 바네아 사건'이 나온다. 40일 동안 가나안 땅을 정탐하고 돌아온 각 지파의 대표 중 열 사람이(대부분

C형들일 것이다) 모세에게 보고했다. 그 땅은 젖과 꿀이 흐르는 땅이지만 그 땅 거민은 강하고 성읍은 견고하며 심히 클 뿐 아니라 거기에 아낙자손(네피림의 후손들로서 일종의 거인족을 말함)이 있다고 보고했다. 그러면서 그들을 능히 이기지 못하고 자신들은 그들에 비하면 메뚜기 같은 사람들이라고 표현한다.

이들의 보고를 들은 이스라엘 백성들은 절망하여 크게 동요하기 시작했다. 이때 여호수아와 갈렙은 이 상황을 빨리 진정시킨다. D/I형 리더십의 훌륭한 품성을 보라. 먼저 그들은 옷을 찢는다. 이 행위는 이스라엘 사람들에게 있어서 자기의 정당함을 알리는 하나의 표식이지만, D형 사람들에게는 자신의 분기를 표출하는 방식이 된다. 이들은 모든 상황을 긍정적으로 보는 눈을 가지고 있다. 그래서 쉽게 절망하지 않고 최악의 상황에서도 살아갈 길을 모색한다.

여호수아가 "아낙 자손 앞에서 우리는 메뚜기 같다"라는 정탐꾼들의 이야기를 듣고 동요하는 백성들에게 "아니다. 그들은 우리의 밥이다"라고 강변하는 것은, 전능하신 하나님이 우리와 함께 계시니 두려워할 것이 없다는 강한 긍정적 신뢰에 기인한 것이다. 밥은 먹으면 되는 것이지 밥 앞에서 고민할 사람이 어디 있느냐는 것이다. 이른바 '메뚜기와 밥'의 개념은 전형적인 내향성 C/S형과 외향성 D/I형이 세상을 얼마나 다르게 보고 있는가를 보여주는 중요한 대목이다.

| 결단을 촉구하는 주도형 |

여호수아가 정복 전쟁을 마치고 세상을 떠나려 할 때 그의 마음은

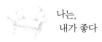

편치 못했다. 이스라엘 백성이 애굽에서 섬기던 신들을 여전히 섬기고, 가나안의 농경문화에 길들여져 가면서 원주민들이 섬기던 부족 신들에 대해서도 관심을 보인 것이 그로 하여금 편안히 눈을 감지 못하게 했다. 그때 여호수아는 장로들과 이스라엘의 모든 두령들을 모아 놓고 최후의 교시를 내린다.

"너희가 섬길 자를 오늘 택하라 오직 나와 내 집은 여호와를 섬기겠노라"
(수 24:15).

이러한 단언은 D형들의 전매특허다. 자신의 결단으로 그치는 것이 아니라 타인의 결단까지 촉구하는 것은 강한 주도적인 성향에서 나온다.

미지의 개척자 D/C형 바울

외향성끼리의 결합을 가진 D/I형은 그 사람의 정체성을 이해하기가 쉽다. C형이나 S형과 같은 내향성끼리의 결합인 C/S형도 알기가 쉽다. 또한 그러한 동일 유형이 복합된 사람들은 자신의 정체성에 대해서 알고 있기 때문에 자기 자신으로부터의 분리를 경험하지 않는다. 그러나 서로 상반된 유형이 연합된 구조를 가진 사람들은 자기의 정체성과 자신이 어떻게 행동할 것인지 예측하지 못한다.

D/S형의 경우는 가장 극단적인 유형끼리의 결합이다. 한쪽에서는

일하기를 원하나, 다른 한쪽에서는 뒤로 미루고 쉽게 나아가지 않는 상반된 구조가 한 사람 안에 공존한다. 조용히 있다가 슬쩍 없어지면 한 가지씩 일을 저지르고 오는 아이들이 이런 유형에 속한다.

D/C형은 극단적으로 상반된 구조를 갖지는 않는다. 이 두 유형 사이에는 여러 부분에서 연계점이 있기 때문이다. 그러므로 D/C형의 경우는 서로 상반된 구조라기보다는 상호 보완적인 구조라고 하는 것이 옳다. 그러나 이 두 유형은 공통적인 요소보다는 서로 맞지 않는 요소들이 더 많다는 사실을 반드시 염두에 두어야 한다.

| 최고의 일 중심적인 사람들 |

D형은 주도형으로서 직관력이 뛰어나고 권위적이며 모험심이 많고 일 중심적이며 활동적이다. 또한 실제적이며 생산적인 구조를 가지고 있고 공격적이며 성공 지향적이다. 그들은 어떤 일이든 추진할 수 있는 능력이 많으며 결단력이 있고 용감하다.

C형은 감성적이고 예술적이며 일 중심적이고 이론적이며 신중하다. 그들은 치밀하고 분석적이며 창조적인 성격 구조를 가지고 있다. 조금 덧붙이면 완벽주의를 지향하고 지적이며 질적 개념을 중시하고 민감하며 효율적이다. 이러한 두 유형의 장점들의 공통분모를 보면 모두가 일 중심적인 구조로 연합되어 있다.

D형은 정밀한 분석과 완전한 이론이 뒷받침되지 않는 상황인데도 그들의 직관능력만 가지고 일을 하다가 그르칠 때가 많아 후회를 잘한다. 그러나 C형은 검토가 끝나기 전까지는 일을 시작하지 않아서 일의

때를 놓치고 아쉬워할 때가 많다.

그러나 이 두 유형이 일에 있어서 서로 보완된 구조로 연합하게 되면 가공할 능력이 나온다. C형의 치밀한 분석과 완벽한 준비 속에 D형으로 일을 추진하기 시작하면 분석과 시행, 검토와 수정 보완을 이루어가면서 일을 진행하기 때문에 이들의 일의 완벽성과 추진 능력은 어떠한 일이든지 성공하게 만드는 것이다.

이들은 또한 자존심과 분노에도 공통분모를 가지고 있다. 그들이 정밀하게 준비하고 추진했던 일이 잘되지 않으면 목숨을 내걸 정도로 자존심이 강하고 끝내는 과업을 완수하고야마는 스타일이다. 이들은 결코 중도에 포기하거나 마음을 쉽게 접지 않는다. 사람도 일로 만나고, 가족도 일로 대할 정도로 일에 대한 애착이 강하다.

I형의 남편과 D/C형의 아내가 사는 집이 있다. 잠잘 시간이 되었다. 남편은 아내에게 가까이 다가가 사랑의 밀어를 나누려 한다. "여보, 사랑해." 한참 분위기를 잡는데 갑자기 D/C형 아내가 벌떡 일어섰다. "이런, 김치를 냉장고에 안 넣었네" 하면서 부엌으로 나가 버렸다. 남편은 독백을 한다. "젠장, 젠장, 젠장." 아내는 잠이 들 때까지도 "내가 정리 안 한 것이 또 뭐가 있을까?" 하며 오직 일 생각뿐이다.

D/C형 성격의 아이들은 내일 학교에 가서 할 일과 준비물, 책가방 정리 등 모든 준비가 끝나야 잠을 잘 수 있다. 이들은 조직적이고 과업 지향적이며 추진력이 강하기 때문에 한번 목표로 삼은 일은 반드시 해내고야 만다. 그래서 이러한 성격의 연합을 가진 사람들은 대부분 어느 분야에서든지 성공한다. C형 요소로 인해 순수 D형보다 시간

이 더 걸릴 수도 있지만 D/C형은 반드시 목표한 것을 이루고야마는 스타일이다.

| D/C형의 단점 |

D형과 C형의 단점의 연합　D형의 단점은 완고하고 불안하며 공격적이고 경솔하기 쉬우며 또한 충동적이고 복수심이 강해 잘 용서하지 못하고 기회주의적인 성향을 갖고 있다. 자기가 좋아하는 사람을 위해서라면 무엇이든지 갖다 바칠 수 있는 사람들이다.

또한 거만하고 남을 통제하려 하며 자기자랑이 많고 지나치게 자신의 직관에 의지하기 때문에 실수가 많다. 화를 잘 내고 한번 화가 나면 누가 옆에 있든지 거침없는 욕설이 튀어나올 정도로 자기를 통제하지 못한다. 타인은 통제하려 들면서 자신은 통제되지 않는 이중적인 구조를 이미 D형 자체 안에 가지고 있다.

C형의 단점은 완고하고 침울하며 아량이 없고 화가 풀릴 때까지 상대를 괴롭히며 지나치게 계산적이다. 마음이 음울하고 항상 타인과 자신에 대해 비판적이며 지나치게 높은 도덕적 기준을 가지고 있다. 이들은 비현실적이고 부정적이며 의심이 많고 사람을 좋아하지 않으며 남과 잘 타협하지 않는다. 항상 만족함이 없고 좋은 것을 보고도 쉽게 기뻐할 줄 모르고 늘 틀린 것과 잘못한 것만 마음속에 두고 산다.

어떤 I형 부모의 I형 자녀가 학교에서 성적표를 받아왔는데 '가, 가, 가, 가, 양, 미, 수'였다. 얼마나 창피한 성적표인가? 그러나 I형 부모의 눈에는 그 많은 '가'들은 보이지 않고 오직 한 개의 '수'만 보인

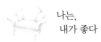

다. 그들은 자식을 대견스러워하며 남들에게 이 대단한(?) 성적표를 자랑하고 싶어서 빨리 누군가를 만나기 원한다.

반면 C형 부모의 C형 자녀들은 보편적으로 공부를 잘한다. 그들의 성적표는 '수, 수, 수, 수, 양, 수, 수'다. 얼마나 빛나는 성적표인가? 그러나 C형 부모의 눈에는 그 많은 '수'들은 보이지 않는다. 100점 만점을 방해한 단 한 개의 '양' 때문에 아이를 꾸중하고 우울해한다. 성적을 비관해서 꽃봉오리가 피기도 전에 세상을 하직하는 아이들은 이와 같은 환경 속에서 성장하는 아이들이다.

이러한 D형과 C형의 부정적인 요소가 결합되면 분노를 발생하는 우울함과 자기의 뜻대로 되지 않을 때의 자학과 폭발, 사람을 사랑하지 않는 무자비한 성품들의 부정적인 연합을 이룬다. 바울이 로마서 1장에서 로마인들의 불의한 성품을 21가지로 열거하면서 마지막 두 가지를 '무정한 자요 무자비한 자'로 들었던 것은 D/C형이 갖는 감성적 약점 때문에 아마 제일 나중에 기록했을 것이다.

아마도 관계성을 장점으로 갖고 있는 I형이나 S형이 이 부분을 기술했다면 '무정한 자'나 '무자비한 자'를 적어도 불의한 성품의 서열 1, 2위로 기록했을 것이다. D/C형들은 일은 잘하지만 무정하기 때문에 주변에 사람이 없고 고독 속에서 살아간다. 그나마 위로가 되는 것은 이 두 성격은 전혀 외로움을 타지 않는다는 것이다. 혼자서 일하는 것을 좋아하기 때문이다.

D/C형 성격의 대표적인 유형인 사도 바울이 디모데에게 보낸 편지에서 밝힌 것처럼 생애 말년, 로마 감옥에 갇혀 있는 그의 상황은 인간관계 차원에서 보면 비참할 정도다. "데마는 이 세상을 사랑하여 나를 버리고 데살로니가로 갔고 그레스게는 갈라디아로, 디도는 달마디아로 갔고 누가만 나와 함께 있느니라 네가 올 때에 마가를 데리고 오라 그가 나의 일에 유익하니라"(딤후 4:10-11).

이어 16절에서는 "내가 처음 변명할 때에 나와 함께한 자가 하나도 없고 다 나를 버렸으나 그들에게 허물을 돌리지 않기를 원하노라"라고 말한다. 관계성보다는 일하는 구조를 가지고 있는 D형과 C형의 부정적 연합의 단면을 보게 되는 것이다.

| D/C형의 복합적인 구조 |

D/C형의 사고 구조의 갈등 D형은 직관이 가장 빠르다. 그들은 사물의 핵심을 꿰뚫어 보는 통찰력을 가지고 있다. 일에 있어서 군더더기가 없고 실제적이며 현실적이다. 한번 결정한 일은 뒤도 돌아보지 않고 목적을 향해 달려간다. 이들은 무미건조하고, 깊이 생각하는 것을 싫어해서 깊은 사고의 세계를 경험하지 못한다. 그러나 C형은 가장 깊은 사고 구조를 가진 유형이다. 이들은 사물의 근본을 파헤치며 철저한 분석을 통해 결론을 내린 뒤에 행동한다.

이러한 두 성격의 연합은 D가 주 성격이므로 분석적 사고가 아니라 직관과 행동을 우선으로 한다. 그러나 D형처럼 무조건 앞만 보고 가지 않는다. 계속해서 일을 추진하면서도 보조 성격인 C형의 끊임없는 사고 활동으로 철저한 분석을 통해 완전함을 향해 나아간다.

D형과 똑같은 분노의 폭발 구조를 가졌음에도 자기가 최선을 다했는데 안 되었을 경우 외에는 폭발하지 않는다. 이러한 모습은 서로 보완적 구조로 연합하고 있는 듯하나, 빠른 결단을 내려야 할 때 D/C형은 자기 내면에 있는 C형의 분석이 끝날 때까지 행동과 분석 속에서 갈등 구조를 갖는다. 마음은 조급하고 일은 빨리 진행해야 하는데 자기 안에서 결정이 나지 않았기 때문에 마음속에서 갈등이 발생한다.

이러한 사고 구조를 가진 D/C형들은 항상 원칙을 세워 놓아야 한다. 우선순위의 정립이 필요하다. 스스로 후회하지 않을 분명한 원칙이 평소의 생활 속에 자리를 잡으면, 결단을 내려야 할 상황을 만났을 때 상당히 빠르고 유익한 결과를 얻는다. 사도 바울은 분명한 원칙을 세워 스스로 지켜 나갔다. 로마서 7장에서는 내면의 갈등구조가 보이지만 8장에 가면 한 원칙이 세워진 것이 보이며, 그 원칙은 D/C형들이 겪는 갈등의 고리를 풀어 준다.

> "그러므로 이제 그리스도 예수 안에 있는 자에게는 결코 정죄함이 없나니 이는 그리스도 예수 안에 있는 생명의 성령의 법이 죄와 사망의 법에서 너를 해방하였음이라"(롬 8:1-2).

더 이상 자기 속의 이중적 사고 구조와 싸우지 않게 된다. 이것은 스스로 노력해서 해결되지 않는다. 오직 예수 그리스도 안에 있는 생명의 성령의 법만이 죄와 사망의 법 안에 있는 자신의 이중적 갈등을 해방할 수 있다. C형의 이성 중심의 인본적인 구조들이 날마다 생활 속에서 만나주시는 성령님으로 말미암아 그리스도에게 철저히 복종됨으로 사명을 완수하게 되는 것이다.

D/C형의 감성적 결합　　D/C형은 감성적 부분에서 주로 부정적인 결합을 한다. D형은 쉽게 흥분하고 화를 잘 낸다. 다른 사람의 아픔에 민감하지 못하고 무정하고 무자비하다. 그러나 C형은 감정이 풍부하며 매우 민감하다. 그런데 C형의 감성은 밝고 아름다운 것이 아니라 어둡고 슬프며 우울하다. 그래서 이 두 성격의 감성이 혼합되면 좋은 일에도 크게 기뻐하거나 즐거워하지 않고, 나쁜 일에는 참지 못하고 분노로 폭발하며 우울해하는 부정적인 연합을 가지고 있다.

사도 바울이 교회들에게 보낸 서신에는 그의 폭발적인 분노를 표현하는 부분이 많다. 그는 로마서를 처음 시작하면서 이 세상의 불의와 하나님에 대한 불신으로 가득 찬 이방인들에 대해 불같은 영적 진노를 퍼붓는다(롬 1:18, 1:29-32).

진리의 의로움으로 살아갈 때 이들의 감성은 밝아지고, 불의로 살아갈 때 이들의 감성은 분노한다. 여기서 바울의 '의義'의 교리가 만들어진다. D/C형은 오직 의로운 일을 했을 때 기뻐하고, 의롭지 못했을 때 분노의 감성을 표출한다. 이들은 이 세상의 사람들이 좋아하는 세속적인 것들의 득실로 인해 기뻐하거나 슬퍼하지 않는다. '무엇을 위해서 살아가야 하느냐'라는 인생의 목적에 집중하기 때문에 후회 없는 생애를 만들기 위해서 의로운 일을 할 때 비로소 자족을 얻는다.

그래서 바울은 많은 핵심 교리 중에서도 의로움을 택했고 여기서 '이신득의以信得義'의 구원론이 만들어지게 된 것이다. 이들의 감성은 일과 연관되어 있다. 오직 과업 수행에서 희로애락의 감성이 표현된다.

D/C형의 행동 구조 결합 D형에게 있어서 의지는 그의 성격 구조의 주요 축이다. 이들은 오직 강인한 의지에서 비롯되는 과업 중심의 사람들이다. 과업 중심이란 자신의 계획한 바 목적을 향하여 수단과 방법을 가리지 않고 일을 완수하는 것을 말한다. 이들은 일을 방해하는 요소는 무엇이든지 제거하며 일을 수행한다.

이러한 성격 구조는 냉정한 마음과 굳센 의지를 동반한다. 한번 시작한 일은 그들의 의지에 더욱 불을 붙여서 모든 주변 환경에 대해 너그러움을 보이거나 형편을 고려하지 않고 무모할 정도로 일을 밀어붙인다. 드러나지 않거나 작은 일은 별로 욕심내지 않고 대형 프로젝트나 업적 중심의 드러나는 일들을 좋아한다.

그러나 C형은 일 중심의 사람이면서도 D형처럼 결단력이 있거나 모험하는 구조를 가지고 있지 않다. 그들은 수동적이며 손해를 보려 하지 않고 결코 무리하지 않는다. 이것은 이들의 끝없는 분석 욕구 때문이다. 실제적으로 일을 하는 과정에서는 D형의 밀어붙이기를 C형의 신중함이 제어하기 때문에 이러한 성격 구조를 가진 사람들은 많은 시간을 들여 준비한다.

D/C형은 직관으로 일하는 D형과 달리 현장 검증과 실전 경험을 중시하는 신중한 일 중심의 구조를 가지게 된다. 일에 있어서 이 두 성격의 상반된 성품들은 서로를 해치기보다는 D형의 실수하기 쉬운 부분을 C형으로 보완하며 완벽한 조화를 이루고 일을 가장 잘 완수하는 사람이 된다.

D/C형의 인간관계 구조   D/C형의 인간관계는 D형과 C형의 극단적인 단점이 연합된 구조이다. 두 성격 모두 인간관계를 잘 못한다.

D형들은 남을 무시하며 상대의 입장을 배려하지 않고 자기중심적으로 남을 통제하려 하기 때문에 주변의 사람들이 그들과 함께 있기를 꺼린다. 그들은 다른 사람들의 능력을 인정하지 않고 일에 있어서도 남을 신뢰하지 않는다. 그들은 남에게 일을 분배하지 않는다. 혹시 남들에게 일을 주었다 할지라도 자기만큼 마음에 들게 하는 사람이 없기 때문에 제대로 일을 해내지 못한 사람들에게 화를 내며 처음부터 다시 시작한다. 그래서 이들과 함께 일을 하기란 참으로 고통스럽다.

이들은 감정적으로나 육체적으로 고통당하는 이들을 긍휼히 여기는 마음이 없다. 이들은 일을 하는 데 얼마든지 사람을 이용할 수 있는 사람들이다. 평소에 가깝게 지내지 않다가도 목적을 위해서라면 교활하게 사람들에게 아부하거나 조종해서 자기의 바라는 것을 얻을 수 있다. 이들은 인간관계에서 자기의 잘못을 합리화하며 도리어 남에게 책임을 전가한다. D형에게 '미안하다' 는 말을 듣기란 참으로 어렵다.

C형은 남에 대한 기대치가 지나치게 높다. '맑은 물에는 고기가 살지 않는다' 는 속담처럼 이들의 친구가 된다는 것은 쉽지 않다. 사람을 시시비비로 가리기 때문에 아무하고나 쉽게 사귀지 않는다. 그러나 어떤 계기를 통해서 자기들에게 희생적으로 헌신하거나, 먼저 마음을 열고 따뜻하게 다가오는 이들에게는 마음을 열고 아주 깊은 신뢰 관계를 형성하려 한다.

C형은 약속을 중요시하고 자격지심이 강하며 내면에 스스로 만든 상처를 가지고 있기 때문에 아무리 신뢰관계가 형성되었을지라도 조금이라도 약속을 어기거나 농담으로라도 자기 존재를 무시하면 이전의 모든 관계를 단번에 정리할 수 있는 사람들이다. 또한 일에 대한 완벽주의 때문에 자기의 생각만큼 일을 하지 못하는 사람들을 비난한다. 결국 이들은 안팎으로 사람들을 자기에게서 멀어지게 하는 구조를 가지고 있다.

이렇게 관계성을 잘 갖지 못하는 D형과 C형이 연합된 성격은, 일하지 않을 때는 사람을 그다지 필요로 하지 않는다. 그러나 일단 일을 시작하면 D형의 능력 부분과 C형의 완전주의적 구조가 함께 일하는 사람들의 부족함을 드러내고, D/C형 자신들도 이런 무능한 사람들과 다시는 답답함을 나누려고 하지 않는다. 상대적으로 D/C형에게 상처를 입은 사람들도 다시는 그들과 함께 일하려 하지 않는다.

바울이 복음을 전하러 갈 때 바나바는 마가를 데려 가자고 했으나 바울은 마가가 지난번 밤빌리아에서 자기들을 떠나 함께 일하러 가지 않은 것을 문제 삼아, 데리고 가는 것이 옳지 않다고 하여 서로 심히 다투어 갈라선 사건(행 15:36-41)은 바울과 함께 일하는 것이 얼마나 힘든지 알게 해 주는 대목이다.

그러나 일에 있어서 D/C형의 재미있는 모습은, 이들은 자기들보다 더 유능한 사람이 등장하면 그 사람에게는 허리를 굽히고 한 수 배우려는 자세를 취한다는 사실이다. 사자를 이기는 동물은 더 강한 사자밖에 없는 것처럼 이들은 자기들보다 더 전문적이고 일을 잘하는 사람들에게는 쉽게 복종한다. 끝없이 일로 자기를 만들어가는 전형적인 일꾼의 모습이다.

D/C형의 지도력의 갈등 구조 D형은 지도력에 있어서는 타고난 사람들이다. 단, D형의 지도력은 전체의 합의를 이끌어내는 평화적 지도력이 아니라 전란과 같은 때에 등장하는 영웅처럼 모든 것을 독단으로 지도해 나가는 지도력을 말한다.

D/C형은 지도력에 있어서 보완 구조보다는 갈등 구조를 보인다. D형은 남을 통제하며 앞에 나서는 지도력인 반면, C형은 희생적이며 겉으로 드러나지 않는 지도력을 가지고 있기 때문이다. D/C형은 결정적일 때 가서는 D형으로 결단을 내리지만 일이 되기까지의 과정 속에서는 C형의 분석력 때문에 확실한 지도력을 보여주지 못할 때가 종종 있다.

또한 아직 준비가 되어 있지 않은 C형이나 S형의 사람들에게 압력을 행사하며 밀어붙일 때가 있어서 사람들의 협력을 얻어 내는 데 감정적인 반발을 겪을 때가 많다. 그러나 그런 부분적인 단점들만 보완하면 이들보다 완벽하게 일을 수행할 수 있는 사람들은 없다.

D/C형의 복수 구조   D/C형은 인간관계를 잘하지 못한다. 그러한 결정적인 요인은 그들이 사람을 용서하는 데 관대하지 못하기 때문이다. I형이나 S형처럼 자존감이 낮으면 작은 것에도 기뻐하고 자기가 받은 상처도 쉽게 극복할 수 있는데, D형이나 C형은 둘 다 자존감이 높아 반드시 원수를 갚는 형이다.

이들은 마음속 깊이 자기가 당한 아픔과 상처를 파일로 저장하고 있다. 그래서 이 두 기질이 연합된 D/C형은 복수 부분에서는 시너지 현상이 생겨 이들만큼 집요하게 지구 끝까지 쫓아가서 복수하는 사람들도 없다. 이들은 복수를 해도 D형처럼 단순하게 부숴 버리는 것으로 끝내지 않는다. C형의 치밀함으로 뒷조사와 모든 자료를 완전히 구비한 뒤에 결정적으로 카운터펀치를 먹이고 영원히 그들이 일어서지 못하도록 제거해버리는 무서운 사람들이다.

D/C형의 자녀를 양육하는 부모들은 자녀에게 어려서부터 남에게 용서를 빌고 남을 용서해 주도록 하는 훈련을 많이 시켜야 한다. 이들은 치밀한 두뇌 구조와 무서운 추진력을 가진 사람들이기 때문에 이들의 성격 구조가 범죄에 쓰이면 엄청난 범죄를 저지를 수 있다.

D/C형의 기능적 보완 기질   D/C형의 장점과 단점의 연합을 보면 장점끼리의 결합은 엄청난 일을 이루어 하나님나라를 위해서 큰 공헌을

하지만, 단점끼리의 결합은 차가운 성품과 용서하지 않는 왜곡된 복수심이나 목표만을 위해서 살아가는 메마른 감성을 보여준다.

D/C형들은 시를 읽고 음악을 많이 들어 D형의 건조함을 C형의 감성과 예술성으로 보완해 주어야 한다. D/C형들은 힘 있고 장엄한 음악을 좋아한다. 음악적 장르나 구성도 완벽하게 꽉 짜인 것을 좋아하고, 미술도 추상화보다는 전통적인 아름다움을 추구하는 순수미술을 더 좋아한다. 그들의 제일 부족한 인간적 감성은 I형이나 S형과 같은 사람들과의 사귐을 통해 보완해야 한다.

일하는 부분에서 보완을 하고 싶다면 S/C형이나 C/S형을 옆에 두고 일해야 한다. 이들은 성실하고 신실하며 꾸준하다. 무슨 일이든지 맡겨지면 최선을 다해서 관리하는 사람들이다. I/D형은 일에 있어서 최상의 파트너가 될 수 있다. 그들의 외향적인 빠른 결단과 일목요연한 정리가 고민하는 D/C형들에게 명쾌한 해답을 줄 때가 있다.

그러나 상호보완적인 성격을 옆에 둘 때에도 최고의 S형 바나바와 끝내 싸우고 헤어진 바울의 경우처럼 그냥 옆에 있는 것으로 만족하면 안 된다. 일 관계로 사람이 필요해서 S/C형을 옆에 둘 경우, 그들에게 일을 상세하게 가르쳐야 한다. 워낙 일에서 자기들을 따를 사람이 없기 때문에 D/C형들을 만족시킬 수 있는 사람을 만나기란 하늘의 별따기다.

S형은 한번 일이 손에 붙으면 잘하지만 처음 일을 맡길 때에는 그냥 잘하겠거니 하고 믿고 있다가 낭패를 볼 때가 많다. 반드시 중간 중간에 일을 확인하고 상세하게 지시해 주어야 한다. 단 한 가지 명심해야 할 것은 이들이 D/C형의 마음에 들 만큼 일에 능숙해지기 전까지는 "무슨 일

을 이따위로 하느냐?"며 분노를 폭발시키지 말아야 한다는 것이다. 분노를 폭발시키는 순간 이들은 용궁에 들어갔다가 나온 얼빠진 토끼처럼 다시는 D/C형 근처에 얼씬도 하지 않을 것이다. 이들보다 D/C형의 일을 신실하게 도와가며 그들을 만족시켜 줄 수 있는 사람은 없으니 반드시 명심해야 한다.

인간관계에 있어서 D/C형은 순수 I형이나 I/S형 사람들과 가까이 사귀어야 한다. 그래서 그들에게서 따뜻함을 충전받아야 하며 그들과 함께 있을 때는 일 생각을 하지 말아야 한다. D/C형들이 최고의 일 중심적인 사람인 것처럼 그들은 최고의 관계 중심적인 사람들이다. 따라서 이들에게 따뜻한 감성의 에너지를 얻고 일 속에서 생긴 긴장을 풀고 마음껏 사랑하며 즐거움을 얻어야 한다.

| D/C형 바울 |

분노의 사람　사도 바울이 성령으로 거듭나지 않은 채 복음을 전했다면 그보다 많은 적을 만들어 낼 수 있는 사람은 없었을 것이다. 그는 예수님을 만나기 전부터도 '부활의 도'를 전하는 그리스도인들이 나라를 어지럽히고 하나님의 법을 파괴하는 사람들이라고 생각했다.

바울은 본국에 있는 그리스도인들을 죽이고 핍박하는 것으로 만족하지 않고 해외 원정(다메섹의 그리스도인들을 잡으려 함)까지 가다가 예수 그리스도를 만난 사람이었다. 성경은 당시에 예루살렘뿐 아니라 다메섹에까지도 그의 잔악함이 명성을 떨쳤다고 말하고 있다(행 9:26 참조).

"아나니아가 대답하되 주여 이 사람에 대하여 내가 여러 사람에게 듣사온
즉 그가 예루살렘에서 주의 성도에게 적지 않은 해를 끼쳤다 하더니 여기서
도 주의 이름을 부르는 모든 사람을 결박할 권한을 대제사장들에게서 받았
나이다 하거늘"(행 9:13-14).

당시의 그리스도인들에게 사울이라는 이름은 공포의 대명사였다.
그는 성령으로 거듭난 뒤에도, 물론 불의한 사람들 때문이었지만 쉽게
분노하는 본성적 기질을 성경 여러 곳에서 보여주고 있다.

그는 "내가 이미 말하였거니와 지금 떠나 있으나 두 번째 대면하였
을 때와 같이 전에 죄 지은 자들과 그 남은 모든 사람에게 미리 말하노
니 내가 다시 가면 용서하지 아니하리라"(고후 13:2)고 썼다. 예수님은 분
명히 일흔 번씩 일곱 번이라도 용서하라고 하셨는데 바울은 두 번째까
지는 관용하겠지만 같은 죄를 세 번째 반복하는 사람들은 용서하지 않
겠다는 것이다. 그뿐만 아니라 그들의 죄 짓는 일을 방조한 사람들도 혼
내주겠다고 한다.

또한 그는 D형의 빈정댐과 C형의 치근거림이 연합되어 자기를 괴
롭히거나 상처를 주었던 사람들에게 자기 속에 있는 불쾌감을 드러내는
데 집요하다.

한번은 고린도교회에 거만하여 스스로 능력 있다고 잘난 체하는
사람들이 몇 명 있었다. 바울은 이들에게 분노한다(고전 4:18-21). 얼마
나 잘나서 그러는지 가서 능력을 알아보겠다는 것이고, 능력도 없는 것
들이 잘난 척한 것이면 몽둥이로 혼나기 전에 정신 차리라는 것이다.

베드로도 혼내는 바울　바울의 불같은 성정에 베드로도 혼이 난 적이 있다. 관계를 소중히 하는 I형 베드로는 이방인들과 함께 식사하다가 유대인들이 몰려오자 그들에게서 비난당하는 것이 두려워 조용히 자리를 떴다.

이 사건 때문에 오직 복음 전도라는 사명으로 똘똘 무장된 불같은 D/C형 바울은 베드로를 면전에서 책망한 것이다(갈 2:12-14). 이방인들을 구원하려는 용기와 결단력이 없는 I형 베드로를 면책한 바울의 분노는 쉴 줄을 모른다. 아예 불이 붙은 김에 이제는 갈라디아 사람들 전체를 향하여 폭발한다.

어리석다고 꾸중 듣는 갈라디아 교인들　바울은 D형의 구조로만 폭발하지 않는다. 사람이 의롭게 되는 원리는 율법의 행위가 아니라 십자가에 달린 그리스도를 믿음으로 된다는 것임을 왜 모르느냐는 철저한 C형의 논리로 갈라디아 사람들을 책망한다(갈 3:1-5).

바울은 갈라디아 사람들을 책망하고 난 뒤에 "이후로는 누구든지 나를 괴롭게 하지 말라 내가 내 몸에 예수의 흔적을 지니고 있노라"(갈 6:17)고 말한다. 실컷 혼내고 나서 "나를 더 이상 괴롭게 하지 말라"고 하니 누가 누구를 괴롭힌 것인지 알 수가 없다.

로마인들과 고린도교회 그리고 베드로와 갈라디아 사람들을 혼낸 바울은 이제 에베소교회를 향하여 포문을 연다.

말 때문에 책망 당하는 에베소교회　에베소교회는 말 때문에 바울에게 혼이 난다. 첫째, 사람을 홀리는 괴상한 말에 미혹당하지 말라는 것이다. "이는 우리가 이제부터 어린아이가 되지 아니하여 사람의 속임수와 간사한 유혹에 빠져 온갖 교훈의 풍조에 밀려 요동하지 않게 하려 함이라"(엡 4:14).

둘째, 거짓말 때문이었다. "그런즉 거짓을 버리고 각각 그 이웃과 더불어 참된 것을 말하라 이는 우리가 서로 지체가 됨이라"(엡 4:25). 셋째, 더러운 말도 지적한다. "무릇 더러운 말은 너희 입 밖에도 내지 말고 오직 덕을 세우는 데 소용되는 대로 선한 말을 하여 듣는 자들에게 은혜를 끼치게 하라"(엡 4:29).

넷째, 더러운 것은 이름도 부르지 말라고 한다. "음행과 온갖 더러운 것과 탐욕은 너희 중에서 그 이름조차도 부르지 말라 이는 성도에게 마땅한 바니라 누추함과 어리석은 말이나 희롱의 말이 마땅치 아니하니 오히려 감사하는 말을 하라"(엡 5:3-4).

다섯째, 헛된 말도 하지 말라고 한다. "누구든지 헛된 말로 너희를 속이지 못하게 하라 이로 말미암아 하나님의 진노가 불순종의 아들들에게 임하나니 그러므로 그들과 함께하는 자가 되지 말라"(엡 5:6-7).

여섯째, 노예들을 데리고 있는 상전들에게는 공갈 협박을 하지 말라고 한다. "상전들아 너희도 그들에게 이와 같이 하고 위협을 그치라 이는 그들과 너희의 상전이 하늘에 계시고 그에게는 사람을 외모로 취하는 일이 없는 줄 너희가 앎이라"(엡 6:9).

그래서 이런 소망 없는 말들을 하지 말고 기왕 말을 하려면 "시와 찬송과 신령한 노래들로 서로 화답하며 너희의 마음으로 주께 노래하며 찬송하며"(엡 5:19), "또 아비들아 너희 자녀를 노엽게 하지 말고 오직 주의 교훈과 훈계로 양육하라"(엡 6:4)고 권면하는 것이다.

집요함　D/C형은 속이 풀릴 때까지 계속해서 불쾌감을 표현한다. 디모데에게는 구체적으로 자기에게 상처를 준 사람의 이름을 거명한다. 한번 그의 마음 밖에 난 사람들은 집요하게 공격한다. 그냥 갔다고 해도 될텐데 "데마는 이 세상을 사랑해서 나를 버리고 데살로니가로 갔다"라고 하며 그가 세속적인 가치관을 가진 사람임을 들춰내고, 디모데후서에서는 구리 세공업자 알렉산더의 이름을 끄집어낸다. "구리 세공업자 알렉산더가 내게 해를 많이 입혔으매 주께서 그 행한 대로 그에게 갚으시리니 너도 그를 주의하라 그가 우리 말을 심히 대적하였느니라(딤후 4:14-15)."

전 세계 그리스도인들이 사도신경을 암송할 때마다 본디오 빌라도에 대한 집요한 저주를 끝없이 반복하듯이 바울도 구리 세공업자 알렉산더가 자기에게 해를 끼친 일을 잊지 않고 주께서 갚으시기를 원하는 것도 그의 집요한 성격적 요인 때문이다. 실제로 D/C형 사람들은 자기에게 해를 준 사람들에 대해서 가슴 깊은 곳에서 결코 용서하지 못하는 분노와 함께 철저한 준비로 복수한다.

여기서 한 가지 주의해야 할 점은 바울의 말과 행적을 성격으로 추적하는 것은 결코 사도 바울을 폄하하고자 함이 아니다. 그의 주변에는 그를 버린 자보다 그를 돕는 사람들이 더 많았고, 그가 용서하지 않은 것보다 그가 관용했던 것을 더 많이 볼 수 있다.

그러나 성령으로 인도함을 받아도 성령은 그 사람의 성격과 주신 은사대로 쓰신다. 성격을 새롭게 변화시키는 것이 아니라 그의 속에 들어 있는 성격의 강점으로 일하시는 것이다. 그리고 성격의 강함과 약함을 그대로 두신다. 그 약함 때문에 교만하지 않고 하나님을 찾게 만드시는 것이다. 그래서 바울도 "내가 약할 때에 강함이라"고 했다(고후 12:10).

성경인물들이 지닌 본연의 연약한 모습을 성경이 있는 그대로 보여주는 것은 우리에게 소망을 준다. 누구나 바울처럼 목숨 걸고 주의 일을 감당하지는 못한다. 우리는 매일 자기 성격의 약점에 넘어지고 '이렇게 살지 말아야지' 하면서도 같은 실수를 되풀이 한다.

그러나 야고보가 말한 것처럼 "엘리야는 우리와 성정이 같은 사람

이로되 그가 비가 오지 않기를 간절히 기도한즉 삼 년 육 개월 동안 땅에 비가 오지 아니하고 다시 기도하니 하늘이 비를 주고 땅이 열매를 맺었느니라"(약 5:17-18)는 구절은 바울도 우리 D/C형의 사람들과 똑같은 성정을 가졌다는 것을 보여주고 있는 것이다.

위대한 사도 바울의 약점 몇 개가 온통 약점으로 가득 찬 우리들에게 우리도 바울처럼 살 수 있다는 소망을 준다. D/C형들은 "나는 날마다 죽노라"하고 고백했던 바울의 자기부인을 배워야 한다(고전 15:31).

D/C형의 자기과시 구조   바울의 서신들을 성격 유형 이론의 관점에서 읽을 때 그가 전형적인 D/C형 구조를 가졌음을 알려주는 또 하나의 대목은, 그에게 D형의 자기과시 부분이 상당히 많다는 것이다. 이 말은 사람이 성령으로 거듭난 후에도 인격의 훈련은 계속되어야 한다는 것을 말해준다.

우리가 익히 아는 대로 바울은 예수님을 만나고 유대교에서 기독교로 개종한 사람이다. 그의 주변에 그를 잘 알고 그에게 권면과 지도를 해주는 이는 오직 성령님뿐이었다. 누구도 그의 조언자가 되지 못한다. 그만큼 독립적이기 때문이다. 일종의 자가발전형이다. 스스로 공부하고 스스로 깨닫고 스스로 원리를 만들어 나가는 개척자다.

D/C형 자녀들의 부모가 그들을 걱정하지 않는 것은, 그들은 독립심이 제일 강하기 때문에 누구의 도움 없이도 잘 자라고 스스로의 삶도 알아서 잘 살아가기 때문이다.

여기에 한 가지 함정이 있다. 어려서부터 독립적인 성격으로 다른 사람의 도움 없이 살아온 사람들이기 때문에 항상 기준이 자기 자신이라는 것이다. D형들이 쓰는 언어 중 제일 많은 것이 '내가'라는 단어다. 바울은 단 13편, 총 장수로는 87장에 불과한 편지를 쓰면서 '내가'라는 단어를 387번 사용한다('나는'은 55번, '나의'는 77번, '나를'은 67번 사용한다).

자기를 주어로 삼은 횟수가 총 442번이고, 보어나 목적어로 사용한 것이 144번에 이른다. 모두 586번에 걸친 '자기'에 대한 이야기는 D/C형이 자기를 드러내는 일에 얼마나 민감한가를 보여주고 있다.

이를 증명하는 또 하나의 단어는 '자랑'이라는 말이다. 대부분 부정적인 의미로 사용되는 이 단어는 55번 사용된다. 물론 바울이 자랑한다는 용어로 사용한 희랍어 '카우하게마'는 자신이 취한 행동에 대해서 도덕적인 가치를 느끼고 그로 인해 갖게 되는 즐거운 감정을 표현하는 말이다.

여기서 '자랑'이라는 뜻은 바울이 물질적인 후원 없이 교회를 위해 봉사하는 것을 자랑이요 영광으로 생각한 것이나, 자기의 약함을 도리어 그리스도의 강함으로 생각하고 자기를 드러낸 것을 자랑으로 여긴다는 것이 정확한 해석인데, 그러나 이러한 영적인 것이든 그렇지 않은 것이든 그가 자기 만족을 무려 55번 사용했다는 것은 앞의 '나'를 주어로 삼은 것과 맞물려 자기과시에 대한 숨겨진 성격의 발현 부분이 아닌가 조심스럽게 생각해 본다.

이러한 요소들은 D형인 솔로몬이 '내가', '나는', '나의', '나를'의 1인칭 주어와 목적어를 잠언, 전도서 두 책에 모두 150번 사용하는 데서도 비교된다.

바울이 "자랑하는 자는 주 안에서 자랑할지니라(고후 10:17)"고 하면서 같은 서신 12장에는 "내가 셋째 하늘에 올라갔다 온 이야기를 무익하나마 부득불 자랑해야 하겠다"라는 구절이나 11장 1절에서는 "어리석은 것을 용납하라"고 하면서 6절에는 "내가 비록 말에는 부족하나 지식에는 그렇지 아니하니"라고 말한 것은 자기 외양적인 용모나 언어를 보고 업신여기는 사람들에게 열심히 자기변호를 하고 있는 모습이다. 물론 바울은 자기의 자랑이 곧 그리스도의 진리(고후 11:10)라고 하며 조심하나, 성격적인 자기과시와 자기변호의 특성은 쉽게 잠들지 않는다.

한 가지 더 이야기 하면, 신약성경 전체에서 바울의 편지 외에는 자기를 자랑한다는 용어 자체가 단 한 번도 나오지 않는다. 이렇듯 D/C형은 자기를 많이 드러내는 성격적 교만함을 가지고 있는 것이다.

강함과 섬세함을 겸비함　D형의 강함과 C형의 섬세함이 어우러지면 마치 속도, 구질, 컨트롤을 다 갖춘 최고의 투수처럼 된다. D/C형의 사람들은 실제로 능력과 섬세함, 힘과 정확성, 직관과 논리적 분석 전부를 갖고 태어난 사람들이다. 이들에게는 부드러움과 따뜻함이 결여되어 있지만 이들에게 그러한 은사가 없는 것은 이들이 결코 따뜻함만으로는 할 수 없는 일들을 하나님이 맡기시기 때문이다.

하나님은 D/C형 사람들에게 S형의 온유함 대신 D형의 분별력과 C형의 지적 능력을 선물로 주셨다. 이것은 이들에게 가르치는 은사를 주시기 위함이다. 보편적으로 D/C형의 사람들은 대부분 가르침의 은사를 가지고 있다. 그것도 은사 점수가 상당히 높다. 이들은 평범하고 진부한 가르침이 있는 곳에서는 별로 효율적이지 못하다. 그 부분은 S형이 전문가다. D/C형은 소그룹 지도에도 능하지 못하다. 자기의 가르침에 거역하는 사람들에게 폭발하기 때문에 소그룹 자체가 해체된다.

교회학교에서 D/C형은 분반교사보다 설교자로 일하면 더 좋다. 이들은 오히려 대그룹 속에서 뛰어난 지도력을 발휘한다. 또한 모르는 사람들에게 가르치기를 좋아한다. 또한 남들이 다 아는 이야기가 아니라 자기가 깨달은 새로운 진리를 말하기를 좋아한다. C형의 지적 능력과 D형의 모험심이 부합된 결과이기 때문이다.

이론과 실천을 겸비함   바울은 13권의 편지에서 오늘날 모든 신학의 근간이 되는 기독론, 신론, 성령론, 교회론을 이론화했다.

항간에 번지고 있는 셀교회 운동도 에베소서의 교회론에 뼈대를 두고 있다. 선교학과 교회사에는 친히 자신이 모델이 되었고, 실천신학으로는 목회학, 설교학, 교회 성장학, 기독교 교육, 현대 사회과학과 기독교 신학의 절충학문인 목회상담학의 기질학이나 상담치료 부분에서도 지적으로 엄청난 공헌을 했다. 마치 윌리엄 캐리 한 사람을 통하여 서구의 현대적인 모든 사상과 제도들이 인도에 도입되었듯이 D/C형들은 다양한 부분에 이론적이고 실제적인 공헌을 한다.

하나님이 히브리 백성들의 구원과 이스라엘 국가 건립을 위한 율법 제정을 위해 C형 모세를 필요로 하신 것처럼 구원의 복음을 온 인류에 전하기 위해 이론과 실천 곧 이방 전도와 기독교 신학 정립이라는 두 가지 절대적인 과업을 그 사역과 성격이 딱 맞아떨어지는 D/C형 바울을 찾아 맡기신 것이다(행 9:15-16).

미지의 개척자   D/C형은 개척자형이다. 이들은 전통적이고 보수적인 환경에서 일을 하면 죽는다. 바울이 한 곳에서 제일 오래 정착했던 것은 에베소의 두란노 서원에서 3년 동안 가르쳤을 때 뿐이다. 그는 D/C형이 가진 은사 중의 하나인 가르침의 능력 때문에 그곳에 머물러 있었던 것이다.

그러나 그는 그곳에서 C/S형 요한처럼 사람들을 돌보며 목회를 한 것은 결코 아니다. 그의 생애는 복음의 미개척지를 향해 나아가는 것이기 때문이다. 이것이 D/C형 최대의 기능적 결합이고, 생애 최고의 만족한 삶이 된다. 곧, 목회자보다는 선교사적인 삶을 갖는 것이다. 선교사란 한 곳에서 사람들을 돌보며 목회하는 사람들이 아니다.

D/C형은 돌보는 사람도, 양육하는 사람도 아니다. 그들은 아무것도 없는 허허벌판 같은 곳에서 복음을 모르는 사람들에게 과감히 나아가 복음을 전하여 하나님의 교회를 세운 후 목회적인 돌봄과 양육의 은사를 가진 사람들에게 그것을 넘겨주고 또 다른 미지의 세계로 나가는 사람들이다. 한국교회에서 많은 개척교회들이 생겨난 것은 D/C형의 목회자들이 많았기 때문이었다.

그러나 교회의 과포화는 오늘날 이들의 성격과 은사를 사장시키고 그들이 제일 어려워하는 돌봄의 기능만을 요구하고 있다. 교회가 지도력의 빈곤으로 어려움을 겪는 곳에서는 이들이 필요하지만, 교인들을 잘 돌보고 서비스를 잘하고 그들과 더불어 사랑하며 울고 웃는 일은 이들에게는 에너지 낭비가 된다.

쉬운 일은 D/C형의 재능을 죽인다. 반드시 난해하고 어려운 곳, 누구도 풀 수 없는 문제들이 있는 곳으로 가야 한다. 그곳은 D/C형의 사람들을 목 타게 기다리고 있다. D/C형의 능력자들은 마음만 먹으면 네 가지 성격 유형 중 언어와 문화를 제일 빨리 익히는 사람들이다.

그래서 사도 바울은 이러한 유형의 사람들에게 빌립보서에서 "아무것도 염려하지 말고 다만 모든 일에 기도와 간구로, 너희 구할 것을 감사함으로 하나님께 아뢰라 그리하면 모든 지각에 뛰어난 하나님의 평강이 그리스도 예수 안에서 너희 마음과 생각을 지키시리라"(빌 4:6-7)고 했다. 그 뒤의 11-13절은 D/C형들이 암송해야 할 구절이다. D/C형들은 입을 것과 먹을 것, 돈이 없는 것을 두려워하는 것이 아니라 의미 없는 삶과 목적 없는 삶을 두려워한다.

"내가 궁핍하므로 말하는 것이 아니니라 어떠한 형편에든지 나는 자족하기를 배웠노니 나는 비천에 처할 줄도 알고 풍부에 처할 줄도 알아 모든 일 곧 배부름과 배고픔과 풍부와 궁핍에도 처할 줄 아는 일체의 비결을 배웠노라 내게 능력 주시는 자 안에서 내가 모든 것을 할 수 있느니라"(빌 4:11-13).

창조적인 발상의 귀재　D/C형들은 고정관념을 갖지 않고 틀을 넘어 새로운 발상을 하는 성격이다. D형의 과감성과 C형의 창조적 발상의 시너지 효과다. 이들의 생각은 상식과 법의 틀을 넘나드는 장점을 가지고 있다. 창조적인 비전의 꽃을 피우지 못하고 사라진 많은 인물들이 있지만, 이들의 생각을 당대 사회가 받아들일 수만 있다면 인류 문명은 좀 더 이상적인 방향으로 발전할지도 모른다.

바울은 유대인으로서 오직 율법을 지키는 것만이 의로움이라고 생각하고 열심히 유대교를 섬기며 살았다. 그러나 부활하신 주님을 만난 뒤에는 부활의 도를 모르고 영원한 생명과 신령한 세계를 말하지 않는 유대교의 한계를 알게 되었다. 그는 유대교의 생명인 율법은 죄를 알게 하는 것뿐이라는 것을 깨닫고, 율법을 넘어서는 그 무엇이 있음을 그리스도와의 만남을 통해 직관적으로 깨달았다.

율법의 행위로 얻어지는 인본주의 종교가 아닌, 그리스도를 믿음으로 의^義를 이루는 놀라운 구원의 이치를 깨닫게 된 것이다. 이러한 깨우침은 D/C형의 논리와 추진력으로 새로운 종교를 탄생시켰다.

우선 그는 할례부터 부수기 시작했다. 그도 처음에는 유대인들이 두려워 이방인들에게 할례를 시켰지만 그러한 율법적인 틀을 가지고는 기독교가 결코 세계적인 종교가 될 수 없다는 것을 알았다. 어떻게 모든 인류에게 할례의식을 강요할 것이며 또한 이러한 할례가 얼마나 구원과 연관이 있겠는가?

유대교와 기독교의 혼합적 모습을 갖고 있던 초대교회의 지도자들에게 할례를 비롯해 유대의 율법을 벗어난다는 것은, 그 어느 누구도 쉽게 상상할 수 없는 일이었다. 그러나 새로운 사상을 깨닫고 가르치기를 좋아하는 D/C형들에게 이러한 일은 목숨을 걸 만한 신념과 가치가 있는 일이었다.

결국 바울의 선택과 결단은 옳았고, 바울을 통해 유대교의 율법의 틀을 깨부순 기독교는 곧 세계적인 종교가 될 수 있었다. 물론 하나님의 섭리 속에 이 모든 일들이 이루어진 것이지만 만약 바울이 없었다면 기독교는 유대의 변방에서 발생했다가 사라진 종교가 되었을지도 모른다.

기독교가 세계적인 종교가 될 수 있었던 것은 새로운 세계를 향한 창조적인 직관과 논리를 갖춘 D/C형의 공로다.

  목적을 이루는 열정의 사람　앞에서 살펴본 바대로 D/C형은 과업 중심의 목적 지향적인 사람들이다. 너무 일밖에 몰라 인생의 재미를 오직 자신의 과업 속에서만 찾을 수 있는 사람들이다. 바울의 삶은 오직 한 가지였다. 주를 위하여 그분이 맡겨주신 복음을 땅 끝까지 전하는 것이 그의 삶 전부였다. 그 이상도 그 이하도 없다.

  그래서 "우리가 살아도 주를 위하여 살고 죽어도 주를 위하여 죽나니 그러므로 사나 죽으나 우리가 주의 것이로다"(롬 14:8)라는 말씀은 그의 생애 철학이 되었던 것이다. 세속적 물질주의의 가치관에 현혹되어 참된 인생의 목적을 갖지 못하고 살아가는 현대인들에게 바울의 삶은 그 자체가 모든 사람들의 모델이다.

  바울은 자기 인생의 목적과 방향을 알았고 그 일을 위해서 오직 뒤도 돌아보지 않고 달려갈 수 있었던 사람이다. 이것이 D/C형의 장점이다. 한번 목표가 주어지면 결과를 얻기까지 달려갈 줄 아는 사람은 반드시 인생을 행복하게 마칠 수 있다.

  우리는 간혹 농담 삼아 말하기를, 바울은 예수 믿고 팔자가 망가진 사람이라고 한다. 세속적 가치관으로 보면 백번 지당하다. 그러나 바울 자신에게 물어보라. 바울은 지구상에서 제일 행복하게 살다 간 사람이었다. 전부를 걸고 달려갈 만한 목적이 있었기 때문이다(행 20:23-24).

  그의 이러한 가치관은 모든 고난과 핍박을 도리어 가치 있는 것으로 만든다(고후 11:23-29). 이념으로 무장된 D/C형의 무서운 집념은 천하를 뒤흔들고, 하나님나라를 확장시키는 일에 역사적인 공헌을 남기고, 대대에 칭송받는 불멸의 이름을 남기게 된다. 이것이 D/C형이 열정을 바쳐 살아야 할 최상의 가치다.

| D/C형들에게 제안하는 미래 교회를 위한 새로운 발상과 시도 |

인터넷은 전 세계에 새로운 문화혁명을 이루었다. 세계는 지금의 고전적인 교회 모습만을 원하지 않는다. 지금은 D/C형들이 새로운 교회문화와 새로운 교회상을 열어가야 할 때다. 하나님은 D/C형의 사람들에게 미지의 교회를 열어가게 하신다.

대부분 D/C형들은 은사도 거의 비슷하다. 그들에게 주신 리더십과 행정, 지식과 가르침의 은사를 귀하게 여기고 복음이 현대적 유형으로 젊은이들에게 접목되도록 그 은사들을 사용해야 한다.

D/C형들이여, 깊이 기도하고 고민하며 하늘의 신령한 지혜를 얻도록 간구하라. D/C형의 조상 바울이 유대교의 율법을 넘어선 새 종교를 열었듯이, 동일한 유형의 후손들에게 하나님은 크고 놀라운 새 땅의 설계를 맡기실 것이다.

주 여호와께서 학자들의 혀를 내게 주사

나로 곤고한 자를 말로 어떻게 도와 줄 줄을 알게 하시고

아침마다 깨우치시되 나의 귀를 깨우치사 학자들 같이 알아듣게 하시도다 (사 50:4)

chapter **2**

화려한 언어의 마술사
(I형 이야기)

　예수님은 왜 12제자 중에서 베드로를 초대 교회의 수장으로 삼으셨을까? 주님은 왜 '다 주를 버릴지라도 나만은 끝까지 따르겠다'고 큰소리를 치다가 '그런 사람 모른다'고 도망갈 정도로 겁도 많고 실수도 많은 베드로를 사용하셨을까? 베드로 속에 들어 있는 어떤 무엇인가를 보셨기 때문이다. 그것이 무엇일까? I형을 이해하면 이 의문이 밝혀진다.

　성경이 믿음의 영웅들이 실패한 모습을 숨김없이 드러낸 것은 그들도 우리와 같은 성정을 가진 사람들이었다는 것을 말하려는 것이다.

그러나 그들은 실패를 이겨냈고 결국 승리했다. I형의 성격 이해를 통해 사도 베드로는 왜 그렇게 많은 해프닝을 남겼는지 알게 될 것이다.

| I형의 일반적 특성 |

보편적으로 I형들은 외양적으로도 구분하기가 제일 쉽다. 사상의학으로 보면 소양인이라 정기가 중상초(비장부)에 있기 때문에 기운이 위를 향하여 눈에 정기가 있다. 대부분의 I형들은 눈동자가 반짝거리고 예쁘다. I형이 예뻐보이는 것은 순전히 까맣고 초롱초롱한 눈동자 때문이다. 연기자의 대다수가 I형이라는 사실을 기억하고 TV를 시청하면 연기자들의 눈동자가 대부분 까맣고 초롱초롱한 것을 볼 수 있다.

얼굴은 아래쪽이 뾰족한 편이고, 언제나 웃는 사람처럼 밝고 씩씩하다. 입술이 붉고 얇으며 많이 써서 닳은 흔적이 보인다. 입술이 앞으로 약간 내밀어져 있고 제일 먼저 말할 준비가 되어 있는 사람들이다. 예수님의 제자들 전체가 한 말보다 I형 베드로 혼자서 한 말이 더 많은 것도 이러한 이유 때문이다.

이들은 비장이 크고 소화기능이 강하다. 목소리가 크고, 걸음걸이는 사뿐사뿐 리드미컬하게 걷는다. 균형감각이 좋아서 행동예술을 하는 데 뛰어나며 운동선수도 많다. 겨울에 빙판길에도 잘 넘어지지 않고 중심을 잘 잡으며 산에서 내려올 때도 아주 빠르게 잘 내려온다.

표현능력이 강해서 이야기를 할 때에는 손이나 팔을 흔든다든가 눈썹을 올렸다 내렸다 하면서 사용할 수 있는 모든 신체기관을 전부 동원하면서 말한다. 자기가 이야기할 동안 다른 사람들의 시선은 항상 자신에게 집중되어 있어야 하며 누군가가 다른 곳을 보면 그 사람의 얼굴을 반드시 자기 쪽으로 돌려놓고 나서 말을 한다. 남녀를 불문하고 자기 표현이 강하기 때문에 옷을 화려하게 입고 장식이 요란하다.

| I형의 강점 |

관계 중심적인 사람 관계 중심이라는 것은 인간관계를 잘한다는 것이다. D형이나 C형은 일 중심적인 사람들이다. 일 중심적이라는 것은 그들의 사고 구조가 사람보다 일을 더 좋아하게 되어 있다는 것을 말한다. 그래서 사람과 일 중에 일을 더 많이 생각하는 사람들이다. 보편적으로 일을 잘하는 사람들은 D형 혹은 C형으로 보면 된다. I형이나 S형은 관계 중심적인 사람들이다. 이들은 일하는 것보다는 사람들과 함께 어울리는 것을 더욱 좋아한다. 그중에 I형은 적극적인 인간관계를 형성하는 사람들이다.

미래지향적인 사람 C형과 S형은 과거지향적이고 D형과 I형은 미래지향적이다. D형은 일에 있어서 진취적이고 I형은 인간관계에 있어서 진취적이다. 인간관계를 진취적으로 한다는 이야기는 기대치와 연관되어 있다.

I형은 네 성격 중에서 자기 자신과 남에 대해서 가장 낮은 기대치를 가지고 있다. 기대치가 낮다는 것은 모든 실수에 대해서 관대하다는 말이다. 그래서 관대한 I형의 부인을 가진 남편들은 스스로가 자신을 엄하게 다스리지 않으면 죄에 대해서 불감증에 걸리기 쉽다.

I형은 사람에게 올무를 씌우기를 싫어한다. 자신도 그러한 것을 싫

어하기 때문이다. 그들은 항상 "앞으로 잘하면 돼!"라고 말한다. 그래서 I형을 가진 복합적 성격 유형, 즉 I/D(설득형), I/S(격려형), I/C(협상형) 모두가 사람을 길러 내는 장점들을 갖게 된다. 그들은 쉽게 과거의 아픔을 잊으며 미래에 닥칠 두려움을 생각하지 않는다. 오늘, 여기, 내 옆에 사랑하는 사람이 있는 것으로 행복한 것이다.

화려한 언어의 마술사   I형들은 보편적으로 수려한 말솜씨를 자랑한다. 입으로 말만 하는 것이 아니라 눈으로 사람들을 사로잡고 말하기 때문에 이들의 말에는 대단한 설득력이 있다. 또한 사람의 심정을 잘 알고 그 사람의 입장에 서서 말을 하므로 상대방은 마음을 열고 듣게 된다.

I형 앞에서 긴장하는 사람은 드물다. 상담원이나 보험설계사나 매장 직원들이나 영업사원들은 반드시 I형의 사람을 고용해야 한다. 이들이 물건을 팔면 그냥 구경만 하려는 사람조차도 물건을 사게 되고, 한 개 사 갈 사람은 두 개 사 가게 된다. 얼마나 설득을 잘하는지 마치 무엇에 홀린 사람들처럼 대부분 이들의 말에 넘어간다.

교통 관련 표어들을 보면 유형별로 전혀 다른 것을 알 수 있다. C형은 "교통질서 바로잡아 일등국민 앞당기자" S형은 "조금 참고 양보하면 좁은 길도 넓어진다" D형은 "난폭운전 죽음의 지름길", "10분 먼저 가려다 20년 먼저 간다" 등으로 쓴다. 그러나 I형은 운전자들의 심기를 거스르지 않으면서 교훈을 준다. "웃는 엄마 밝은 아빠 알고 보니 양보운전", "빗길에는 살금살금 밤길에는 조심조심"

이들은 세상에 맛을 내는 사람들이다. 이들이 없이 D형과 C형만이 세상에 살고 있다고 생각해 보라. 실수 하나 없는 완벽주의 사람들과 여차하면 폭발하는 사람들 속에서 인생에 무슨 낙이 있겠는가?

어느 대학 특강에서 사람들을 성격 유형별로 앉혀 놓고 자기 집 약도를 그리게 했다. D형은 대개 큰 건물만 몇 개 그려 놓는다. 그러나 그 건물과 건물 사이가 얼마나 멀리 떨어져 있는지 아무도 모른다. C형은 완전한 지도책을 만든다. 세 번째 신호등에서 좌회전을 받아 두 번째 골목에서 우회전하고 문구점을 끼고 아톰슈퍼 위로 135m 직진 방향 청색 대문집, 이런 식으로 제일 정밀하다. S형은 이런 일을 제일 싫어한다. 글씨도 아주 작고, 그림을 복잡하게 그려서 대부분 집 찾는 것보다 약도 보는 것이 더 난해할 때가 많다.

그런데 I형은 지도가 아니라 풍경화를 그린다. 집과는 상관도 없이 길옆의 옷 가게나 맛있는 것을 파는 가게가 있으면 거기에다 동그라미를 치고 "이 집 옷은 예쁜 옷들이 많음"이라고 적어 놓기도 하고, 길옆에는 꽃들이 피어 있고 약도와 아무 상관없는 나무도 그려져 있다. 그리고 맨 밑에 하트를 그려놓고 "행복하세용!"라고 적어 놓기도 한다. 웃을 수도 없고 울 수도 없다. 집을 찾기는 어렵지만 미워할 수 없는 I형이다.

스킨십을 좋아하는 사람 이들이 인간관계를 잘하는 것은 천성적으로 사람을 좋아하기 때문이다. 그래서 사람의 모든 것을 좋아한다. 피부 접촉도 좋아하고 말을 해도 침이 튈 정도로 가까운 사정거리 안에서 말하기를 좋아한다. 나의 아내와 딸은 I형이다. 이들은 길거리에서 만나면 남북한 이산가족이라도 된 듯 서로 끌어안고 팔장을 끼고 난리가 아니다. 알고 보면 그들은 헤어진 지 2시간밖에 안 됐다.

잠을 잘 때에도 D형은 옆 사람에게 등을 돌리든지 벽을 끼고 잔다.

C형은 누가 자기의 몸에 닿는 것을 제일 싫어한다. 그러나 I형은 다리를 걸친다든지 하는 등 상대의 몸에 닿는 것을 좋아한다. 넓은 자리를 두고서도 비좁은 곳에 다닥다닥 붙어 앉아 있는 사람들은 대부분 I형들이다. 이들은 그렇게 가까운 거리에서 서로의 살내음을 맡으며 존재를 확인해야 제대로 살고 있다고 생각하는 사람들이다.

| I형의 약점 |

실수가 많은 사람　　I형이 관계성이 좋다는 이야기는 역으로 말하면 일을 하는 데에는 어설픈 구조를 가지고 있다는 증거이기도 하다. 일을 하는 것보다 사람과 함께 있는 것을 좋아하기 때문에 일의 중요성을 잊어버리고 행정상 많은 착오를 일으킨다. 자신에 대한 기대치가 낮기 때문에 큰 실수를 하고서도 마음에 그다지 자책감도 갖지 않는다. 그래서 일에 집중하지 못하는 그들을 보고 C형들은 비난하며 D형들은 아예 일을 맡기지 않는다.

이들은 남에 대한 기대치 또한 낮기 때문에 약속 개념이 제일 희박하다. I형과 시간 약속을 하면 C형들은 마음을 조금 너그럽게 갖고 시간을 어겨보는 것도 좋을 것이다. 가끔 그렇게 하는 것이 완벽을 추구하는 C형들에게는 억압된 감정들을 해소하는 동기가 된다.

이들은 또한 자신의 말에도 책임을 지려 하지 않는다. 이들이 말한 것을 깊이 생각하고 찾아간 C형은 I형의 건망증과 중언부언에 상처를 받는다. 전혀 신중하지 않으며 항상 덜렁거리고 무엇을 흘리는 일이 다반사다. 다른 기질들은 I형을 그다지 탓하지 않는다. 그러나 유난히 정

리정돈을 잘하고 깔끔한 C형들은 I형들 때문에 속이 터진다. 그래서 잔소리를 많이 하게 되고, I형들은 그들을 점점 미워하게 된다.

　가정에서도 남편과 아내 사이에 I형과 C형이 만나 사는 가정들은 매일매일 전쟁을 치르게 된다. I형은 치약 하나도 밑에서 짜올려 사용하는 법이 없다. 편하게 아무렇게나 짜서 사용한다. 그러나 C형은 I형이 중간에 눌러놓은 치약을 매일 잔소리를 하면서 밑에서부터 올려놓는다. 그래서 아침부터 전쟁이 시작된다.

I형은 치장은 화려하게 하지만 그들의 사는 방을 들여다보면 발 디딜 틈이 없다. 어느 I형 주부는 자기가 살림을 못한다는 소리를 하도 듣기 싫어서 마음먹고 집 안 전체를 다 바꿔 버렸다. 서랍 정리도 깨끗이 했다. 문제는 그 다음날 생겼다. 무엇을 어디에다가 정리했는지 도무지 생각이 나지 않은 것이다!

미혹당하기 쉬운 사람　I형은 반사신경이 발달된 외향성을 가진 기질이다. 그래서 그들은 감각이 빠르고 운동신경이 발달되어 있다. 운동신경이 빠르다는 것은 반사신경이 제일 발달되어 있다는 것이다.

반사신경은 제일 먼저 눈으로 보는 것에서 시작된다. 인류가 하나님으로부터 버림받고 에덴동산에서 추방을 당한 것도 안목의 감각이 예민한 I형 하와의 미혹당함으로 인한 것이라는 사실을 기억해야 한다. 이들은 안목의 정욕이 제일 강한 사람들이다.

유사한 관계성 기질이라도 S형들은 수수한 반면, I형들은 예쁘고 반짝이며 튀는 것을 좋아한다. 옷을 입어도 바깥으로 많이 치장이 달리거나 요란하게 드러나는 것을 좋아한다. 손에는 팔찌를 하고 머리에는 다양한 핀들이 여기저기 반짝이며 꽂혀 있다. 남이 치장한 것을 유심히 보고 부러워하여 따라하므로 하루에 수십 번도 더 옷을 갈아입는다.

자동차 운전을 해도 D형은 천천히 운전하는 자들에게 온갖 욕설을 퍼부으며 과속을 하는데도 딱지는 떼이지 않고 요령껏 운전을 한다. C형은 지도를 펴 놓고 그날 가야 할 길을 미리 살펴본 후 코스를 택하고 머릿속에 모든 길들을 미리 입력시켜 놓는다. S형은 속도를 위반하는 법이 없다. 재주도 좋게 똑같은 속도를 끝까지 유지하며 가는데 뒤에서 누가 오든 말든 자기 길만을 고집하며 하염없이 간다.

그러나 I형은 앞을 보고 운전하지 않고 옆을 보고 간다. 지나가는 사람, 간판 등을 구경하며 여유 있게 노래를 부르며 간다. 신호대기 중에 있는 차량을 가장 많이 들이받는 차들의 운전자는 대부분이 I형이다.

관계를 중요시하는 I/D형 베드로

레오나르도 다빈치의 '최후의 만찬' 벽화를 보면 예수님 좌편에 머리가 하얗고 손에 칼을 들고 서 있는 사람이 바로 베드로다. 예수님은 왜 베드로를 포기하지 않으셨을까? 주님은 그에게서 위대한 하나님나라가 열려지는 비전을 보셨다. 이것은 베드로의 지도력을 주님이 이미 알고 계셨다는 것이다. 성경에 나타난 대표적인 I/D형 베드로를 분석함으로써 우리는 주님이 어떻게 이 유형의 사람들을 사용하시는가를 알 수 있다.

| 베드로의 인간관계 맺는 방법 |
사람들이 보통 베드로를 D형이라고 생각하기 쉽지만 그의 기질은 I/D형이다. I형의 최대 강점은 '관계성'이다. 책값보다 휴대폰 비용이 더 많이 드는 사람들이다. 마치 남의 것을 자기 것인 양 도용하고, 암기하며, 각색하는 데 천재들이다. 이들은 집에 있으면 몸이 아프다가도 밖에서 사람을 만나고 오면 건강해지는 사람들이다. 자기가 만나는 사람들 속에서 자신의 존재감과 자기과시의 근거를 마련한다. 이들 주변에는 언제나 사람들이 있다.

요한복음 21장 2-3절에 보면 아주 재미있는 이야기가 나온다. 부활 후 두 번째 나타나신 뒤 다시 뵙지 못한 예수님 때문에 낙심한 제자들이 모여 있었다. 그때 베드로가 "나는 물고기나 잡으러 가겠다"고 하자, 제자 중 절반인 여섯 명이 베드로를 따라서 물고기를 잡으러 가는 장면이다.

경험이 부족한 사람들을 데리고 물고기를 잡으려니 베드로는 밤새도록 그물 던지는 것을 가르치다가 여기 걸리고 저기 걸리고 하며 하루를 다 보냈을 것이다. 아마 그날 밤 그들은 엄청나게 피곤했을 것이다. 웃지 못할 사실은 따지기 좋아하는 C형 도마마저도 이 야간 어업에 동참했다는 것이다. 이들로 하여금 이러한 나이트쇼를 벌이게 한 주범이 베드로다. 그는 인간관계를 잘 맺는 사람이다.

| 모든 상황을 관계로 생각하는 사람 |

베드로는 상황을 엮어서 관계를 설정하는 데 귀재다. 자기의 미래를 예언해 주시는 주님의 말씀 - "젊어서는 스스로 띠 띠고 원하는 곳으로 다녔거니와 늙어서는 네 팔을 벌리리니 남이 네게 띠 띠우고 원하지 아니하는 곳으로 데려가리라"(요 21:18) - 에 "아! 나는 그렇게 살다가 죽겠구나!"라고 생각하기에도 마음이 무거울 텐데 그새 오지랖 넓게 요한을 가리키며 "주님, 이 사람은 어떻게 되겠사옵나이까?"(21절)라고 묻는다. 항상 그의 관심은 외적인 상황에 있다.

한번은 야고보와 요한이 함께 예수님을 따라 높은 산에 올라갔다가 피로를 못 이겨 졸고 있는데(I형은 과도한 에너지 소모로 늘 피곤하다) 갑자기 하늘에서 벽력 치는 소리가 나서 깨어보니 세상에! 이름만으로도 두려운 모세와 엘리야가 주님과 함께 말씀을 나누고 있다. 누가복음(9:31)에는 이들이 장차 예수님이 예루살렘에서 별세할 일에 대해서 말씀을 나누었다고 기록한다.

베드로는 이 놀라운 광경을 그의 서신 베드로후서(1:16-18)에서 분명하게 자기가 경험한 대로 기록하고 있다. "지극히 큰 영광 중에서 이러한 소리가 그에게 나기를 이는 내 사랑하는 아들이요 내 기뻐하는 자라." 기억력이 많이 떨어지는 I형임에도 불구하고 베드로가 평생 이 말씀을 기억하고 살았던 것은 그 당시에 목격한 이 사건이 얼마나 큰 신비와 영광이었던가를 말해 주고 있다.

그때 베드로의 반응을 보면 이 상황을 그대로 두지 못하고 엮어나가기 시작한다. 공관복음의 세 저자는 이 사건에 대해 똑같은 증언을 한다. "주여! 여기 있는 것이 좋사오니 우리가 초가집 세 채를 짓겠습니다. 마침 선생님들이 세 분이시고 저희들도 셋이니 우리가 한 분씩 맡아서 섬기면서 여기서 살면 어떻겠습니까?"

그때의 상황을 성경은 이렇게 기록하고 있다. "자기가 하는 말을 자기도 알지 못하더라"(눅 9:33). 그 엄청난 분들이 나타나셔서 자기 선생님이 곧 죽으시게 될 슬픈 이야기를 심각하게 나누고 있는데 이 무슨 초가집 짓는 이야기인가? 이것은 굴비 엮듯이 사람 엮기를 좋아하는 그의 성격 때문이다.

| 원초적 코미디언 |

I형들은 세상에서 제일 재미있는 성격이다. 이들이 없으면 세상은 너무 삭막해질 것이다. 이들은 일부러 남을 웃기려고 하지 않는다. 다만 그들의 순수함이 다급함과 어우러져서 웃기고 재미있는 상황을 만들어 낼 뿐이다. 요한복음 21장 7절에 보면 밤새 빈 고기잡이를 하다가 어느 덧 어슴푸레 날이 밝아오는 때에 주님이 물가로 찾아오셨다. 요한이 먼저 주님임을 알아차리고 소리를 질렀다.

"주님이시라!"는 소리를 들은 베드로의 행동을 보라. 밤새 투망질을 하느라고 옷을 벗고 있다가 '주님이시라!' 는 소리를 들었을 때 그가 제일 먼저 한 것은 겉옷을 두른 일이었다. 왜 겉옷을 둘렀을까? 선생님의 채찍질 당하시고 창에 찔린 몸을 보면서도 애써 외면했던 그로서 자기의 몸을 드러내는 일이 본능적으로 죄송했던 것일까?

그러나 이렇게 C형처럼 정리정돈이 되고 차분해진 듯한 인상을 잠시 주더니, 그는 옷을 입은 채로 바다속으로 뛰어들었다. 이것이 이 유형의 코미디다. 베드로는 외친다. "내 개그는 원초적 본능이야!"

| 우리를 그냥 말하게 두라 |

I형이 사람과의 관계를 잘 맺는 것은 이들이 사람을 좋아하기 때문이다. 사람을 좋아하다 보니 자연히 말이 많아진다. 대개 I형은 분석적이고 논리적인 C형의 공격 대상이 된다. 그래서 I형은 C형들을 제일 두려워한다. 말을 많이 하다 보니 어디서 어떤 실수를 하게 될지 모르기 때문이다.

베드로는 늘 말이 앞서서 곤욕을 치렀던 사람이다. 베드로는 어느 날 자기에게 못되게 대한 사람을 주님의 말씀으로 용서하고 돌아와서는 그 자랑을 하고 싶어 입이 근질근질해졌다. 때마침 예수님이 형제에 관한 말씀을 하셨다(마 18:15 이하를 보라).

'이때다' 하고 베드로는 이렇게 묻는다. "주여 형제가 내게 죄를 범하면 몇 번이나 용서하여 주리이까?" 아마도 C형이었다면 이렇게 여쭌 다음, 일단 대답을 들어보고 자기 속을 헤아렸을 것이다. 그러나 I형은 마음속에 있는 말을 참지 못한다. 베드로는 선생님의 말씀을 들어보기도 전에 자기 속내를 드러내었다. "일곱 번까지 하오리이까?"

자기 딴에는 이 정도쯤이면 선생님이 다른 제자들 앞에서 "베드로야, 네가 참으로 마음이 넓구나. 착하고 충성된 종아, 하늘의 상을 받으리라!"고 말씀하실 줄 알았다. I형은 칭찬에 약하다. 그런데 이게 웬일인가? "네게 이르노니 일곱 번뿐 아니라 일곱 번을 일흔 번까지라도 할지니라." "아니! 일곱 번까지는 어떻게든 참고 그 자식을 용서했는데 490번을 용서하라니!"

한편 I형의 장점은 절대 기가 죽지 않는다는 것이다. 일종의 오뚝이형이다. 말이 앞서 가는 베드로의 실어(失語) 행각은, 워낙 말이 많다 보니 가끔 대박을 터뜨리기도 한다.

| 칭찬은 I형을 춤추게 한다 |

한번은 예수님이 가이사랴 빌립보 지방을 다니실 때 길에서 제자들에게 조심스럽게 물으셨다. "얘들아, 사람들이 나를 누구라 하더냐?"

주님의 이런 질문은 다른 제자들에게는 아주 낯선 것이지만(인간적인 따사로움이 드러나는 분위기), I형에게는 너무나도 적합한 질문이다. 남들에게 뒤지면 서러울세라 베드로의 답변은 선두타를 때렸다. "주는 그리스도시요 살아 계신 하나님의 아들이십니다."

주님은 베드로를 보면서 놀라셨다. "바요나 시몬아, 네가 어찌 이런 일을 알았느냐? 이를 알게 한 이는 아마도 하늘에 계신 내 아버지이실 것이다!" 주님은 기분이 좋으셔서 베드로에게 마구 하늘의 복을 쏟아부어 주셨다. I형은 사람을 미혹하는 데 천재들이다. 남을 꾀기도 잘하고 남의 말에 넘어가기도 잘한다. 많은 유괴범들이 I형이고 소년원에 수감된 수많은 아이들도 대부분 I형이다.

예수님은 왜 그렇게 행동하시는지 이해가 되지 않을 정도로 베드로에게 축복을 마구 부어주셨다.

> "내가 네게 이르노니 너는 베드로라 내가 이 반석 위에 내 교회를 세우리니 음부의 권세가 이기지 못하리라 내가 천국 열쇠를 네게 주리니 네가 땅에서 무엇이든지 매면 하늘에서도 매일 것이요 네가 땅에서 무엇이든지 풀면 하늘에서도 풀리리라"(마 16:18-19).

예수님의 이러한 칭찬은 베드로의 마음에 기쁨의 날개를 달아주었다. 주님의 말씀이 아직 끝나지도 않았는데 베드로의 기쁨은 하늘을 날고 있었다.

그런데 계속되는 주님의 말씀이 점점 이상한 방향으로 흐르고 있는 게 아닌가?(막 8:31을 보라) 주님은 앞으로 많은 고난을 받고 대제사장과 서기관들에게 버린 바 되어 죽임을 당하실 것을 말씀하셨다. '아니, 방금 전까지만 해도 나에게 하늘과 땅을 풀고 묶는 권세를 주신다더니 이 무슨 가당치도 않은 말씀인가?' 도무지 견딜 수 없었던 베드로는 예수님의 말씀을 가로막았다.

I형의 대표적인 성품은 남의 말에 끼어드는 것이다. 예수님이 자신의 죽음에 대해 심각하게 말씀하시는 것을 베드로는 참을 수 없었던 것이다. "선생님, 그러시면 안 됩니다요." 성경을 보면 "예수를 붙들고 항변하매"라고 되어 있다. 주님의 옷자락까지 붙잡고 말한다. "선생님, 죽으시다니요. 이 무슨 날벼락 같은 말씀입니까?"

그러자 예수님은 베드로를 꾸짖으며 말씀하신다. "사탄아! 내 뒤로 물러가라. 네가 하나님의 일을 생각지 아니하고 사람의 일을 생각하는도다." 하늘을 치솟았던 그의 기쁨이 날개가 꺾여 추락하는 순간이었다. 하루에도 몇 번씩 천당과 지옥을 오가는 사람들은 I형밖에 없다.

| 기대치가 낮아 책임감도 약하다 |

C형은 자신과 타인에 대해 지나친 기대치를 갖기 때문에 남의 잘못도 반드시 들춰내야 하고 자신이 잘못을 저질렀을 때에는 스스로를 학대하며 괴롭힌다. 사람들에게 너무 피곤한 사람으로 인식되기 때문에 자연히 주변에 사람들이 없게 된다.

반대로 I형은 남과 자신에 대해 기대치가 제일 낮은 사람이다. 남의 실수도 크게 탓하지 않고 자신의 잘못에 대해서도 그다지 문제를 삼지 않는다. 그래서 인간관계는 매우 좋으나 자신의 말이나 행동에 책임감이 없어 주변 사람들에게는 말만 앞서는 사람으로 인식되며 믿음을 주지 못하게 된다.

I형 베드로의 일관성 없는 행동의 클라이맥스는 예수님이 마지막 잡히시던 날 밤 만찬 후 "오늘 밤 너희가 다 나를 버리리라"고 하실 때였다. 이날 밤의 사건을 기록한 4복음서 기자들에게 베드로의 호언장담에 대한 기억은 너무나 생생하고 이채롭다. 그들이 베드로의 말에 분노했기 때문에 모두가 그의 말을 똑똑히 기억하고 있었다.

마태는 "베드로가 대답하여 이르되 모두 주를 버릴지라도 나는 결코 버리지 않겠나이다"(마 26:33)라고 했다. 마가는 "다 버릴지라도 나는 그리하지 않겠나이다"(막 14:29), 누가는 아예 이렇게 말하는 사람은 베드로밖에 없다는 듯이 그의 이름조차 거명하지 않고 곧바로 "그가 말하되"로 시작하여 "주여 내가 주와 함께 옥에도, 죽는 데에도 가기를 각오하였나이다"(눅 22:33)라고 기록하고 있다. 그리고 요한은 "베드로가 이르되 주여 내가 지금은 어찌하여 따라갈 수 없나이까 주를 위하여 내 목숨을 버리겠나이다"(요 13:37)라고 기록한다.

이 베드로의 말에 예수님의 대답은 오직 한 가지였음을 그들 모두는 외우고 있었다. "네가 오늘 밤 닭 울기 전에 나를 모른다고 세 번이나 부인하리라." 베드로는 한사코 그럴 리 없다고 열을 올렸지만, 그는 부인하는 것보다 더한 저주까지 하면서 새벽닭 우는 소리를 듣게 되었다.

| 관계의 단절을 두려워하는 사람 |

D형이 권위의 손상을 제일 두려워하는 것과 달리, I형은 관계의 단절을 가장 두려워한다. 베드로는 자기의 배신으로 주님과의 관계가 끝장난 것을 후회했지만 주님은 이미 죽으신 뒤였다. 관계를 생명처럼 여기는 베드로의 마음은 그 후 상상할 수도 없는 괴로움의 연속이었다.

베드로는 견디기 어려운 낙망으로 인해 고향으로 떠났고 실의에 빠져 물고기나 잡고 있던 어느 날 아침, 주님은 베드로에게 다시 나타나셨다. 그 자리는 3년 전 베드로를 처음 부르셨던 바로 그 바닷가였다. 예수님은 그때와 비슷한 상황을 재연하셨다(눅 5:4-10, 요 21:3-17).

주님의 부활 후, 낙심하여 물고기나 잡던 베드로에게 일어난 상황은 처음 그들을 부르시던 그때와 아주 분위기가 흡사하다. 왜 그랬을까? 관계의 회복 때문이다. 똑같은 무대, 똑같은 상황이 여기서 재현된다. 베드로를 부르시고 사랑해 주신 그 처음의 관계로 다시 회복시켜 주시려는 주님의 깊은 배려를 볼 수 있다.

| I형을 치유하시는 주님의 방법 |

주님이 베드로가 잡은 생선을 숯불에 굽고 조반을 드실 때에도 베드로는 아무 말을 하지 못했다. 선생님이 분위기를 조금 편하게 만들어 주시면 "선생님, 제가 잘못했습니다"라고 빨리 말하고 싶은데 주님은 아무 말씀이 없으셨다. 아침식사가 다 끝난 뒤 갑자기 주님은 베드로를 돌아보셨다.

눈이 마주친 베드로는 '이제 나는 죽었구나!' 라고 생각했다. "요한의 아들 시몬아, 네가 이 사람들보다 나를 더 사랑하느냐?" 어디서 많이 들었던 질문이다. 전에 베드로는 뭐라고 말했던가. "다 주를 버릴지라도 나만은 끝까지 주와 함께하겠나이다." 다른 제자들보다 주님을 향한 자기의 사랑이 월등하다고 자만했다가 스스로 절망에 빠져버린 베드로였다. 주님뿐 아니라 다른 형제들의 마음까지도 아프게 했던 이 사건을, 주님은 사랑의 질문으로 다시 그의 마음을 헤집고 들어오셨다. 그리고 '자만'이라는 상처의 딱지를 떼어내셨다.

과거에 세 번이나 모른다고 부인했던 베드로에게 이 아침, 세 번이나 나를 사랑하느냐고 계속해서 주님은 물으신다. 이것은 주님과 단절되었던 베드로의 관계의 상처를 치유하시는 것이었다. 세 번이나 "내 양을 먹이라"고 말씀하신 것은 관계를 중요하게 여기는 베드로를 향한 주님의 관계 회복의 붕대였다. 그리고 주님은 그에게 하나님나라의 건설을 위임하셨다. I형은 관계만 회복되면 모든 것을 다시 할 수 있는 사람이기 때문이다.

| I/D형의 감추어진 성격 드러내기 |

예수님은 베드로의 성격을 아시고 그와의 관계를 회복해 주셨다. 그가 가진 I형의 '남을 배려하는 따뜻한 마음'과 '설득하여 관계를 맺어가는 성품'을 귀하게 보신 것이다. 그리고 베드로의 마음에 감추어진 또 하나의 성격인 D형을 불러일으키셨다. 웅장하고 힘 있는 이 성격은 성령이 오심으로 드러나기 시작했다.

드디어 베드로의 두 가지 성격의 강점이 나타나기 시작했다. 능력과 사랑, 비전 제시와 설득력은 I형과 D형이 연합되어 나타난 높은 시너지 효과이다. 성령받은 베드로가 나가서 한 번 외칠 때 3,000명이 돌아오고, 두 번 외칠 때 5,000명이 돌아온 사실은 그의 설득력과 장엄함의 성격이 은사로 승화되어 빚어진 현상이다.

사도행전 5장에서 아나니아와 삽비라 부부에게 차례차례 죽음을 선포하는 베드로의 단호한 모습은, 죄에 대해 분명한 성령의 역사를 보여준다. 이것은 베드로의 강력한 D형 성격을 나타내고 있는 것이다.

하나님은 베드로가 성령에 붙잡혀 쓰임받기 시작할 때, 그의 결단하지 못하고 분위기에 휩싸이는 I형의 약점을 흔들림이 없는 강한 D형의 강점으로 보완해 주심을 볼 수 있다. 복합적인 성격 유형을 가진 많은 주의 백성들은 한 가지 성격의 강점과 약점만 드러내지 말고, 복합적 성격의 강점을 살리는 시너지 사역을 위해 기도해야 한다.

| 설득력과 능력의 사역 |

I형의 강점은 남의 마음을 잘 헤아려 주는 데 있다. 어느 날 기도하러 성전에 간 베드로에게 성전 미문에 앉아 있던 앉은뱅이가 눈에 들어왔다. 그는 베드로에게 동전을 구걸했다. 동전보다 더 귀한 것을 주고 싶은 베드로의 심정은 그가 한 말에서 잘 드러난다. "은과 금은 내게 없거니와 내게 있는 이것을 네게 주노니"(행 3:6).

아마도 D형 사도 바울이 이 사람을 주목했다면 이렇게 말했을 것이다. "일어나 걸어라!" 그러나 I형은 이렇게 간단하게 말하지 않는다. 그는 모든 것을 상대편의 입장에서 말한다. "네가 나에게 원하는 것은

은이나 금이지만(앉은뱅이는 베드로에게 결코 은이나 금을 달라고 한 적도 없고 동전 몇 푼을 얻으려 한 것인데, I형이라 더 많이 주고 싶은 자신의 마음을 과장해서 표현의 극대화를 이룬 것이다) 미안하게도 그것은 내게 없다. 그러나 내게 더 좋은 것이 있다. 그것은 곧 나사렛 예수다. 그분을 네게 주겠다." 이런 식으로 전인적인 사역을 하는 것이다. 예수님은 베드로에게 이런 설득력과 사람을 사랑하는 따뜻한 마음이 있음을 아셨을 것이다.

한번은 '이방인 고넬료의 집으로 가라'는 주님의 음성을 듣고 그의 집으로 가서 복음을 전하고 그들에게 세례를 베풀었다. 이 사건은 보수

나는,
내가 좋다

적인 유대 그리스도인들에게 큰 시비거리가 되었다. "어찌하여 이방인의 집에 들어갔느냐?" 베드로는 그들에게 하나님이 자기에게 명하신 일들을 말한다.

사도행전 11장 18절에 보면 베드로의 설득 후에 그들 모두가 잠잠하여 하나님께 영광을 돌렸다고 기록되어 있다. 금기를 깨고 이방인들에게 복음을 전할 수 있었던 것은, 하나님이 일 중심의 D형과 사람과의 관계를 중요시하는 I형의 강점들로 이방인 복음 전파의 첫 문을 여셨기 때문이다. 이것이 성격의 상호 강점 보완으로 일하는 시너지 사역이다.

| 강점으로 일하기 |

하나님은 사람들에게 각기 다른 성격을 주시고 그들이 자신의 강한 성격대로 일하기를 원하신다. 자기의 성격대로 일하는 것이 제일 쉬운 것은, 이것이 선천적인 은사이기 때문이다.

I형의 사람은 다른 사람의 성격을 부러워하고 자기의 성격은 천하게 여겨선 안된다. 덜렁대는 단점을 고치려고 일생의 에너지를 소비하기보다는, 열심히 사람을 만나고 일을 만들며 사람 속에서 살아가기 바란다. 자신의 장점을 가지고 자신 있는 일에 최선을 다하는 것이 바람직하다.

부족한 부분은 I형의 약점을 강점으로 가지고 있는 C형이나 S형 사람들과 더불어 일하며 채워가면 된다. 단, 그들이 당신에게 없어서는 안될 사람들이라는 것을 명심하고 함께 가야 한다. 하나님의 나라는 이렇게 합력해서 확장되어 가는 것이다.

사람을 세우는 I/S형 바나바

마음이 따뜻하고 사람을 사랑할 줄 아는 I/S형의 대표적인 성경인물은 바나바다. D형과 C형이 일 중심적인 데 비해, I/S형은 사람 중심적이다. D형이나 C형처럼 사람을 통제하지 않고 개방적이며 모든 사람에 대해서 관대하다. 또한 언어 능력이 탁월하여 사람을 설득하는 데에도 강하다. 특히 상대의 마음을 아프지 않게 어루만지며 설득하는 탁월한 능력이 있다. 이들은 자기의 것을 베풀면서라도 적극적인 인간관계를 형성한다.

| 사람을 좋아하는 관계 중심형 |

사도행전 9장에 보면 사울이 다메섹 도상에서 주님을 만나 회심한 사건이 사도들에게 알려졌다. 그러나 당시 사울의 악명을 익히 알고 있던 사도들은 사울을 여전히 의심하고 꺼려했다. 이렇게 모두가 그를 외면하고 있을 때 유일하게 사울에게 다가갔던 사람이 바나바였다. 그는 사울을 싫어하는 사도들에게 주님이 어떻게 사울에게 나타나셨고 왜 그를 부르셨는지 설명해 주었다.

만약에 사울이 사도들로부터 끝까지 배척을 받았다면 그의 불같은 성정으로 미루어 보아 도리어 기독교의 더욱 극심한 박해자로 돌아섰을 가능성도 배제할 수 없는 일이다. 바나바가 예루살렘교회의 사도들을 설득해서 사울을 이방에 복음 전하는 자로 세울 수 있었던 것은 그에게 사람을 아끼고 존귀하게 만들어 주는 I/S형의 강점이 있었기 때문이다.

사람은 누구나 인생을 살면서 심하게 마음고생을 할 때가 있다. 이 때 D/C형들이 주변에 있다면 그들은 사람을 더욱 힘들게 한다. 생각하고 말하는 구조가 원칙을 가지고 사람을 대하는 유형이기 때문이다. 그러나 I/S형들은 마음 아파하는 사람을 보면 위로하고 용기를 주는 구조를 가지고 있다. 마음이 따뜻하기 때문이다. 성경에는 바나바의 성정을 이렇게 설명하고 있다. "바나바는 착한 사람이요 성령과 믿음이 충만한 사람이라(행 11:20)."

| 긍정적이며 적극적인 사람 |

C형이 부정적이며 소극적인 데 반해 I형은 매사에 적극적이며 긍정적인 에너지를 가지고 있다. 바나바의 행적을 보면 가만히 기다리고 있기보다는 문제 해결을 위해 적극적으로 행동하는 모습을 보인다. 이들은 사람 만나는 것을 두려워하지 않고 오히려 즐거워한다. 바나바는 모두가 만나기조차 꺼려하는 사울을 찾으러 다소까지 가서(행 11:25) 그를 만나 안디옥에 데리고 가서 함께 거하며 큰 무리를 가르쳤다. 이때부터 믿는 사람들이 '그리스도인'이라는 이름을 얻게 되었다.

| 성격의 상호 보완 관계 |

바울은 익히 아는 대로 D/C형이다. 일종의 목적이 이끄는 삶을 사는 스타일이다. 이들에게 타협이란 없다. 대부분 새로운 혁명을 일으키거나 불굴의 신념과 가치로 산다. 이들은 사람보다는 일을 중요시 여기고 아주 쌀쌀맞은 인간관계를 형성한다. 볼일을 다 보면 사람이 귀찮아지는 타입이다. 그러나 바나바는 바울과 정반대의 사람이다. 그는 일보다는 사람이 귀하고 사람과 함께 있는 것을 더 좋아한다.

전혀 상반된 이 두 유형은 매사에 충돌하는 일이 많으나 성격을 알고 서로를 이해하면 이처럼 좋은 보완 관계도 없다. 바나바의 따뜻함과 부드러움이 바울의 권위나 진취적인 능력과 서로 보완 관계를 이루어 사역을 훌륭하게 감당할 수 있었다.

안디옥에서 시작된 세계를 향한 복음 전도의 깃발은 이렇게 서로 다른 두 유형의 사람이 만나서 가르치며 다독거리며 세워갔던 것이다. 이들은 1차 전도여행을 마칠 때까지 함께하면서 각종 기적과 권능을 행하며 복음을 전하는 멋진 콤비를 이루었다.

목적과 사람의 충돌 일생을 사는 동안 다양한 성격의 사람들을 만나게 된다. 나는 지난 3년여 동안 대략 3만여 명이 넘는 사람들에게 성격 유형에 관한 강의를 해왔다. 수없이 다양한 사람들을 만나면서 '이 세상에서 가장 힘든 성격은 무엇일까?' 생각할 때마다 결론을 내린다면 D/C형인 것 같다. D/C형과 함께 사는 사람들 주변에는 S형을 제외하고 아프지 않은 사람들이 별로 없다.

S형들은 이 세상에서 제일 심한 스트레스를 극복할 수 있는 에너지가 있는 사람들이다. 이들은 밥을 먹고도 양치질을 하지 않고, 화장실에서 나오면서도 손을 씻지 않는다. "조금 있다가 또 먹고 또 갈 텐데 뭘" 하면서 느물거리는 태도에 오히려 D/C형들이 화가 나서 화병이 생긴다. 그러나 그 외의 모든 기질은 D/C형과 싸우다가 서서히 병들어 말라 가든지 아니면 체념하고 사는 경우가 대부분이다.

나는,
내가 좋다

D/C형 옆에 D형이 있으면 서로 불이 번쩍인다. C형들도 같이 궁시렁거려서 전쟁이 벌어진다. I형들은 스트레스를 덜 받겠지만 D/C형들을 피해 벌써 도망갔을 것이다. 바나바도 사울과 함께 사역하는 동안 사울의 지칠 줄 모르는 복음 전도의 신념과 거침없이 실수나 과오를 지적하는 태도에 속상해했을 것이다. 실제로 바울과 바나바는 2차 전도여행을 떠날 때 마가를 데리고 가는 문제로 서로 심히 다툰 후 헤어지게 된다(행 15:36-41).

마가는 강한 D형 어머니 마리아의 아들이다. '마가 다락방'의 주인이었던 마리아는 예수님이 예루살렘에 오실 때마다 자신의 집을 많은 사람들에게 개방하고 음식을 준비해 드리는, 예루살렘의 큰손이었다. 나중에 초대교회의 지도자들이 속속들이 체포당할 때도 과감하게 자신의 집에서 기도회를 열었던 여장부이기도 하다.

이러한 배경을 가진 D형 부모 밑에서 자란 S형들은 가장 겁이 많고 유약한 사람들로 성장한다. 그러면서도 S형들은 이렇게 강한 사람들과 사는 것을 좋아한다. 자신이 강해지기를 원해서 그러는 것이 아니라, 시키는 대로만 하면 편하게 사는 구조 아래 있기 때문이다.

마가는 실제로 예수님이 잡히시던 겟세마네 동산에서도 깊이 잠이 들었다가 험악한 현장을 보고는, 두르고 있던 홑이불을 버리고 벌거벗고 도망갔던 한 청년의 이야기를 자서전처럼 부끄럽게 고백하고 있다. 실제로 마가는 1차 전도여행도 끝까지 함께하지 못하고 도중에 예루살렘으로 되돌아갔었다. 이때 바울은 마가에 대해서 크게 실망하였고 2차 전도여행 시에 마가를 데려가기를 원치 않았던 것이다.

그러나 이러한 마가에 대해서 사람을 좋아하는 바나바는 "나면서 부터 다 갖춘 사람이 어디 있나? 잘 돌보면서 인재로 만들어야지" 하면서 끝까지 마가에 대한 배려를 한다. 그래서 그는 마가를 데려가기를 고집하였고 D/C형 바울은 "절대로 그렇게 의리 없고 무능한 사람과는 함께할 수가 없다"고 고집했다.

성경은 '그들이 심하게 다투었다' 고 기록하고 있다(행 15:39). 성격 유형 이론상으로 볼 때, 웬만해서는 양보하는 I/S형이 심히 다투었다는 이야기는 바나바가 그동안 바울에게 당하면서 눌러왔던 안 좋은 감정들이 치솟아 올라왔던 것으로 볼 수 있다. 결국 그들은 헤어졌다. 물론 더 넓은 의미에서, 이들의 복음 사역을 더욱 넓히려는 하나님의 섭리였음을 배제할 수는 없다.

성경은 이 사건 이후로 바나바를 주목하지 않는다. 바울의 복음 전도 여정이 상세하게 기록된 것은 훗날 바울의 선교지가 정통 기독교의 땅이 되었기 때문일 것이다. 그러나 바나바는 여전히 그의 따뜻한 마음씨를 가지고 사랑의 복음을 전하였고, 그렇게 살다가 하나님께로 돌아갔을 것이다.

예술적 감성의 소유자 I/C형 다윗

복합 성격은 주 성격이 우선이 된다. 곧, 주 성격의 장점과 단점이 종 성격의 장점과 단점을 이끈다고 보면 된다. 그러므로 I/C형인 경우는 I형이 C형보다 강하면서도 C형의 모습을 상당히 가지고 있다.

우리가 앞서 살펴본 대로 I형의 장점은 빠른 인간관계 중심의 사교성과 설득력이다. 그 외에 자비롭고 남의 부탁을 거절하지 않으며 친절하고 사교적이며 낙천적이고 유쾌하며 감성적인 면을 장점으로 가지고 있다.

반면 C형은 충실하고 분석적이며 감성적이고 예술적이며 창조적이고 신중하며 이성적이고 치밀한 계산과 완전주의를 지향하고 있다.

예를 들면, 한 집에서 치약을 밑에서부터 꼼꼼하게 짜는 사람들은 C형이고 위에서부터 아무데나 짜서 쓰는 사람들은 I형이다. 남편과 아내가 서로 상반된 I형과 C형인 가정에서는 꼼꼼한 C형이 덜렁대는 I형을 공격하는 일이 다반사다.

서로 상반된 행동 유형은 서로 다른 성격 때문에 발생하는 것이다. I/C형은 이렇게 덜렁댐과 치밀함의 상반된 행동 유형을 자기 안에 동시에 갖고 있는 경우를 말한다. I/C형은 덴마크의 철학자 키르케고르가 아버지의 근엄함과 하녀였던 어머니의 명랑함 때문에 자기 정체성을 갖지 못해 고민했던 것처럼, 한참 명랑하다가 '내가 왜 이렇게 경솔하지?' 하고 금방 우울해하는 사람들이다.

이 두 가지 유형의 장점들을 비교 분석해 보면 대다수의 특성들이 서로 상반되어 있음을 알게 된다. I형은 외향성이고 C형은 제일 높은 내향성이다. I형은 타인과 자신에 대한 기대치가 제일 낮고, C형은 타인과 자신에 대한 기대치가 제일 높다. I형은 자신의 실수와 남의 실수에 관대하고 C형은 자기나 남의 실수를 용납하지 못한다. I형은 처음 보는 사람들과도 금세 친해지고 말도 잘하지만 C형은 상대가 파악되지 않거나 자신이 끼어들 만한 입장이 아니면 절대 나서지 않는다.

어떻게 한 인격체 안에 이렇게 서로 다른 성품들이 공존할 수 있을까? 그러나 놀라운 사실은 이렇게 서로 반대되는 요소로 독특한 성격이 형성된다는 것이다. 또한 상반된 성격 속에도 공통점이 있고 이 공통점이 만나면 마치 양극과 음극이 만나서 에너지가 생기는 것처럼 I형과 C형이 만나서 극대화되는 또 다른 에너지의 시너지 현상이 발생한다.

| 감성의 사람들 |

I형과 C형은 서로 다르지만 유일한 공통점이 있다. 그것은 바로 감성적 부분이다. 감성과 예술은 이 세상의 아름다움을 표현할 수 있는 천부적 재능을 말한다.

I형은 긍정적이고 밝은 감성을 갖고 있으며 자신의 몸과 말로 감성을 나타내는 데 능하다. 남의 흉내를 잘 내고 모방을 잘한다. 이것이 I형에서 재주 많은 연기자들이 나오는 이유다. C형은 부정적이고 어두운 감성을 갖고 있으며 생각과 감성을 음악이나 미술로 표현한다. 이것이 C형에서 예술가들이 많이 배출되는 이유다.

그러므로 I형과 C형이 연합된 I/C형은 최고의 연기자나 천재적인 예술가들을 배출시킨다. 이러한 예술적 천재형들은 인류 역사에서 오랜 세월 동안 사랑을 받는다. 그들은 세상을 떠나도 그들의 삶과 사랑과 천재성은 수백 년이 지나도 감동을 준다.

그들의 낭만적 감성은 돈으로 환산할 수 없는 가치를 지니고 있다. 수많은 천재적 예술가들의 감성은 오늘을 살아가는 우리들의 지친 삶에 얼마나 많은 위로와 평화를 주는가? 이 세상을 떠나서도 불멸의 사랑을 받는 사람들이 곧 I/C형의 사람들이다.

I/C형인 다윗이 시편에 수많은 영감 어린 시들과 참회의 시들을 남기고 관현악곡과 성가곡을 지어 온 백성들에게 부르도록 한 것은 그의 천재적 감성을 잘 보여주는 것이다. 이러한 천재적 감성은 I형과 C형의 장점이 연합되어 시너지가 극대화된 독특한 현상이다.

| 완벽한 설득자 I/C형 |

I/C형의 또 다른 장점은 공통점끼리의 연합은 아니지만 연립적인 보완의 모습을 띤다는 것이다. 즉, 서로 다른 장점들이 연합하여 단점을 보완하는 형식을 취하는 것이다.

I형의 뛰어난 화술과 설득력에 C형의 완벽한 논리와 분석력을 가미하면 세계적인 유명 강사가 된다. I/C형은 협상가형이다. 논리를 바탕으로 한 뛰어난 화술의 설득력이 주 무기다. I형만 있을 때는 근거 없는 빈말로 끝나기 쉬운데 여기에 C형의 논리가 가미되면 얼마나 통쾌하고 시원한 화술이 되겠는가? 강사가 전하는 내용에 대한 예리한 분석과 사회적으로 정확한 통계 자료와 철학적이고 체계적인 논리와 유창하면서도 재미있는 달변으로 청중의 감성을 만져준다면 청중들이 얼마나 행복하겠는가?

I형의 화술과 C형의 냉철한 지적 완벽주의는 대중 강연을 통해 사람들을 끄는 데 타의 추종을 불허한다. I/C형보다 사람들의 눈물과 기쁨을 자아낼 수 있는 사람들은 없다. 똑같은 내용을 말해도 이들이 쓰는 언어는 시적이고 회화적이어서 마치 한 편의 감동적인 드라마를 보는 것 같아 강연이 끝난 후에도 감동의 긴 여운이 남는다.

| 인간관계로 일을 하는 I/C형 |

I/C형은 어떤 일을 해도 혼자 하지 않는다. I형이 주 성격이기 때문에 항상 사람 속에 있는 것을 좋아한다. 그래서 일을 하더라도 혼자 하지 않고 사람들과 함께 좋은 관계를 유지하면서 그 속에서 도움을 얻거나

일을 풀어나간다. 다시 말하면 관계로써 일을 풀어나가는 스타일이다.

반대로 C/I형은 C형이 주 성격이기 때문에 일을 통해서 인간관계를 풀려고 한다. 비슷한 것 같지만 여기에는 큰 차이가 있다. C/I형은 먼저 일을 생각하고 일 속에서 사람을 만나기 때문에 마음을 열지 않는 사람들을 만나면 일을 그르칠 수 있다. 그러나 I/C형은 먼저 사람들의 마음을 열고 일을 하기 때문에 많은 사람들의 협조를 얻어 의외로 쉽게 일이 풀린다. 특히 한국 사람들은 관계성을 중시하기 때문에 인간관계를 잘하면 생각지 않던 사람들로부터도 도움을 받기도 한다.

다윗이 사울에게 쫓기어 제사장 아히멜렉이 있는 놉 땅에 피난했을 때 자기와 함께 따르는 소년들의 먹을 것을 요청했다. 제사장은 제물로 드리고 남은 떡이 있다고 하면서 소년들이 부녀를 가까이 아니하였으면 줄 수 있다고 했다. 다윗은 제사장만이 먹을 수 있는 떡을 얻어 그의 부하들을 살릴 수 있었고 골리앗의 칼까지 얻게 된다.

여기서 다윗이 이미 제사장 아히멜렉과도 평소에 좋은 인간관계가 있었던 것을 알 수 있다. 그래서 그는 법적으로는 결코 해결할 수 없는 제물까지라도 얻을 수 있었던 것이다. I/C형이 인간관계로 일을 풀어나가는 특수성을 가졌음을 기억하라.

| I/C형의 단점 |

I형과 C형의 장점들이 서로 보완 형식을 갖추면 사랑받는 사람으로 살 수 있지만, 두 기질의 단점이 극대화되었을 때는 이들만큼 교만하고 남을 속이며 완전 범죄를 저지를 수 있는 사람들도 드물다.

이들은 말과 논리가 비상하기 때문에 마음만 먹으면 누구라도 속일 수 있다. 거기에 연기력까지 대단하기 때문에 사람들이 진짜로 속아 넘어가는 경우가 많다. 또한 감성이 살아나는 분위기가 되면 그 분위기를 이길 수 있을 만큼 자아가 강하지 못해서 하염없이 그 분위기 속에 빠져들게 된다.

다윗의 경우, 지는 노을을 바라보는 쓸쓸한 감성과 목욕하는 여인의 아름다움에 대한 탐미적 감성이 이성보다 컸다. 그 결과 다윗은 유혹당하기 쉬운 I형으로 밧세바를 범했고, C형의 완벽주의 기질로 완전 범죄를 만들기 위해 밧세바의 남편 우리아를 죽게 했다. 바로 I형의 미혹당함과 C형의 자기합리화가 이러한 약점 연합을 조장한 것이다.

I형만 있을 때는 간음으로 그칠 죄들이, C형이 가미되니 살인으로까지 확산되었다. 따라서 I/C형은 감성을 통해 오는 시험이 제일 큰 영적 장애물이라는 사실을 기억해야 한다. 자기가 감정적으로 제일 좋아하는 것에 함정이 있다는 사실을 알아야 한다.

성격 유형들의 공통된 장점과 연합된 보완적 장점들을 살려 거룩하게 활용하려면 성령으로 거듭나야 하며 항상 인간은 하나님 앞에서 살고 있다는 것을 잊지 않아야 한다. 또한 언제든지 잠재된 성격의 약점들이 극대화될 수 있다는 사실을 기억하고 늘 가슴에 새겨 놓아야 후회 없는 한 편의 인생 드라마를 만들 수 있다.

| I/C형 다윗 |

체질로 보는 다윗의 성격　용모로 사람의 성격을 파악하는 훈련은

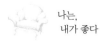

단시간에 사람을 만나 해답을 주어야 할 때 익혀야 할 중요한 능력이다.

사무엘상 16장 12절에 보면 다윗은 '빛이 붉고 눈이 빼어나고 얼굴이 아름답다' 고 했다. 사상의학에서 양陽인들은 음부장기의 기운이 상초上焦에 있기 때문에 기관지와 폐, 위장의 기운이 강하다. 기운이 상부 쪽으로 향하기 때문에 소양인들은 얼굴빛이 붉고 눈에 정기가 있다.

소양인은 성격 유형으로 볼 때 I형에 해당한다. 다윗의 얼굴빛이 붉고 눈이 빼어났다는 이야기는 그가 I형임을 보여준다. 또한 얼굴이 아름다웠다는 것은 이목구비의 크기나 위치가 바르다는 것을 말한다. 대개 소음인들이 이목구비가 얼굴 안쪽에 몰려 있으며 보편적으로 얼굴이 반듯하고 미남미녀형들이 많다. 소음인은 C형에 해당된다.

다윗은 그 용모에서 I/C형의 모습, 아주 똑똑하고 재주가 많게 생긴 얼굴임을 나타내주고 있다. 실제로 다윗은 시인이고 음악가이며 군인이고 뛰어난 정치가였다.

예술적 감성의 사람　　I/C형의 장점의 시너지는 감성적 예술 부분에서 나타난다. 다윗은 수금을 잘 타는 악사로 왕궁에까지 소문이 나 있었다(삼상 16:18). 다윗이 수금을 연주하면 사울의 고질적인 두통도 씻은 듯이 나았다는 구절을 보면, 다윗은 음악치료Music Therapy 단계에 이를 정도로 영혼의 감성이 충만한 연주가였음을 알 수 있다.

그가 지은 시편의 많은 시들(대략 75편 이상으로 추산됨)은 그의 음악적 재능이 천재적임을 보여준다. 시편 4, 5편은 현악을 위한 연주곡들에 가사를 붙인 것이고 6, 12편은 스미닛이라고 불리는 수금과 비파를 위한 연주곡의 가사였다.

그는 문학적 감각으로 시만 쓴 것이 아니고 다양한 장르의 곡을 작곡하고 직접 연주했던 사람이었다. 8편의 깃딧(기쁨의 노래)과 9편의 뭇랍벤(한 아들의 죽음이란 곡에 맞추어 부른다), 이 곡들을 영장으로 불렀다는 것은 성가대용 연주곡이었음을 알 수 있다. 그는 관현악이나 성가곡 등 모든 음악 장르를 다룰 수 있는 사람이었다. 그는 어디서 이런 음악을 공부했을까? 집에서 양치기로 따돌림 당하고 형들에게는 미움을 받던 그가 체계적인 음악 공부를 했을 리 없다. 따라서 이러한 재능들은 하나님이 I/C형에게 주신 천부적인 재능에 기인한 것이라고 볼 수 있다.

그런데 다윗은 언제 그 많은 곡들을 짓고 연주했을까? 그는 들에서 양들이 풀을 뜯고 있는 동안 영혼의 감성으로 사랑을 전해 오시는 하나님을 만나고 있었고, 그의 마음속에는 하나님을 향한 사랑이 자라나고 있었다. 이야기를 나눌 사람이 없는 고적한 들녘에서 그는 하나님을 사랑하는 마음속에, 악상이 떠오르는 대로 수금과 비파와 퉁소를 연주하며 수많은 곡들을 지었고 시상이 떠오를 때는 악보 밑에다가 그 곡에 맞는 주옥같은 시들을 지었던 것이다.

그에게 들에 있는 시간은 곧 하나님과 함께 있는 시간이었고 감수성이 예민한 세월을 오직 하나님을 연애하는 마음으로 채워갔던 것이다. 그는 양들을 돌보면서 불멸의 명시(시편 23편)를 지어낼 수 있었다.

감성의 정치가　　그의 감성은 예술적인 부분에만 나타난 것이 아니었다. 인간관계를 잘하는 I형인 그가 평생 자기를 쫓으며 죽이려 했던 사울의 죽음 소식을 듣고서 자기 옷을 찢고 슬퍼한 일에서도 잘 나타난다. 혹자는 다윗이 정치적인 사람이라 국민에게 인기를 얻기 위해 연기를 한 것이라고 말하기도 하지만 그것은 다윗의 감성을 몰라서 하는 말이다. 그의 눈물과 그의 사랑의 마음을 읽게 되면 그의 애통함은 진실이었음을 알게 된다.

물론 나중에 그는 어떤 때는 간교하여 거짓말도 잘하고 정치적인 수완을 발휘하기도 하지만, 그의 뛰어난 감성은 약점들로 가리기에는 너무 크다. 그가 사울과 요나단의 죽음을 놓고 애도하는 애가를 읽어보면 더욱 확연히 드러난다.

"…이스라엘아 네 영광이 산 위에서 죽임을 당하였도다 오호라 두 용사가 엎드러졌도다… 그들은 독수리보다 빠르고 사자보다 강하였도다 이스라엘 딸들아 사울을 슬퍼하여 울지어다… 내 형 요나단이여 내가 그대를 애통함은 그대는 내게 심히 아름다움이라 그대가 나를 사랑함이 기이하여 여인의 사랑보다 더하였도다 오호라 두 용사가 엎드러졌으며 싸우는 무기가 망하였도다 하였더라"(삼하 1:17-27).

이 구절에서 사울을 '사랑스러운 자'라고 표현하며 '사울이 백성들에게 베푼 헌신과 백성들을 사랑했던 그의 삶을 기억하라'는 다윗의 마음을 본다. 생각해 보면, 자기를 향해 창을 집어 던지고 수십 번을 쫓아다니며 자기를 죽이려 했던 그 사울이 사랑스러울 것이 무엇이 있을까? 나라의 정사를 돌보지 않고 제일 큰 정적이 되어버린 다윗만을 그렇게 쫓아다녔던 사울이 백성들에게 무슨 정치적 혜택을 주었겠는가?

그런데도 그는 하나님의 기름부음 받은 자의 죽음을 진심으로 애도하고 있는 것이다. 순전히 그의 감성적 발로의 결과다. 다윗은 자기의 최대 정적이면서도 자기 수하에 넣고 싶어했던 사울 왕가의 명장 아브넬의 죽음 앞에서는 더욱 폭발적인 감정을 드러냈다.

"다윗이 요압과 및 자기와 함께 있는 모든 백성에게 이르되 너희는 옷을 찢고 굵은 베를 띠고 아브넬 앞에서 애도하라 하니라 다윗 왕이 상여를 따라가 아브넬을 헤브론에 장사하고 아브넬의 무덤에서 왕이 소리를 높여 울고 백성도 다 우니라 왕이 아브넬을 위하여 애가를 지어 이르되 아브넬의 죽음이 어찌하여 미련한 자의 죽음 같은고 네 손이 결박되지 아니하였고 네 발이 차꼬에 채이지 아니하였거늘 불의한 자식의 앞에 엎드러짐같이 네가 엎드러졌도다 하매 온 백성이 다시 그를 슬퍼하여 우니라…"(삼하 3:31–35).

얼마나 슬퍼했는지 왕이 적장의 상여를 따라가며 우니 백성들도 울고 그가 애가를 지어 함께 부르니 온 백성들이 멈췄던 울음을 다시 터뜨렸다는 대목은, 그의 감성이 얼마나 사람들의 마음을 감동시키고 있는지 보여준다. 이러한 백성들 앞에서 드러내는 그의 감성적인 관계성은 뭇 이스라엘 백성들의 마음을 사로잡아 통일 왕국의 왕으로 추대된다.

관계를 소중히 여김 다윗은 들에서 양들과 함께 생활하면서 그의 영혼 속에 임재하시는 하나님을 사랑하게 되었다. 그가 얼마나 하나님을 좋아했는지 그의 시에 나타난다. 들에서 양의 울음소리를 들으며 밤을 지새울 때 그는 머리에 손으로 베개를 하고 하늘을 바라보면서 노래를 읊조리기 시작했다.

"여호와 우리 주여 주의 이름이 온 땅에 어찌 그리 아름다운지요 주의 영광
이 하늘을 덮었나이다 주의 대적으로 말미암아 어린아이들과 젖먹이들의
입으로 권능을 세우심이여 이는 원수들과 보복자들을 잠잠하게 하려 하심
이니이다 주의 손가락으로 만드신 주의 하늘과 주께서 베풀어 두신 달과 별
들을 내가 보오니 사람이 무엇이기에 주께서 그를 생각하시며 인자가 무엇
이기에 주께서 그를 돌보시나이까…"(시 8:1-4).

이 시상들은 훗날 하나님께 예배할 때 성가대를 통하여 찬양으로
드려졌다. 하나님을 사랑하는 그의 고백의 백미는 시편 27편이다.

"군대가 나를 대적하여 진 칠지라도 내 마음이 두렵지 아니하며 전쟁이 일
어나 나를 치려 할지라도 나는 여전히 태연하리로다 내가 여호와께 바라는
한 가지 일 그것을 구하리니 곧 내가 내 평생에 여호와의 집에 살면서 여호
와의 아름다움을 바라보며 그의 성전에서 사모하는 그것이라"(시 27:3-4).

다윗의 근심은 결코 정치적이거나 경제적인 것에 있지 않았다. 다
윗에게는 꿈이 있었는데 '오직 하나님의 집에서 하나님의 얼굴을 우러
러보면서 그분을 모시고 그분과 함께 살아가는 것'이었다. 하나님을 향
한 그의 이러한 사랑은 여호와 하나님을 모욕하는 골리앗에게 분노하고
그를 돌로 쳐 죽일 수 있는 용기를 주었던 것이다.

관계의 상징들을 귀하게 여김　사무엘상 24장은 다윗이 사울에게
쫓겨 엔게디 황무지로 도망갔을 때의 사건을 기록했다. 다윗이 동굴에

피신해 있는데 그를 쫓던 사울이 그 동굴로 들어왔다. 모두가 칼을 움켜쥐고 일대 격전을 치를 준비를 하고 있는데 사울은 다윗과 그의 부하들이 그곳에 숨어 있는지 알지 못하고 드러눕더니 이내 잠이 들었다.

다윗의 부하들이 하나님이 주신 기회라며 사울을 죽이자고 말하자 다윗은 '여호와의 기름 부음 받은 자를 해하는 것은 하나님이 금하신 일'이라고 하며 사울을 죽이지 않고 그의 옷자락만 베었다. 옷자락을 벨 정도로 잘 드는 칼이었으니 마음만 먹으면 사울을 "악" 소리 한 번 안 나게 죽일 수 있었을 것이다. 그러나 다윗은 감히 사울의 옷자락을 벤 것만으로도 죄책감을 느껴 그의 마음이 찔렸다. 이런 일이 또다시 반복되지만(삼상 26장) 다윗은 자기가 쫓김을 당할지라도 여호와의 손이 닿은 모든 상징들을 존귀하게 여길 줄 알았다.

인간적으로 보면 다윗도 이미 기름 부음을 받았기 때문에 언제든지 왕이 될 수 있었다. 정통성으로 보아도 사무엘 선지자가 "하나님께서 사울을 버렸다"고 이미 공표한 상황이었기에 왕이 될 자격이 충분한데도 다윗은 사울을 죽이면서까지 그렇게 하지는 않았다.

다윗과 정반대로 하나님의 것을 귀하게 여기지 않아 버림받았던 사울은 전쟁이 일어날 때마다 여호와의 법궤를 끌고 다녔다. 그러다가 블레셋과의 전투에서 패하면서 법궤마저 빼앗기고 말았다. 그는 별로 그런 상징들을 귀하게 여기지 않았다.

그러나 왕이 된 뒤의 다윗의 관심은 오직 하나님의 법궤를 모셔오는 일이었다. 법궤는 이스라엘의 종교적이면서 정치적인 상징이기도 했지만, 하나님과의 관계성을 소중히 여기는 다윗이 볼 때 법궤가 시골 농

가에 머물러 있는 것은 참을 수 없는 일이었다. 다윗은 일종의 오케스트라 연주단과 성가대 등 법궤를 모시는 일에 영광을 돌릴 수 있는 사람 삼만 명을 뽑는다. 법궤를 다윗성으로 모셔오는데 여섯 걸음을 뗄 때마다 하나님께 제사를 드리고 길 양편에서는 삼만 명으로 구성된 각종 연주자와 성가대가 찬양의 제사를 드린다.

다윗은 얼마나 기뻤는지 "여호와 앞에서 힘을 다하여 춤을 추는데 그때에 다윗이 베 에봇을 입었더라"고 했다(삼하 6:14). 왕복이 흐트러지고 속옷이 다 드러나도록 춤을 추었다. 하나님을 향한 이러한 희열과 감동어린 순수한 사랑은 I/C형이 성령으로 거듭났을 때의 모습이다.

한편 사울의 딸 미갈은 이층 자기의 침실에서 왕이 춤추는 모습을 내려다보고 "천박해. 출신은 속일 수 없어!"라며 비웃는다. 다윗이 행사를 끝내고 집에 돌아오자 미갈은 그를 맞으며 "이스라엘 왕이 오늘 어떻게 영화로우신지 방탕한 자가 염치없이 자기의 몸을 드러내는 것처럼 오늘 그의 신복의 계집종의 눈앞에서 몸을 드러내셨도다"(삼하 6:20) 라고 업신여긴다.

그때 다윗이 한 말을 보라! "이는 여호와 앞에서 한 것이니라 그가 네 아버지와 그의 온 집을 버리시고 나를 택하사 나를 여호와의 백성 이스라엘의 주권자로 삼으셨으니 내가 여호와 앞에서 뛰놀리라 내가 이보다 더 낮아져서 스스로 천하게 보일지라도 네가 말한 바 계집종에게는 내가 높임을 받으리라 한지라"(삼하 6:21-22).

그 다음은 이렇게 기록돼 있다. "미갈이 죽는 날까지 그에게 자식이 없으니라." 다윗은 여호와를 사랑하지 않는, 진짜 천한 것들에 대한 염증을 그 마음에 느낄 수 있는 사람이었다.

공평함   다윗은 사랑할 줄도 알았지만 또한 사랑 받을 줄도 알았다. 다윗처럼 사랑을 많이 받은 사람도 드물다. 그가 많은 사람의 사랑을 받을 수 있었던 배경은 무엇일까? 다윗은 I형의 따뜻함으로 다른 사람이 웃을 때 같이 웃어줄 줄 알고 아파할 때 같이 아파할 줄 알았던 반면, C형의 정의로움으로 공평무사한 원칙을 지켜야 할 때는 그것을 지킬 줄 알았기 때문이다. 그는 전쟁의 승리 후 얻은 재물에도 탐심을 부리지 않고 모든 사람과 더불어 나눌 줄 알았다.

다윗이 아말렉 족속을 진멸하고 승리의 탈취물을 가지고 왔을 때 그의 부하 중 일부가 이 싸움에 나가지 않은 사람들한테는 나눠 주지 말자고 하자 다윗은 "이 일에 누가 너희에게 듣겠느냐 전장에 내려갔던 자의 분깃이나 소유물 곁에 머물렀던 자의 분깃이 동일할지니 같이 분배할 것이니라"(삼상 30:24)고 하며 싸움에 나가지 못한 자뿐 아니라 유다전 지역에 사는 사람들에게까지 전리품을 나누어 주었다. 이 일은 오늘날까지 "이스라엘의 율례와 규례를 삼게 된"(삼상 30:25) 근거가 되었다.

관계로써 일을 풀어나감 I/C형은 관계로써 일을 하는 사람들이다. 즉 일로써 사람을 만나는 것이 아니라, 사람을 만나 일을 풀어나간다. 그래서 사람들에게 일을 분배하고 사람을 키우고 성취의 영광도 사람들과 함께 나눈다. 사람들은 누구나 그와 함께 있기를 소망한다. 그의 옆에 있으면 항상 즐겁고 그의 사랑과 관심을 받는 것이 기쁨이 된다.

I/C형은 자기가 잘하는 일일지라도 다른 사람들에게 그 일과 기쁨을 나누어 준다. 그와 달리 C형은 일을 분배하지 못한다. 자기만큼 일을 잘하는 사람이 없기 때문에 남에게 일을 맡기면 안심이 되지 않아 결국 자기 손으로 다 한다. 이러한 환경에서는 후계자들이 생겨나지 않는다. 예술 분야에서 I/C형을 추종하는 제자나 학파들이 생겨나는 것은 그들이 예술적 재능뿐만 아니라 관계로써 일을 풀어나가는 성격의 유연함을 지니고 있기 때문이다.

함께 일하기를 좋아함 사울이 다윗을 블레셋 사람들과 영원히 원수가 되게 하려고 자기의 사위가 되는 조건으로 다윗에게 블레셋 사람의 양피 일백 개를 가져 오라고 했다. 다윗은 그의 부하들과 함께 가서 블레셋 사람을 죽이고 이백 개의 양피를 사울에게 준다(삼상 18:21-29).

이때 다윗 주변에 처음으로 종자 즉, 부하라고 불리우는 사람들이 등장한다. 그들은 다윗을 도와 함께 일한 사람들로서, 다윗이 도움을 요청할 때 기꺼이 따랐으며 다윗은 그 부하들의 수고를 결코 잊지 않았다. 그들은 다윗이 사울에게 추격을 당할 때부터 다윗에게 몰려들기 시작한 사람들로서 나중에는 육백 명이나 되었고 훗날 전국의 맹장들이 다윗 휘하에 몰려들게 된다.

사람을 잘 얻어서 일해야 하는 지도자들은 다윗과 같이 사람들에게 일과 기술을 배분할 줄 알아야 할 뿐 아니라, 그 수고와 영광과 결과물을 같이 나누는 관계성을 가져야 한다. 그래서 사람들은 I/C형 지도자가 다스리는 팀의 일원이 되는 것만으로도 큰 영광으로 생각한다. I/C형의 성공한 인물들은 그 이름만으로도 유명 브랜드가 되는 것이다.

다윗이 아둘람 굴로 도망갈 때 그 형제와 아비의 온 집이 듣고 다윗과 함께했고 환난당한 자와 빚진 자와 마음이 원통한 자가 다 그에게로 모였다(삼상 22:1-2). 그의 사랑과 용기, 관대함과 자비로움은 모든 이스라엘 백성들 사이에 다윗에 대한 흠모의 마음을 일으켜 다윗에게로 모여들게 만들었고 다윗은 그들의 장관이 되었다. 다윗은 그 이름만으로도 이미 온 이스라엘 백성들의 마음을 빼앗아가고 있었던 것이다.

| I/C형의 독특성 |

남을 속이기에 능한 I/C형　중국의 고전 《삼국지》에 보면 다윗과 같은 성격을 가진 인물이 있다. 바로 유비다. 그는 자비롭고 동정심이 강하며 의리가 있고 사람들에게 일을 배분하여 함께 일국을 이룬 입지전적인 인물이다.

그가 나라를 세우기 전에 한번은 조조의 집에 식객으로 머문 적이 있었다. 조조는 풍문으로 유비야말로 자기와 천하를 다툴 만한 인물이라는 말을 들었다. 그래서 내심 유비의 인물됨을 파악해 보고 아예 싹을 제거해버리겠다는 생각을 했다. 이러한 분위기를 감지한 유비는 잘못하면 '여기서 죽게 생겼다'고 생각하고 연기를 한다.

하루는 조조와 식사 도중에 하늘에서 갑자기 날벼락이 쳤다. 유비는 '이때다' 하고 놀라는 시늉을 하며 손에 들고 있던 젓가락을 떨어뜨렸다. 조조는 깔깔대고 웃으며 저런 겁쟁이를 인물이라고 떠들어대는 놈들이 한심하다고 생각하고 유비 죽이기를 그만두자 유비는 얼른 기회를 틈타 도망 나왔다. 훗날 유비가 촉나라를 세웠을 때 조조는 그때 유비를 죽이지 못한 것을 두고두고 후회했다. C형의 두려움을 I형의 연기력으로 극복한 예이다.

성경에 보면 다윗도 I형의 연기력으로 목숨을 구한 적이 있다. 다윗이 사울을 피해 가드왕 아기스에게로 도망했는데 아기스의 신하들이 다윗을 경계하고 음모를 꾸미는 것 같자 다윗은 그들 앞에서 행동을 바꾸어 미친 체하고 대문짝에 그적거리며 침을 수염에 흘리고 살았다. 아기스 왕은 "내게 미친놈이 부족해서 이런 미친놈 하나를 더 데리고 왔느냐"고 하며 경계심을 풀자 다윗은 그곳을 무사히 빠져 나올 수 있었다(삼상 21:10-15).

유비와 다윗의 유사한 이 행동 유형은 C형의 신중함을 토대로 I형의 연기력이 만들어 낸 것이다. 이것은 역으로 말하면 그들이 마음만 먹으면 얼마든지 간교한 사람으로 변할 수 있다는 것이다.

신실하지 않은 I/C형 다윗　I형과 C형의 부정적 연합의 특징은 두 유형이 모두 이기적인 특성을 가지고 있다는 것이다. 그들은 남에게 따듯하게 대할 수 있지만 결코 헌신적이지는 않다. 자기를 희생하면서까지 남을 위해 살지 않는다. 이것이 I형의 따듯함의 한계인 것이다.

다윗이 골리앗과 대진하고 있는 형들을 찾아갈 때 그의 아버지 이새의 당부가 심상치 않다. "지금 네 형들을 위하여 이 볶은 곡식 한 에바와 이 떡 열 덩이를 가지고 진영으로 속히 가서 네 형들에게 주고 이 치즈 열 덩이를 가져다가 그들의 천부장에게 주고 네 형들의 안부를 살피고 증표를 가져오라 "(삼상 17:17-18).

신실한 S/C형에게 이러한 일을 시키면 그들은 시킨 대로 아주 정확하고 성실하게 이행한다. 그러나 I형이 주 성격인 C형에게 이러한 심부름을 시키면 가다가 다른 일을 하거나 또는 자기를 미워하는 형들에게 앙심을 품고 도시락을 자기가 먹어버리거나 좋아하는 친구들에게 나눠줘버릴 수도 있다.

원래 I형은 약속 개념이 희박하다. 그래서 아버지 이새는 다윗에게 "신속히 가라. 그리고 증표를 가져오라"고 당부했던 것이다. 심부름을 시킬 때마다 오죽이나 꾀를 부렸으면 전쟁하는 형들에게 가져다주는 음식과 천부장에게 주는 뇌물성 식량까지도 증표를 받아오라고 했을까?

이것을 입증하는 또 하나의 증거는 형들이 다윗을 대하는 태도에서 드러난다. 형들의 막사에 도착한 다윗은 지금 벌어지고 있는 상황에

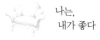

흥미를 갖고 "골리앗을 죽이면 어떤 대우를 해 준다더냐?"라고 자꾸 묻고 있었다. 형들의 입장에서 보면 이 녀석이 얼마나 까불고 있다는 생각이 들겠는가? 그의 맏형인 엘리압이 다윗의 떠드는 이야기를 듣게 되었다. 그는 다윗을 찾자마자 혼내기 시작한다. "네가 어찌하여 이리로 내려왔느냐 들에 있는 양들을 누구에게 맡겼느냐 나는 네 교만과 네 마음의 완악함을 아노니 네가 전쟁을 구경하러 왔도다"(삼상 17:28).

막내인 다윗은 지지 않고 대꾸한다. "내가 무엇을 했다고 그럽니까? 다 이렇게 말할 만한 이유가 있으니 그런 것이 아닙니까?" 여기서 우리는 익히 알고 있는 다윗과는 전혀 다른 모습을 보게 된다. 아리송하다. 그러나 식구들만큼이나 서로를 잘 아는 사람은 없다. 아버지는 다윗을 신실하지 않다고 생각하고, 형들은 그를 교만하며 완악하다고 말한다. 성격 유형으로 분석해보니 식구들의 판정이 맞다.

다윗은 자비로운 사람이기는 하지만 순종적인 사람은 아니다. D형인 큰형 엘리압은 다윗이 기타치고 노래하며 시를 쓰는 것을 보고 쓸데 없이 잘난 체한다고 생각했을 것이다. 무지막지한 D형 형들과 의심 많은 C형 아버지 밑에서 다윗은 늘 반항적이었을지도 모른다. 오죽하면 왕이 될 사람에게 기름을 부을 것이라고 형제들을 모두 소집했는데 다윗에게는 "넌 나가 있어!"라고 했을까? 그 정도로 다윗은 집에서 왕따를 당했던 것이다. 가족들은 그의 성격의 장점보다 약점들이 연합된 모습으로만 다윗을 보았기 때문이다.

I/C형은 I형의 언변과 C형의 논리로 누구에게도 지려 하지 않는다. 어렸을 때부터 박박 대들며 말대꾸하는 얄미운 다윗을 형들이 한 대 쥐

어박았다고 생각해 보라! 아마 수백 대 맞은 사람처럼 큰소리로 울며 온갖 죽는 시늉을 다 했을 것이다. 아버지가 어린 동생을 때린다고 형들을 혼낼수록 다윗을 향한 그들의 미움은 더해 간다. 그래서 엘리압은 다윗더러 교만하고 완악하다고 했던 것이다. 잘난 체하고 지지 않는 C형은 왕따 당하기가 쉽다.

감정의 기복이 심한 I/C형　　가끔 TV에 연기자들이 나와서 자기들끼리 낄낄대고 웃다가 갑자기 우는 연기를 시켜보면 웬만한 연기자들은 다 울 줄 안다. 그것은 훈련해서 되는 것이 아니다. I/C형은 I형의 유쾌함으로 마구 즐겁게 웃다가도 C형의 우울함으로 슬픈 일을 생각하면 금방 하염없이 눈물을 흘릴 수 있는 사람들이다. 실제로 I/C형은 감정의 기복이 심하다. 화려한 연기자들의 사생활이 항상 구설수에 오르며 이혼율이 높은 것은 이들의 감정 기복이 심하기 때문이다.

다윗의 시들을 보면 이러한 감정 기복의 극심한 편차를 여실히 볼 수 있다. 시편 4편에서는 기쁨의 표현이 극치를 달린다. "주께서 내 마음에 두신 기쁨은 그들의 곡식과 새 포도주가 풍성할 때보다 더하니이다"(시 4:7). 그러다가 6편에 보면 정 반대다. "여호와여 내가 수척하였사오니 내게 은혜를 베푸소서 여호와여 나의 뼈가 떨리오니 나를 고치소서… 내가 탄식함으로 피곤하여 밤마다 눈물로 내 침상을 띄우며 내 요를 적시나이다"(시 6:2, 6). 8편에서는 "주의 손가락으로 만드신 하늘의 별들과 하나님의 아름다우심(시 8:3)"을 극찬하다가 13편에 가서 보면 "여호와여 어느 때까지니이까 나를 영원히 잊으시나이까 주의 얼굴을 나에게서 어느 때까지 숨기시겠나이까"(시 13:1)라고 탄식한다.

나는,
내가 좋다

다윗의 시편 대부분은 다 극단의 감정들이 오가고 있다. 그의 시편들을 읽다보면 정신이 혼란할 정도로 '울다' 가 '기쁘다' 가 '슬프다' 가 도무지 갈피를 잡을 수 없다. 물론 이 모든 시들이 기록된 당시의 상황은 서로 다르다. 그러나 자기 속에 계시는 살아 계신 하나님을 누구보다도 사랑하는 다윗이 이와 같이 환난 속에서 하나님을 향한 굳센 믿음을 표현하지 않고 극단적 언어들을 변덕스럽게 사용하는 것은, 상반된 성격이 감성의 언어로 표현될 때 생겨나는 현상들이다.

풍부한 감성은 사람들의 마음에 아름다움을 주지만 희로애락의 감정들이 시시각각 극단적인 표현으로 바뀐다면 이들의 마음을 위로하고 맞출 사람은 없다. 그래서 어떤 때는 이들이 진실한 것 같지만 어떤 때는 이들에게 사기당하는 것 같은 느낌이 드는 것이다.

거짓말에 능한 I/C형　원래 정치하는 사람들은 거짓말을 하는 데 능하다. 다윗도 연기력 못지않게 거짓말하는 데 능했다.

"다윗이 요나단에게 이르되 내일은 초하루인즉 내가 마땅히 왕을 모시고 앉아 식사를 하여야 할 것이나 나를 보내어 셋째 날 저녁까지 들에 숨게 하고 네 아버지께서 만일 나에 대하여 자세히 묻거든 그때에 너는 말하기를 다윗이 자기 성읍 베들레헴으로 급히 가기를 내게 허락하라 간청하였사오니 이는 온 가족을 위하여 거기서 매년제를 드릴 때가 됨이니이다 하라"(삼상 20:5-6).

물론 생명이 위급한 상황 속에서 누구든지 그렇게 할 수 있다. 그러나 자기를 죽이려는 사울을 두 번씩이나 살려주는 다윗의 신실함을 보면, 들에 있으면서도 집에 있다고 요나단에게 거짓말을 하게 하는 다윗의 술수는 그의 감추어진 약점의 극단을 보게 한다. 게다가 거짓말 속에도 C형의 정밀함과 I형의 화술로 그를 사랑하는 요나단에게 자기 아버지를 속이는 부담을 지게 한다.

재미있는 사실은 다윗을 사랑하여 온 마음을 다 빼앗긴 요나단의 거짓말은 한 술 더 뜬다. 다윗이 형들을 어려워한다는 것을 사울이 알고 있는 듯 다윗의 형을 들먹이면서 '형이 가족제사에 참여하라고 해서 월삭식사에 참여하지 못하고 집에 간다'고 말씀 좀 드려 달라고 했다는 것이다(삼상 20:29).

미혹과 완전 범죄형의 I/C형　I/C형의 최대 약점은 유혹당하기 쉬운 I형이 이미 저지른 일을 C형의 완벽함으로 처리하는 데서 드러난다. I/C형은 마음에 다급함이나 초조함이 생기면 가만히 있지 못하고 일어서서 왔다 갔다 한다. 보편적으로 예술을 하는 사람들이 뒷짐을 지고 걷는 모습도 이런 성격의 유형에서 나오는 행동 양식이며 그들이 긴장을 푸는 방식이다.

사무엘하 11장에 보면 다윗의 성격상 약점이 드러나는 아주 중대한 사건이 생긴다. 1절은 당시 다윗의 마음을 짐작하게 하는 구절이다. 요압과 이스라엘 전 군대가 암몬과의 일대 전투를 벌이는데 수도인 랍바성을 둘러싸고 공격 중이었다. 이 전쟁은 다윗 시대의 마지막 외전이었고 인근 지역을 거의 점령한 상태에서 암몬만 무너뜨리면 다윗의 치세는 태평성대가 될 수 있는 전투였다.

승전보를 기다리는 다윗은 C형의 높은 기대치로 초조함을 이기지 못해 저녁 때 왕궁 지붕을 왔다 갔다 했다. 그때 우연히 아리따운 한 여

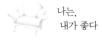

인이 목욕하는 장면을 목격했다. 감정의 기복이 심한 I/C형 다윗은 전쟁에 대한 걱정은 금세 사라지고 곧바로 목욕하는 여인이 누구인가 알아보게 했다. 그녀는 전쟁에 참전한 우리아의 아내였다.

이런 상황에서 I/C형들은 마치 자석에 달라붙는 쇳조각들처럼 한 가지 목적을 이루기 위해 모든 약점들이 동원된다. C형의 분석 능력은 벌써 여인에 대한 정보 분석 작업에 들어간다. '남편이 전쟁터에 나갔으면 남자를 가까이하지 않은 지가 꽤나 되었을 것이고, 내가 알고 있는 우리아는 여색을 가까이하지 않는 사람이니 남편을 유혹하기 위해서 저렇게 행동하는 것은 아닐 것이다. 내가 매일 저녁에 옥상을 거니는 것을 알면서도 저렇게 저녁에 목욕하는 것은 필경 저 여인도 나에게 관심이 있어서 저럴 거야.' 하고 오만 가지 생각을 다 했을 것이다.

I형의 밧세바는 남편 있는 여인으로서 행동을 신중하게 하지 않았고 육적 감성에 미혹당한 I/C형 왕과 사탄적인 결합을 이루어 간통이라는 죄를 낳았다. 이제 이 사건은 그것으로 그치지 않았다. 계속되는 정사 속에서 여인은 임신 사실을 통보해왔고 다윗은 큰 고통에 빠지게 되었다. 이때 그의 C형이 주 성격으로 등장하면서 이 국면을 타개하기 위해 완벽한 알리바이를 조장하게 한다.

'임신 사실을 속이려면 그의 남편이 와야 한다. 그래서 그녀와 더불어 잠을 자게 해야 한다.' 그러나 다윗이 전쟁 중에 있는 우리아를 불러다가 휴가를 주어도 이 충직한 신하는 집에 들어가지 않고 성에서 잠을 잔다. 실망한 다윗은 2단계 계획에 들어간다. 우리아를 불러서 아침부터 술을 마시게 한다. 그러나 그는 "나의 부하들이 전쟁터에서 목숨을 걸고 싸우는데 내가 어찌 부인과 함께 즐거워할 수 있느냐"고 하면서 또 성내에서 잠을 잔다.

하는 수 없이 다윗은 3단계로, 귀대하는 우리아의 손에 요압에게 보내는 편지를 들려 보낸다. "그를 최전방에 내보내 죽게 하라." 살인청부 편지를 죽을 사람의 손에 들려 보내는 잔인함을 행하고 며칠 안 되어 요압에게서 답신을 받았다. "왕께서 원하시는 대로 됐습니다." 다윗은 우리아의 장례를 마치자마자 밧세바를 자기 궁에 데려와 처로 삼았다.

허망한 감성의 말로   다윗같이 하나님을 많이 사랑하는 영적 감성의 I/C형이 육적 감성에 의해 미혹당할 때 한순간에 무너지는 모습은 허망하다. I형의 미혹당함과 C형의 범죄를 감추기 위해 치밀하게 일을 꾸미는 행동을 하나님은 악하다고 하셨다(삼하 11:27). I/C형은 항상 미혹과 거짓 그리고 술수와 간교함을 조심해야 한다. I형의 잔꾀를 C형의 논리로 포장시키면 그럴듯한 철학이 되기 때문이다.

그 후 다윗은 나단 선지자에게 질책을 당한 뒤 그 자리에서 자기 죄를 시인하고 진실하게 여호와 앞에 회개한다. 그러나 죄의 결과로 그는 제일 큰 벌을 받는다. 하나님이 왕의 죄를 사하심으로 왕을 죽게 하지는 않겠지만 이 일로 인해 여호와의 원수로 크게 훼방할 거리를 얻게 했다는 것이다(삼하 12:14).

관계를 중요시하는 I/C형에게 이보다 더 큰 형벌은 없다. 하나님을 사랑하는 일로 평생을 울고 웃으며 살아온 사람인데 하나님이 자기 때문에 원수들에게서 조롱을 당하신다는 말씀을 듣는 순간 다윗의 감성은 극단의 슬픔으로 변했다. 그때 기록한 참회의 시가 시편 51편이다. 그는 남

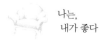

은 생애 동안 자기의 죄를 뉘우치며 뼈저린 통한의 아픔을 갖고 살았다.

감성이 풍부하고 예술적 아름다움으로 하나님을 찬양하며 살 때는 행복하지만 허무주의나 극단적으로 자기 감정에만 충실할 때는 이런 감정적 약점들을 항상 사탄이 이용한다는 사실을 I/C형들은 명심해야 한다. 장점에는 충실하되 약점에는 긴장하며 살아야 한다. 다윗은 그때부터 세상을 떠날 때까지 다시는 같은 죄를 반복하지 않고 오직 하나님을 바라고 그분의 사랑과 마음이 다시 돌아오기를 고대하며 살았다.

온유한 자들은 땅을 차지하며 풍성한 화평으로 즐거워하리로다 (시 37:11)

chapter *3*

유언을 하고도
43년을 더 산 사람
(S형 이야기)

히포크라테스가 창안한 인간의 네 가지 기질 중에서 가장 많은 비율을 차지하는 것이 점액질이다. 우리나라에는 특별히 점액질에 속하는 S형이 제일 많고, I형이 두 번째로 많으며, C형이 그 다음이고 D형이 제일 적다. 하나님이 사람들의 성격 유형들을 다소간의 차이가 있도록 배합시킨 것은, 계획자와 추진자와 실행자의 역할과 포지션이 다르기 때문이다. S형은 안정형으로 분류된다. 먼저 S형의 강점과 약점들을 살펴보도록 하자.

| S형의 강점 |

온유한 사람　성격 유형 중에 S형이 제일 많은 것은 그들의 온유함이 인간 사회의 기초가 되기 때문이다. 성경은 이들 S형을 가리켜 "온유한 자는 복이 있나니 그들이 땅을 기업으로 받을 것"(마 5:5)이라고 말씀하고 있다. 곧 '땅의 주인은 온유한 자' 라는 말씀처럼 S형은 이 땅에 사는 사람들의 대중적인 성격이 된다.

그러나 오늘날에는 S형의 온순한 사람들의 심성이 경쟁 사회 속에 살면서 다른 성격으로 생존의 가면(사회속에서 살아남기 위해 자기 속에 감추어진 본래의 성격을 다른 성격으로 변장하는 것을 말함)을 쓴다.

D형처럼 보이는 사람들도 성격 유형 검사를 해 보면 의외로 S형이 많이 나온다. 그들이 자기가 아닌 모습으로 살고 있기 때문이다. 자기를 모르고 자기 자신이 공헌할 수 있는 부분이 전혀 아닌 곳에서 애를 쓰는 것은 에너지의 낭비다. S형은 S형으로 살아야 한다. S형이 그들 특유의 온유함을 회복할 때 하나님의 나라는 균형을 이룰 수 있다.

하나님나라의 실행자　S형은 하나님나라를 이루는 실행자들이다. 치밀한 계획자인 C형이 꼼꼼하게 설계해 놓은 것을 가지고 D형이 땅을 밀고 터를 파서 기초한 공사 위에 S형은 벽돌을 쌓고 기둥을 세우며 창을 달고 지붕을 세우는 일들을 한다. 이들은 한번 맡겨진 일에는 최선을 다해 성실하게 일한다. 일하는 방법도 나름대로 쉬운 길을 찾아서 원리를 세워 놓고 그 원리에 따라서 아주 효율적으로 일한다.

효율성 있게 일하는 사람　어느 교회에서 지역 사회에 성탄절 선물을 돌리기 위해 양말 천 개를 포장하는 일을 했다. 우연히도 모두가 D

형과 I형, C형의 교인들만 일하게 되었다. I형은 이러한 반복적인 일을 하는 데는 머리에 쥐가 나는 사람들이다. 결국 이 핑계 저 핑계를 대고 슬그머니 도망가 버렸다. D형 한 사람과 C형 두 사람이 남았다. 무척 흥미로워졌다. D형은 어떻게 할 것인가? 아니나 다를까 포장지를 작게 잘랐다고 하면서 화가 폭발하여 나가버렸다. 마지막 남은 C형 두 사람은 양말 한 개를 포장하는 데 이리 돌리고 저리 돌리고 마음에 안 들면 다시 뜯어 싸는 데 거의 5분씩 걸렸다.

'이 양말을 언제 다 포장하나? 주여, S형 교인들 좀 보내주십시오'하며 책임자가 기도하는 마음으로 있는데 문이 열리더니 신기하게 S형 두 사람이 왔다. 이들은 이 짜증나는 일들을 보고서도 아무 두려움 없이 덤벼들었다. 얼마나 빠르고 예쁘게 포장을 하는지 C형이 한 개를 포장하는 동안 거의 5개씩을 포장했다. 더욱 놀란 것은 모든 포장들이 규격과 모양이 일정하다는 것이었다. S형의 성격을 가진 사람들은 어느 일이나 맡겨지면 원칙을 지키며 성실하고 아주 효율성 있게 일을 한다.

외양으로 S형 파악하기 S형은 체질로 보면 태음인에 해당된다. 이들은 보편적으로 하체가 크고 살이 많다. 얼굴에도 살이 많아서 눈꺼풀도 두껍고 입술이나 턱 주위도 두툼하며 눈은 선한 느낌을 갖고 있다. 얼굴도 잠이 많게 생겼으며 성격도 태평해서 아무데서나 잘 잔다.

내가 아는 어떤 S형은 자동차로 2시간 걸리는 거리를 오는 동안 세 번 쉬는데 세 번 모두 잠을 잔다. I형은 입이 발달했고 D형은 눈에 광채가 나며 C형은 냄새를 잘 맡고 S형은 귀가 제일 발달했다. 말하는 것보다 듣기를 잘하는 것도 귀 쪽에 정기가 강하기 때문이다.

위대한 경청자　S형은 조용하며 침착하다. 그리고 평온하며 따뜻하다. 하루 종일 남의 말을 들어 줄 수 있는 사람들은 오직 S형밖에 없다. 그래서 이들이 초등학교 교사나 상담자로 일하면 사회에 기름과 같은 역할을 한다. D형이 교회학교 교사를 맡으면 몇 달 가지 않아서 반이 없어질지도 모른다. 그러나 S형은 화를 낼 줄 모른다. 이들은 주로 말을 하는 쪽보다 남의 말을 들어주는 편이다.

S형끼리 앉혀 놓으면 하루 종일 있어도 꼭 싸운 사람처럼 말을 안 한다. 나의 장인은 전형적인 S형의 성격을 타고난 분이시다. 장인의 아주 절친한 친구가 있는데 그분도 S형이다. 장인의 친구 분이 놀러 왔다. "자네 있나?", "어서 오게!" 마루에 걸터앉는다. 그리고는 서로 아무 말이 없다. 30분쯤 지나서 친구 분이 말한다. "가네, 잘 있게!" 장인도 대답한다. "조심해 가게."

S형과 함께 있어줄 사람들은 적어도 밥을 다섯 끼쯤은 든든히 먹고 뛰어난 재담으로 무장해서 가야 한다. 말하고 싶어 미칠 것 같은 I형에게는 하루 종일 들어 줄 수 있는 S형이 잘 맞는다.

낭만적인 사람　이들은 평온하고 조용하다. 압박받는 분위기를 제일 싫어한다. 그리고 아주 낭만적이다. 전원의 목가적인 생활이라면 모든 것을 버리고 묻혀 살 수 있는 사람들이다. I형처럼 나서고 싶어하지도 않고 D형처럼 남을 통제하려고 하지도 않는다. 좋아하는 사람들 속에서 살기를 원하며 자기를 압박하지 않는 환경을 선호한다.

하루 종일 상사로부터 스트레스를 받고 퇴근한 S형 남편에게 D형 아내가 "당신은 왜 그렇게 당하고만 사느냐!"라고 화를 내다가 잠이 막

들었다. 그때 S형 남편은 창문을 열고 달을 바라보면서 누워 있는 아내에게 말한다. "당신은 달이 저렇게 예쁜데 잠이 와?"

D형 아내는 S형 남편의 마음을 알아야 한다. 자신과 남편이 받는 스트레스의 기준이 다르고 반응도가 다르다는 것을 알아야 한다. 그래서 S형 주변의 사람은 열불이 터져 죽어도 정작 그들 자신은 거북이처럼 느긋하고 오래 살 수 있는 것이다.

최고의 코미디언 같은 사람　D형이 하는 코미디는 처음부터 본론이 다 나오고 옛날에 했던 이야기들을 재방송하면서 웃기려 하지만 사람들은 그가 열 받을까봐 웃어주고 있을 뿐이다. I형은 말하기 전에 자기가 먼저 웃으면서 입에는 거품을 물고 침을 튀면서 아주 원색적인 코미디를 엄청난 고음으로 말한다. 그러다가 누군가가 다른 데를 보면 그 사람 얼굴을 자기 쪽으로 돌려놓고 계속 말한다. C형은 진짜 재미있는 코미디도 차분하고 신중하게 이야기해서 분위기를 가라앉게 한다.

그런데 S형은 자기는 웃지도 않고 슬그머니 남을 잘 웃긴다. 이들의 코미디의 핵심은 항상 맨 끝에 가야 나온다. 그래서 S형이 웃기려고 마음을 먹으면 D형들은 결론만 말하라고 다그치지 말아야 하고 I형은 말 중간에 끼어들지 말고 끝까지 들어주어야 한다. 끝까지 귀를 기울이면 포복절도할 이야기를 듣게 된다. 그들의 코미디의 맨 마지막은 누구도 상상할 수 없는 괴상한 이야기가 나온다. 그것도 말수가 적은 S형이 결론을 감추고 느리게 말하니까 더 우습기만 하다.

평소에 말이 전혀 없는 S형 친구가 절친한 친구에게 중매를 했다. "음, 여자 아버지가 부자야. 어, 그리고 오빠는 변호사래." 그렇게 뜸을

들이더니 "음, 그 여자하고 결혼하면 당구장이 있는 5층짜리 빌딩을 준대." 친구가 대답한다. "아니, 그렇게 좋은 조건인데 네가 하지 왜 나를 소개해 줘?" "응, 나보다는 너하고 더 잘 어울릴 것 같아서…." "그러면 한번 소개해 봐." "그런데 문제가 좀 있어." "뭔데?" "음, 여자가 사팔뜨기야…."

갈등을 싫어하는 사람   내가 학생 부흥집회를 인도했을 때였다. 마지막 날에 학생들에게 성격 유형 검사를 해 주고 적성에 맞는 삶과 성경의 인물들을 성격 유형별로 설명해 주었다. 그들을 유형별로 자리에 앉혀 놓고 한 가지 예화를 들었다.

"자, 지금 어떤 사람이 새벽 한 시에 길을 건너게 되었다. 신호등은 빨간 불이다." 유형별로 질문을 던졌다. "D형! 어떻게 할 것인가?" 했더니 한결같이 말했다. "볼 것 없어요. 그냥 건너가야죠." "C형! 어떻게 하나?" "절대 못 건너가요. 그러다가 죽으면 누가 책임져요?" 제일 많이 모여 있는 S형들에게 물었다. 그들은 아무도 먼저 말을 하지 않았다. 그때 어떤 S형 학생이 말했다. "왜들 그런 거 가지고 싸운대요?" S형은 갈등을 싫어한다.

S형 주부들의 집에는 사다 놓고 입지 않는 옷들이 많다. 옷 가게에 들어가서 주인이 "이거 입어 보세요. 저것도 입어 보세요" 하고 여러 개 꺼내 주면 주인이 수고한 것이 미안해서 마음에 들지도 않는 것을 사 가지고 오기 때문이다. 그래서 이들은 본의 아니게 갈등 구조로 인한 낭비를 많이 하게 된다. 갈등 구조를 가진 S형에 사치가 심한 I형이 합해진 I/S형은 마음을 모질게 먹지 아니하면 빚더미에 깔리게 된다.

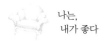
나는,
내가 좋다

따라서 S형은 물건을 사러 갈 때 주인과 갈등을 일으킬 소지가 있는 부분을 미리 막아야 한다. 이를테면 "꺼내지 마세요. 제가 그냥 볼게요"라고 말한다든지 "아니요. 다음에 들르겠습니다"하고 "NO!"하는 법을 배워야 한다. 약삭빠른 장사꾼들은 이것을 배워서 거꾸로 S형들에게 물건을 잘 팔기도 한다.

외길 인생의 사람 S형은 변화보다 안정을 더 추구한다. 월급을 더 많이 주는 곳보다 낯익은 분위기에서 일하는 것을 더 좋아한다. 이들은 변화를 싫어하고 한 가지 일에 몰두하기 때문에 장인들이 많이 나오게 된다. 훌륭한 도공들이라든가 예술을 하는 사람들이 많다. 완벽주의자는 아니지만 깔끔하고 실용적인 예술을 많이 한다.

기계나 기술 같은 분야에 장인정신이 뛰어나 우리가 소위 '외길 인생'이라고 말하는 거장들이 많이 나온다. 이들의 마음은 변화를 싫어하고 한결같이 고집스럽고 충성되기 때문에 어느 한 분야에 집중하면 그 분야에 독보적인 존재들이 되는 것이다.

외교관 스타일 S형은 I형과 같이 인간관계를 잘하는 사람들이다. 다만 I형처럼 빠르지 않고, 남을 설득하여 목적을 향해 가게 하는 사람들은 아니다. 그렇지만 사람들에게 부드러움으로 호감을 준다. S형의 외양적인 것만 보고 이들을 싫어하는 사람들은 거의 없다. 온유하고 순종적인 삶의 자세는 누구에게나 호감을 주기 때문이다.

삼국지에 보면 촉나라에는 최고의 천재 제갈공명이 있었다. 공명 때문에 번번이 당해야만 하는 오나라에서는 공명의 마음을 달래고 촉과의 화해를 이루기 위해 사신 한 사람을 보낸다. 그는 바로 공명의 형인 제갈근이다.

이 사람은 S형으로서 온화한 미소와 부드러운 말씨의 대명사다. 평소에는 어느 곳에도 쓰임을 받지 못하지만 형제의 갈등 구조를 노리는 오나라는 늘 그를 촉나라의 사신으로 보내어 공명의 마음을 흔들려 한다. 공명은 형이 사신으로 올 때마다 무엇이라도 외교적인 성과를 들려주어 보내야 했기 때문에 번번이 그를 피하려고 애를 쓴다. 제갈근은 매번 촉에 갈 때마다 워낙 명민한 공명 때문에 뚜렷한 성과 하나 건져오지 못하지만 그는 이런 곤란한 일을 말없이 감당하는 S형의 외교적인 성품을 가진 사람이었기 때문에 오나라 공공의 적 공명의 형이었음에도 생명을 보존할 수 있었던 것이다.

만약에 D형이 외교에 나서면 며칠 못 가 전쟁이 발발하기 쉽다. 자기의 목적대로 되지 않으면 협박하다가 상대 국가의 D형을 폭발시키기 때문이다. 그러나 쉽사리 화를 내지 않고 온화한 미소를 띠우며 속내를 얼굴에 나타내지 않는 S형은 사람을 대해야 하는 외교적인 업무가 적성에 아주 잘 맞는다.

| S형의 약점 |

결정을 미루는 사람　　S형은 결정을 미루는 스타일이다. 조선조 최고의 재상인 황희 정승의 이야기는 대표적인 S형의 성품을 보여준다. 부인의 말을 듣고서 "당신 말이 옳소" 하고 머슴들을 나무라기 위해 갔다가 머슴들의 이야기를 듣고서는 "너희 말이 옳다"고 하고서 부인에게 다시 돌아갔더니 부인은 "여기서는 내 말이 맞다고 하고서 머슴들에게서는 머슴들의 말이 맞다고 하니 당신은 줏대가 없는 사람이요"라고 하니 "그 말도 맞습니다"라고 한 일화는 두부모 자르듯이 단호한 결정을 내리지 않는 S형의 표상을 보여준다.

성경의 아브라함(S/I형)은 이러한 유형의 전형을 보여준다. 아브라함의 아내 사라는 D형이다. 자기의 아들을 학대하는 첩의 소생 이스마엘의 행실을 참다 못해 사라는 남편인 아브라함에게 첩과 첩의 자식을 내어 쫓으라고 한다. 이때 아브라함은 이러지도 저러지도 못하고 마음에 깊은 근심을 하게 되었다(창 21:11). 하나님이 나서서 하갈을 내보내도록 하셨기 때문에 사건은 해결됐지만 그가 일찌감치 이런 상황을 판단해서 이삭이 태어나자마자 지혜롭게 해결했더라면 그의 노년에 가슴 아픈 일은 없었을 것이다.

이기적인 사람　S형은 일반적인 일에서는 온화하고 사람들과 타협을 잘하는 편이다. 그러나 자기가 좋아하는 부분에 있어서는 누구도 말릴 수 없는 고집스러움이 있다. 자기가 사고 싶은 것이나 구하고자 하는 것이 있으면 집안 형편에 상관없이 반드시 손에 넣어야만 하는 유아적인 이기심이 발생한다. 이러한 S형의 성격은 삶의 극단적인 어려움에 부딪쳤을 때 D형처럼 전면에서 문제를 해결하지 못하고 자기만 살겠다며 한발 쥐로 빼는 이기심을 드러낸다.

아름다운 부인 때문에 아브라함이나 그의 아들 이삭 두 부자간에 똑같은 일을 겪은 적이 있었다. 아브라함은 애굽에 머물렀을 때 사람들이 자기 아내를 탐내고 자기를 죽일까봐 사라에게 "어떤 사람이 당신을 누구냐고 물으면 나의 아내라고 말하지 말고 누이라고 하라"고 당부했다(창 12:11-13). 그 아들 이삭은 블레셋 왕 아비멜렉의 영토에 들어가서 살 때에 자기 아버지가 한 것과 똑같이 자기 아내 리브가에게 "당신은 아리따우니 사람들이 나를 죽이고 당신을 빼앗아갈지 모르니 나의 누이라고 하라"는 말을 했다(창 26:7).

두 부자는 자기만 살려는 이기심 때문에 부인을 누이라고 속였고 두 사람 모두가 부인을 빼앗길 뻔했다. 동일한 성격 유형은 행동 양식에도 동일 유형을 만들기 때문에 이런 일들이 부자 간에 발생하게 된 것이다. S형의 이러한 우유부단함과 이기심들이 인생의 결정적인 때에는 치명적인 문제들을 야기시킨다.

게으른 사람　남미의 정글 속에 '나무늘보'라는 동물이 있다. 나무늘보는 모든 동물들이 탐내는 열매는 포기하고 아무도 쳐다보지 않는 나뭇잎을 먹고 산다. 그것도 조금 먹고 사흘이나 걸려 소화를 시킬 만큼 활동이 거의 없다. 에너지를 쓰려 하지 않기 때문에 많이 먹을 필요가 없다. 그러다 보니 나무에서 매달려 자는 이 동물이 볼일을 보려고 지면에 내려올 때 냄새를 맡고 달려오는 맹수들의 표적이 된다. 제아무리 급해서 빨리 달려도 워낙 느리기 때문에 십중팔구는 거의 잡아먹힌다.

S형 지도자들의 느긋하고 태평스러움은 평안한 시대에는 훌륭한 지도자의 요건이 될 수 있으나, 전란과 같은 시급한 상황에서는 상황 판단과 결정을 빠르고 명확하게 처리해야 많은 사람들을 살린다.

온유함으로 땅을 차지한 S형 이삭

성경에 등장하는 대표적인 S형은 아브라함의 아들 이삭이다. 이삭의 삶을 통해 S형의 삶을 이해해 보자.

| 헌신하는 사람 |

하나님이 아브라함에게 독자 이삭을 제물로 바치라는 명을 내리신다(창 22:7-8). 고대의 인신 제사는 사람을 잡아 죽여서 뼈의 각을 뜨고 그의 피를 쏟고 내장을 불태워 드리는 제사였다. 한마디로 아들을 산산조각 내서 죽이라는 것이었다.

갈등을 싫어하는 아브라함이었지만 하나님의 말씀에 순종하여 아들을 제물로 드리기 위해서 사흘 길을 걷는다. 사흘의 시간이 그의 인생 110여 년보다 더욱 길고도 힘들었을 것이다. S형 두 부자는 사흘 길을 걷는 동안 말이 없다. 사흘이 되어서야 먼저 아들이 입을 연다.

"아버지, 제물을 태울 장작은 여기 있는데 제물은 어디 있어요?"

"응, 하나님이 알아서 준비하실 거다." "아, 예."

이것이 S형 부자가 사흘 동안 나눈 대화의 전부다. 이런 심각한 이야기를 그 오랜 길을 걷는 동안 한 마디도 언급하지 않는 아버지나, 묻지도 않는 아들은 한 쌍의 완벽한 S형 콤비의 모습이다.

그 뒤의 이야기를 보면 아브라함은 단을 쌓고 느닷없이 아들 이삭을 결박하여 단 위에 올려놓은 뒤 칼을 빼어 들었다. 아브라함은 S/I형이기 때문에 말은 느리면서도 행동은 빠르다. 성경은 아들 이삭이 아무런 반항도 하지 않았다고 기록하고 있다.

아버지가 제사드릴 때마다 쫓아다녔던 이삭은 하나님께 제사 드리는 법을 알고 있었다. 그래서 앞서 "제물은 어디 있어요?"라고 물었던 것이다. 제사 드리는 법을 알고 있었던 이삭은 자기가 포박되는 순간 아버지가 자기를 잡아 죽이려 한다는 것을 알았을 것이다.

만일 포박하려는 100세가 넘은 노인과 도망가려고 마음먹은 10대의 소년이 달리기 시합을 한다면 누가 이기겠는가? 그러나 이삭은 도망하지도 반항하지도 않았다. 자기 아버지 아브라함이 하나님께 대해 절대적인 공경과 순종을 하는 것을 알았기 때문에 자기도 아버지의 행동에 순종하는 훈련이 되어 있었다.

짧은 순간이었지만 어린 아들 이삭은 눈물을 머금고 아버지와 그 아버지가 사랑하는 하나님을 위해서 자기의 생명을 드릴 수 있었던 것이다. 순종과 헌신적인 성품은 성령으로 거듭난 S형의 성화된 모습이다.

| 가정의 평온을 사랑하는 사람 |

창세기 24장 63절에 보면 "이삭이 저물 때에 들에 나가 묵상하다가"라는 구절이 있다. 무엇을 묵상했을까? 당시의 상황은 이삭의 결혼을 위해서 아내를 구하기 위해 청지기 엘리에셀이 노구를 이끌고 주인인 아브라함의 고향으로 떠났을 때였다. 어머니의 사랑을 지극정성으로 받고 자란 이삭은 그 사랑을 그리워해서 어머니 사라가 생전에 쓰던 장막을 가지고 다니며 생활했다(24:67). 어머니의 사랑을 못 잊어한 것은 그가 여인에 대한 소중함과 자기를 평온하게 했던 그 품을 늘 그리워했다는 것을 말한다.

성경의 위대한 인물들 가운데 가정의 원형을 보여준 사람은 이삭이다. 일부다처제 시대이고 다산이 축복인 그 시대에도 오직 이삭만이 한 여인의 지아비로 살았다. 비록 그의 이기심 때문에 아비멜렉에게 아내를 빼앗겨 큰 치욕을 겪을 뻔했지만 이삭처럼 단 한 명의 사랑하는 아내와 함께 부요와 행복을 누린 사람은 없다.

그는 새롭게 시작될 자신의 가정을 위해서 묵상하고 하나님께 기도를 드렸던 것이다. 아내를 사랑하는 이삭의 모습은 나이 40에 결혼을 해서 20년이 지나도록 아이를 갖지 못했을 때 하나님께 기도를 드리는 태도에서도 볼 수 있다. 하나님은 늘 가정을 위해 기도하는 이삭의 기도를 들으시고 그의 아내 리브가의 태를 열어 두 민족을 주셨다(창 26:20-26).

| 성실한 사람 |

S형은 무슨 일에도 규칙적이고 성실하다. 초등학교 때부터 고등학교 때까지 12년을 개근할 수 있는 사람들은 S형밖에 없다. 공부는 C형이 제일 잘하나 개근상은 S형의 몫이다.

어느 집회에서 이 이야기를 했더니 그때까지 한마디 말도 하지 않던 한 S형이 입을 열었다. "저는 대학 2학년 때까지 개근했어요."

이삭의 삶을 보면 그의 산업의 기반과 거주 지역이 브엘세바와 브엘라해로이 사이에 있음을 알 수 있다(창 24:62, 25:11). 이곳은 유대 남방 마지막 땅에서 유대 광야까지 이르는 물이 없는 거친 땅이다. 양을 치는 사람으로서 풍요로운 땅을 두고 거주민들과 싸우기 싫어서 마치

나무늘보처럼 남들이 거들떠보지도 않는 황량한 땅에서 생활한다. 그러나 그는 욕심 없이 부지런히 이러한 지역들을 왕래하며 양들을 친다. 불편한 환경 속에서도 인생을 불평 없이 살아가는 이삭의 모습은 S형의 성실성을 보여준다.

| 다투기 싫어하는 사람 |

창세기 26장을 보면 아주 재미있는 사건이 나온다. 12절에 보면 "이삭이 블레셋 땅에 들어가 살 때에 농사하여 그해에 백 배나 얻었고 마침내 거부가 되었다"는 구절이 있다. 이삭의 형통함을 시기한 블레셋 사람들이 이삭의 우물을 메워 버렸다. D형 같으면 한판 붙었을 텐데 이삭은 아무 말 없이 그곳을 떠났다.

그 당시 땅과 함께 거기서 솟아나는 샘물은 농사의 근원이었다. 그러한 생명의 젖줄을 놓고 떠나라는 블레셋 사람들의 말에 이삭은 순순히 모든 것을 포기하고 그랄 골짜기로 터전을 옮긴다. 그리고 거기에서 우물을 파니 또 샘이 터졌다(창 26:19).

이번에는 그랄의 목자들이 이삭의 목자들과 다투어 이 물은 우리 것이라고 생떼를 쓴다. "우리가 파서 얻은 샘인데 어찌 너희 것이라고 하느냐?"라며 따질 법도 한데 이삭은 순순히 샘을 포기하고 또 다른 곳에 가서 우물을 판다. 그랄 목자들은 또다시 이삭을 찾아와서 우물을 빼앗는다. 이삭은 또 아무 말 없이 옮겨 간다. 마침내 누구도 빼앗지 않는 평온의 샘물을 얻어서 그 이름을 르호봇(더 이상 다투지 아니함)이라 하며 농업의 지경을 넓혀 번성하게 되었다.

이렇게 싸우지 아니하며 화평함으로 살아온 이삭에게 아비멜렉과 군대장관 비골이 찾아온다(창 26:26-31). 그들은 자기들은 우물 열 개를 파도 물을 얻기가 어려운데 이삭은 파는 곳마다 물이 나오니 분명히 이삭이 섬기는 신이 그와 함께 계심을 본 것이었다. 그래서 그들은 말한다.

"너는 우리를 해하지 말라 이는 우리가 너를 범하지 아니하고 선한 일만 네게 행하여 네가 평안히 가게 하였음이니라 이제 너는 여호와께 복을 받은 자니라"(창 26:29).

이것은 S형의 온유함의 승리다. 이삭이 농사의 생명과도 같은 우물을 수없이 양보하는 것은 바로 온유한 그리스도의 마음을 가졌기 때문이다.

| 장수하는 S형 |

온유한 S형이 받는 땅의 복은 땅에서 오래 사는 장수의 복도 포함된다. 이 세상의 모든 자연 만물들에서도 볼 수 있듯이 성질이 난폭한 것들은 수명이 짧다. 그러나 S형처럼 온유한 것들은 오래 산다. 거북이가 그렇고 말없이 비바람과 설한풍을 맞고 자라는 주목朱木이나 돌, 바위들도 천년만년을 산다. 사람도 장수하는 사람들은 대부분이 온유한 사람들이다.

이삭이 나이가 많아 죽을 때가 되자 자기 큰 아들 에서를 불러 축복하려는 장면이 나온다. 그때 이삭의 나이는 137세였다. 그는 자기 이복형 이스마엘의 죽음을 통해서 자기에게도 갑작스런 죽음이 오기 전에 장자권을 이양하고 삶을 정리하고자 했다. 그러나 S형의 끈기는 생명력에도 나타난다. 그는 유언을 다 해 놓고서도 43년을 더 살고 180세에 세상을 떠났다(창 35:38).

| 핵심을 파악하지 못하는 S형 |

S형은 보편적으로 낯익고 편안한 환경을 선호한다. 조금이라도 낯설고 자기가 드러나야 하는 상황이 생기면 긴장한다. 음식이나 잠자리도 고정적이고, 자기에게 부담을 주지 않고 즐겁고 편안하게 해 주는 사람을 의지한다.

이스라엘의 정통 족보는 이삭의 장자인 에서가 아니라 차자 야곱으로 전해졌다. 하나님은 장자권을 소홀히 여기는 에서보다 귀한 것을 귀하게 여길 줄 아는 야곱을 이미 태중에서 택하셨던 것이다(창 25:23). 그러나 이러한 예언의 말씀을 들을 때 이삭은 그 말씀을 끝까지 귀담아 듣지 않았다.

그는 자기와 기질이 비슷한 내향성 야곱(S/C/D형)보다 남성적이며 씩씩한 외향성 에서를 더 좋아했다. 상반된 성격에게 끌리는 요인 때문에도 그랬지만 에서가 자신을 항상 편안하게 해 주었기 때문이다. 특히 에서가 사냥해온 고기로 요리해 주는 별미는 탐식가인 S형에게 기쁨이었다.

창세기 27장 3-4절에 보면 이삭은 에서를 불러 "네 기구 곧 전통과 활을 가지고 들에 가서 나를 위하여 사냥하여 나의 좋아하는 별미를 만들어 내게로 가져다가 먹게 하여 나로 죽기 전에 내 마음껏 네게 축복하게 하라"고 했다.

이 대목은 평소에 에서가 아버지에게 얼마나 효를 다했는가를 보여준다. 아버지를 위하여 사냥을 하고, 요리를 해도 어머니보다 더 아버지 마음에 들게 요리를 했다는 것이다. 오죽하면 세상을 하직하려는 아버지가 아들의 요리를 마지막으로 먹고 싶다고 말했을까?

또한 창세기 28장 8-9절에 보면 "에서가 또 본즉 가나안 사람의 딸들이 그의 아버지 이삭을 기쁘게 하지 못하는지라 이에 에서가 이스마엘에게 가서 그 본처들 외에 아브라함의 아들 이스마엘의 딸이요 느바욧의 누이인 마할랏을 아내로 맞이하였더라"는 구절이 있다. 그는 장가도 자기 아버지를 위해서 들 만큼 효심이 깊었다.

S형은 이렇게 구석구석 잘 알아서 자기를 편안하게 해 주는 사람에게는 하염없이 관대하다. 그래서 분명히 하나님께 "큰 자가 작은 자를 섬기리라"는 예언의 말씀을 들었음에도 불구하고 에서에게 축복해 주려는 S형의 이기심과 무사안일주의가 그의 가정에 태풍을 몰고 온 것이다. 큰아들에게 축복하려는 아버지를 속이고 축복을 강탈해야 하는 리브가와 야곱 모자는 살 떨리는 모험을 강행한다.

아버지가 좋아하는 주 메뉴를 알고 있던 어머니는 염소를 잡아서 고기죽을 만들고 야곱에게 팔과 목둘레에 염소가죽의 털을 씌우고 이삭에게서 축복을 받게 한다. 눈이 어두운 이삭은 이상한 반응을 한다. "이삭이 만지며 이르되 음성은 야곱의 음성이나 손은 에서의 손이로다"(창 27:22)하며 고개를 갸웃거리면서 야곱에게 축복한다.

이 사건으로 야곱은 형의 칼날을 피하여 외삼촌 집으로 도망하고 20년이란 장구한 세월 동안 서러운 객지 생활을 한다. 하나님이 주신 예언의 말씀의 핵심을 파악하지 못하고 큰 아들만 사랑한 편애와 이기심이 그의 가정을 파괴하고 만 것이다.

S형 가장의 부인들은 대부분 생존의 가면을 쓰게 된다. 남편이 우유부단하기 때문에 부인이 남편 대신 결정하고, 싸우며, 일을 추진해야 하는 맹렬여성으로 변모된다. S형의 가정은 자녀를 돌보는 데도 무관심한 사람들이 많다. 그저 나만 편하면 그만이라는 이기적인 부모의 생각들이 자녀들에게 우리 엄마 아빠는 나에게 관심이 없다는 생각을 갖게한다. 그래서 아이들은 고삐 풀린 망아지처럼 규모와 예의범절도 모르고 제멋대로 살게 된다.

만일 이삭이 자녀들에 대해 분명한 결단을 했거나 하나님의 말씀에 대한 확고한 결단이 바로 서 있었다면 아브라함처럼 슬기롭게 재산 분배를 해서 애초에 형제 분쟁의 비극을 없앴을 것이다.

이 사건은 성경에 다시 기록되지 않지만 무시무시한 에서는 자기가 받을 축복을 강탈한 주범이 된 그 어머니를 어떻게 대하고 살았겠는가 생각해 보라! 큰아들의 싸늘한 눈빛에 얹혀서 집 떠난 아들 야곱만을 생각하며 눈물어린 세월을 살아야만 했던 리브가의 노년의 삶은 괴로움의 나날이었을 것이다.

S형은 결단해야 할 때를 분명히 알고 명확한 판단으로 결정하는 훈련을 해야 한다. 그래야 가정이 행복할 수 있다.

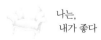

안정과 조화를 추구하는 조언자
S/I형 아브라함

| S/I형의 장점 |

S형과 I형의 두 기질이 공존하는 S/I형은 조언자형이다. S/I형은 내향성과 외향성의 결합으로 이루어져 있다. 서로 상반되는 이 두 기질은 서로 조화를 이루지 못한다. S형은 느리고 I형은 빠르다. S형은 차분하고 I형은 덜렁댄다. S형은 무대 뒤 체질이고 I형은 무대 위 체질이다. S형은 들어주는 사람이고 I형은 말하는 사람이다. S형은 감정을 억제하나 I형은 감정을 표현한다. S형은 꾸준하고 I형은 단발적이다.

아무리 보아도 별로 공통점이 없는데 묘하게도 인간관계를 잘하는 부분에서는 아주 강한 공통점을 가지고 있다. S형도 사람 중심적이고 I형도 사람 중심적이다. 그래서 이 두 기질이 연합된 S/I형이나 I/S형은 모두가 인간관계를 제일 잘하는 사람들이다.

같은 사람 중심적인데도 S형은 남의 속을 깊이 헤아려주고 들어주는 내향성으로 사람과의 관계를 맺으나, I형은 남에게 칭찬하고 격려와 위로를 해주는 외향성으로 인간관계를 맺는다. 그래서 들어주는 S형이 위로하는 I형을 이끌 때에는 조언자가 되고, 격려하는 I형이 들어주는 S형을 이끌 때에는 격려자가 된다.

비슷한 것 같지만 근본적으로 차이가 있다. S/I형은 상대방의 이야기를 들어주기를 먼저 하고 상대에게 좋은 조언을 해 주지만 I/S형은 적극적으로 상대의 입장으로 들어가서 사람 속의 갈등을 해결해주며 평화를 만들어가는 적극적 격려자가 된다. 우리나라 사람들 중에 제일 많은 기질이 S/C형과 S/I형이다. S/C형은 보편적으로 법과 질서나 원칙을 철저히 지키는 체제 순응형이고, S/I형은 인간관계를 소중히 지켜나가는 관계 순응형이다.

| 인간관계에 흑막이 없는 S/I형 |

S/I형은 대인관계에 있어서 흑막이 없다. 대부분 솔직하고 타인의 아픔을 참지 못하며 보살펴주고 싶은 선천적인 마음을 갖고 태어난다. 이들은 고통에 빠져 있는 사람들을 보면 불쌍히 여긴다. S형의 자비와 I형의 자비가 합해졌기 때문에 모든 기질 가운데 제일 따뜻하고 동정심이 많은 기질이 된다. 이것이 S/I형의 최대 장점이다.

| 장점의 연합 |

이들은 S형의 지속적인 관계성과 I형의 단발적인 관계성이 연합된 사람들이기 때문에 사람들과 다양한 종류의 관계를 형성할 수 있다. 오랜 우정도 간직할 수 있고 스쳐 지나가는 사람과도 좋은 만남을 가질 수 있는 사람들이다. 또한 S형의 유연함과 I형의 설득력이 합해졌을 때 남의 마음을 아프게 하지 않으면서도 부드럽게 설득하는 사람이 된다.

S형의 전문성과 I형의 예술성이 합해지면 생활 예술 분야에 탁월한 사람이 된다. S형의 진지함과 I형의 적극적 활동성이 합해지면 I형의 덜렁거림은 사라지고 그 자리에 아주 진지한 모습으로 일하는 전혀 다른 사람이 앉아 있는 것을 보게 된다.

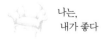

| S/I형의 공통적인 단점 |

S형이 주로 내적인 단점을 갖고 있는 반면, I형은 주로 외적인 부분에서 단점을 드러낸다. S형은 반응을 잘 보이지 않아 상대가 S형의 속내를 모르고 I형은 너무 빠른 반응을 보여 자기의 속을 내보인다. S형은 변화를 싫어하고 I형은 변화가 너무 빠르다. 그러므로 S/I형은 단점들에 있어서도 서로 맞지 않는 부조화를 보여주고 있다.

그러나 이 두 기질의 단점 속에도 묘하게 공통점들이 어우러져 있는데 이것은 S/I형의 최대 단점이 된다. 바로 무사안일주의와 남의 말을 거절하지 못하는 것이다.

그래서 S/I형의 단점이 극대화되었을 때 이들은 내일을 향한 소망이나 비전보다 오늘에 안주하고 편하게 살려는 무사안일주의의 극대화를 이루게 된다. 또한 이들은 남의 말을 거절하지 못하기 때문에 자의에 의한 삶보다 타의에 의해 끌려다니는 삶을 살 때가 많아, 생각지도 않은 일들을 만나게 되고 삶의 부조화를 겪게 된다.

본의 아니게 남의 빚보증을 서 준다든가, 손에 돈이 있으면 없다는 소리를 못해서 남에게 돈을 빌려 주고 나서는 상대의 마음을 아프게 할까 봐 차마 달라는 소리를 하지 못해서 받지 못한다든가 하는 경우가 많아 물질적 어려움을 많이 겪는다.

또한 거절하지 못하는 S형의 성격과 I형의 사치성이 결합되어, 사고 싶은 물건 앞에서 자기 조절이 안 돼 과소비로 인한 빚더미에 올라앉는 경우도 많다.

| S/I형의 단점의 연합 |

S/I형이 서로 단점으로 연합되었을 때는 아주 진기한 현상들이 발생한다. S형의 말도 안 하고 무뚝뚝한 성격에 I형의 쾌락을 추구하는 성격이 결합되면 뒤에서 못된 짓을 하는 사람이 되고, S형의 두려움에 I형의 의지박약이 결합되면 자신감 결여로 아무것도 할 수 없는 사회부적응자가 된다.

S형의 수줍음에 I형의 변덕스러움이 합해지면 소심하면서도 변덕스럽기가 한이 없는 까다로운 사람이 된다. S형의 추진력 결여에 I형의 충동이 결합되면 이것저것 손만 대고 아무 결실이 없는 사람들이 된다. 실제로 S/I형은 자기 스스로의 틀을 설정해 놓고 훈련하지 않으면 많은 단점들을 송두리째 끌어안고 살게 된다.

| S/I형의 일하는 구조 |

이 기질은 둘 다 일 중심의 기질은 아니다. 보편적으로 I/S형은 인간관계에 있어서 책임감은 강하나 일에 있어서는 뒷정리가 약하다. 일하다가도 누가 찾아오거나 전화가 오면 일보다 사람 만나는 것을 더 좋아해서 일을 계속 미루고 아예 하던 일을 잊어버릴 때도 많다.

그러나 S/I형은 조금 다르다. S/I형은 자기 분야에서 실무적이며 전문가적이다. 이들은 D형이나 D/C처럼 완벽하게 일을 처리해 내는 사람들은 아니나 꾸준하고 성실하게 일을 하면서도 사람을 편하게 해주는, 일과 사람 속에서 조화를 잘 이루는 사람들이다.

| S/I형 아브라함 |

아브라함은 재미있는 S/I형의 대표적인 인물이다. S/I형은 S형이 I형을 주도한다. I형보다는 S형적인 요소가 많기 때문이다. 순수한 S형인 이삭보다 아버지 아브라함의 행동반경이 넓고 빠른 것은 아브라함에게 I형이 더 많이 들어 있기 때문이다. S형은 변화를 두려워하나 S/I형은 I형의 모험적 구조를 가진다. 그래서 S형으로는 갈 수 없는 미지의 세계를 I형이 결합된 S/I형은 갈 수 있다. 그러나 이들은 안정성을 확보했을 때에만 움직이는 특징을 갖게 된다.

하나님이 창세기 12장에서 아브라함을 부르셨을 때 75세의 나이에 S형임에도 불구하고 자기의 터전을 떠날 수 있었던 것은 그에게 돌아다니기 좋아하는 I형이 종 성격으로 들어 있었기 때문이다. 그러나 그는 무작정 떠나지 않는다. 하나님이 함께하시고 어떻게 인도하실 것인지 확인한 뒤에 움직인다.

| '어떻게'를 중요시하는 S/I형 |

D형은 언제when를 중요하게 여긴다. 일은 반드시 자기가 할 것인데, 다만 그 일을 언제 시작할 것이냐라는 급한 흥분감을 감추지 못한다. I형은 누가who 할 것인가를 중요시한다. 곧 사람과 함께하는 일을 좋아한다는 것이다. 그래서 정치감각이 제일 뛰어난 I/D형들은 그가 누구와 함께 있느냐 하는 것을 제일 중요시한다. 될 수 있으면 그가 함께하는 누군가whom가 지위가 높은 사람이거나 유명한 사람이거나 자기를 흥분시킬 수 있는 사람일수록 흥분도가 커진다.

반면 C형은 왜why를 중요시한다. '왜 내가 그것을 해야만 하느냐?' '왜 그렇게 되었느냐?' 라고 묻고, 대답을 들으면 어려워서 못한다 하고 대답을 듣지 않으면 말을 안 해 줘서 할 수 없다고 한다.

한번은 어떤 부모가 C형 어린아이와 함께 버스를 타고 여행하게 되었다. 궁금한 것이 많은 C형 아이는 여행 내내 어른들이 기본 상식으로 묻어 두었던 자연과 인간에 대한 도전을 한다.

"엄마, 차 바퀴는 왜 동그래? 네모나면 굴러가기 힘드니까?" "응."

"엄마, 그럼 내 발바닥은 왜 넓적해? 둥글면 쓰러질까 봐?" "뭐?"

"그럼 자동차는 왜 안 쓰러져? 바퀴가 네 개니까?"

주변 사람들이 킥킥대며 웃자 엄마는 긴장하기 시작한다. 엄마는 속으로 '얘가 그만 물어봤으면 좋겠는데 점점 이상한 것만 물어보고 창피해 죽겠네' 하고 생각하는데 아이의 날카로운 질문은 다시 계속된다.

"엄마, 그럼 왜 내 발은 두 개야? 음… 손까지 합치면 네 개잖아! 응? 그러면 내가 개야?"

너무 긴장한 엄마는 속이 불편해서 그만 소리 없는 방귀를 뀌고 말았다. 사람들이 "아니, 이거 무슨 냄새야?" 하면서 냄새 나는 쪽을 쳐다보았다. 창피한 엄마는 아이를 바라보며 "얘, 너 배 아프니?" 그러자 아이가 하는 말이 걸작이다. "엄마, 내가 배 아프면 엄마가 방귀 뀌는 거야? 응? 그런 거야?" 엄마 입장에서는 미치고 환장할 노릇이다.

S형은 어떻게how를 제일 중요시한다. 순종적이기 때문에 시키는 대로는 잘하지만 어떻게 해야 할지 막막할 때가 많다. 그래서 S형과 함께 있는 사람들은 '무조건 하면 된다' 거나 '알아서 하라' 는 말이 이들을

제일 곤란하게 하는 것임을 알아야 한다. 성격 유형들을 아시는 하나님도 S형을 쓰실 때에는 항상 구체적이시다. 그냥 "내가 네게 지시할 땅으로 떠나라"고만 하지 않으신 것은 S형들이 그러한 말을 제일 두려워하기 때문이다.

S형은 항상 방법을 중요하게 여긴다. '어떻게 해야 할지'가 중요하기 때문이다. 이들에게 어디를 가느냐는 것은 그리 중요하지 않다. 그래서 창세기 12장에도 구체적인 지명이 명시되지 않은 것은 S형에게는 그런 것이 문제되지 않기 때문이다. "너는 너의 고향과 친척과 아버지의 집을 떠나 내가 네게 보여줄 땅으로 가라(창 12:1)".

S형은 복잡한 것을 제일 싫어한다. 그들의 구조가 한꺼번에 여러 가지를 하려 하지 않기 때문이다. 그러나 우리는 먼저 아브라함을 이해하기에 앞서 S형들이 뭔가 머리가 나쁜 것이 아니냐 하는 의심을 가져서는 안 된다. 이러한 잘못된 선입견은 S형을 이해하는 데 가장 큰 걸림돌이 된다.

S형의 핵심은 못 하는 것이 아니라 안 하는 것이라는 사실을 인식하는 것이 그들을 이해하는 패스워드다. 원래 S형의 사람들은 과외의 봉사를 하지 않는다. 딱 자기에게 주어진 일만 하는 스타일이다. 사람들이 약아서 그런 것이 아니라 그들의 기질적 코드가 시킨 것 외에는 다른 것을 입력하지 않기 때문이다.

만일 하나님이 아브라함에게 "너의 고향을 떠나라"는 말씀만 하셨다면 아브라함은 필경 '고향만을' 떠난다. 그러나 하나님은 아브라함의 성격을 아시고 '고향', 다음에 '친척', 다음에 '아비 집'까지 구체적으로 떠나라고 지시하신 것이다. 또 그것만 가지고는 아브라함에게 상황이 명료하지 않을 것을 아시고 맨 마지막에 "내가 네게 지시할 땅으로 가라"고 하신다. "내가 네게 지시할 땅으로 가라"는 말씀 한마디면 끝나는 것을, S형인지라 고향을 떠나라면 옆 나라로 갈 수도 있고, 아비 집을 떠나라면 어미 집으로 갈 수도 있고, 친척집을 떠나라면 친구 집으로 갈 수도 있었던 것이다.

S형 사람들은 '어떻게' 해야 하느냐라는 방법을 정확하게 가르쳐 주는 것을 좋아한다. 이들은 제대로 가르쳐 주면 제일 정확하고 신속하게 그리고 오랫동안 일할 수 있는 사람들이다. 교회에서도 S형 새신자가 왔을 경우에 아예 처음부터 새벽기도부터 하는 법을 가르치면 그들은 일생 동안 그렇게 좋아하던 잠을 포기하고 새벽기도를 하는 하나님의 사람들이 된다.

| 선행에 빠른 사람 S/I형 |

C형들은 자비하지만 순종적이지 않다. 그러나 S형들은 자비하면서도 순종적이다. 이러한 S형에 I형이 더해지면 순종적이고 자비로우며 남에 대한 배려가 뛰어나다. 사람들을 거절하지 않는 S/I형의 따뜻한 마음은 베풂과 접대의 은사와 아주 잘 어울린다. 아브라함은 이러한 부분에서 뛰어나다.

본래 순수 S형은 동작이 빠른 사람들이 아니다. 체질적으로도 간이 제일 튼튼한데 S형은 마치 간과 같다. 간처럼 빨리 반응하지 않고 묵묵히 자기 일을 감당하는 스타일이다. 외향적으로도 잠이 많게 생겼고 눈

과 입술(주로 아래쪽)과 턱 부위가 두텁고 하체도 굵고 체형도 퉁퉁하며 후덕하게 생긴 스타일이다. 무엇이든지 빠르게 파악하지도 않고 빠르게 행동하지도 않는다.

그러나 I형이 결합된 S/I형은 다르다. 이들은 실제적인 필요에서는 상당히 빠른 분별과 행동을 보여준다. 창세기 18장에 보면 소돔과 고모라 땅을 심판하러 가는 세 천사 이야기가 나온다. 정오에 장막 문 앞에 앉아 있던 아브라함은 맞은편에 서 있는 사람 셋을 발견하자마자 장막 문에서 달려나가 영접한다.

물론 중동 지역 사람들에게 나그네를 환대하는 선한 풍습이 있긴 하지만 이러한 특수한 상황을 기록한 것은 독특한 S/I형의 행동을 보여준다. S형의 따뜻함에 I형의 산뜻한 환영사가 이어진다.

| 기분 좋게 말하는 S/I형 |

S/I형은 말을 많이 하지는 않지만 핵심적인 말을 간단하고 요령 있게 잘하여 사람의 마음에 감동을 준다. 창세기 18장 3-5절에 들어 있는 아브라함의 말을 천천히 읽어 보라.

"이르되 내 주여 내가 주께 은혜를 입었사오면 원하건대 종을 떠나 지나가지 마시옵고 물을 조금 가져오게 하사 당신들의 발을 씻으시고 나무 아래에서 쉬소서 내가 떡을 조금 가져오리니 당신들의 마음을 상쾌하게 하신 후에 지나가소서 당신들이 종에게 오셨음이니이다"(창 18:3-5).

이렇게 싹싹하고 시원하게 말을 하기 때문에 재앙의 불덩어리를 내리러 급하게 가던 천사들도 아브라함의 청을 거절할 방법이 없었다. 그 다음 성경은 천사들의 재미있는 반응을 보여준다. "그들이 이르되 네 말대로 그리하라"(창 18:5).

S/I형의 친절하고 싹싹한 말은 죽음의 사자들의 발목까지도 붙잡는다는 사실을 기억하면 그들의 부드러운 말의 힘이 얼마나 큰 무기가 되는지를 알 수 있다. S/I형들은 평소 자신들의 따뜻한 언어에 사람들이 힘을 얻는다는 사실을 기억하며 주신 은사를 항상 활용해야 한다.

| 접대에 빠른 사람 S/I형 |

S/I형은 S형의 사람들 중에서 동작이 제일 빠르다. 천사들을 접대하는 행동에서 아브라함은 I형의 빠른 동작을 보여준다(창 18:6-8). 급히 장막에 들어가 부인에게 빵을 만들도록 시키고, 자신이 직접 짐승 우리로 달려가 송아지를 끌어다가 하인에게 주어 급히 요리를 시키고, 준비된 모든 것을 나무 그늘 아래 진설하고, 그들 옆에 서서 식사를 돕는 이모습을 보고 누가 99세 노인의 행동이라 하겠는가?

아브라함이 아들 이삭을 잡아 하나님께 제물로 드리려 할 때도 S형 아들 이삭의 느릿한 반응보다 110세가 넘은 노인의 주저 없는 빠른 행동이 기록돼 있다. 자기 생명과도 같은 아들을 잡아 죽이는 제사를 드릴 때 성경은 그의 행동을 한 구절씩 연속 동작으로 기록하고 있다.

"하나님이 그에게 일러 주신 곳에 이른지라 이에 아브라함이 그 곳에 제단을 쌓고 나무를 벌여 놓고 그의 아들 이삭을 결박하여 제단 나무

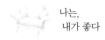

위에 놓고 손을 내밀어 칼을 잡고 그 아들을 잡으려 하니"(창 22:9-10). 어느 한 구절도 머뭇거리거나 주저함이 없는 빠른 외향적인 I형의 행동 양식이다.

| 갈등에 빠르게 대처하는 S/I형 |

순수 S형은 갈등 구조 앞에서 쉽게 해결점을 찾지 못할 때 일단 상황을 피하고 보는 경우가 많다. 문제는 전혀 해결되지 않았는데도 아무 노력도 없이 그 자리를 피하고 시간을 그냥 보낸다. 그래서 주변 사람들이 어려움을 겪게 되고 특히 성미가 급한 D형은 화가 나서 혈압이 오르게 된다.

순수 S형 이삭이 자기의 우물을 빼앗길 때마다 그저 싸우는 것이 싫어서 아무 말 없이 옮기고 또 옮기고 했던 것처럼 그들은 갈등과 압박 구조를 싫어한다. 그러나 S/I형의 반응은 조금 다르다. 갈등을 싫어하는 구조는 똑같지만 문제의 핵심을 피하지는 않는다. 될 수 있으면 문제를 미루지 않고 I형 스타일로 빨리 해결하려 한다.

창세기 13장에 보면 불어난 양들을 먹일 초장과 물 때문에 조카인 롯과 갈등이 생기자 아브라함은 신속한 반응을 보인다(창 13:8-9). 세속적 물욕이 강한 롯을 잘 아는 아브라함은 그의 I형 요소로 이 문제가 양보 외에는 해결책이 없다고 판단하고, 주 성격인 S형으로 양보라는 희생을 택했다.

창세기 16장에 사라와 하갈의 갈등이 나온다. 사라의 몸종이었다가 자신이 잉태한 것을 알고 주인을 멸시한 하갈 때문에 D형 사라는 아브라함에게 분노한다. "내가 받는 모욕은 당신이 받아야 옳도다." S형 가장들이 있는 곳에는 이러한 가정의 갈등이 다반사로 발생된다.

그러나 S/I형은 반응이 빠르다. "아브람이 사래에게 이르되 당신의 여종은 당신의 수중에 있으니 당신의 눈에 좋을 대로 그에게 행하라 하매 사래가 하갈을 학대하였더니 하갈이 사래 앞에서 도망하였더라"(창 16:6). 온유한 아브라함의 성격 속에 빠른 I형이 들어 있다는 사실을 하갈이 진즉에 알았다면 그렇게까지 사라에게 함부로 대들지도 않았을 것이다. 주인의 온화함만 믿고 함부로 까불다가 사라에게 엄청나게 핍박을 받은 하갈은 견디다 못해 집을 나가 버렸다. 광야를 헤매다가 겨우 천사의 도움으로 집에 돌아온 뒤 하갈은 사라에게 순종하며 다시 분란을 일으키지 않았다.

이처럼 신속한 방법으로 문제를 대처하는 것은 S/I형을 이해하는 데 있어서 아주 중요한 키워드다. 이 점은 조카 롯이 그돌라오멜 연합군에 붙잡혀 갔다는 소식을 접하자마자 아브라함이 자기 집에서 기르고 훈련한 자 318명을 거느리고 쫓아가서 곧바로 롯을 구해낸 일에서도 확인된다(창 14:13-16).

| 조언자 S/I형 |

DISC 방식에서 S/I형은 조언자형이다. 조언자라는 말은 타인을 위해서 좋은 말로 용기를 주고 격려해 주는 사람을 말한다. 항상 남을 생각하는 자비의 마음이 있기 때문에 남들에게 좋은 일이 있기를 바라며 사촌이 땅을 사면 축하하고 남에게 식사를 접대하는 일을 잘한다.

S/I형은 자기 주변의 가까운 사람들 사이에 갈등이 생기면 본인이 더 괴로워한다. 그래서 결국은 자기 돈을 들여서라도 화해의 자리를 마련하고 그들의 화목을 중재한다. 그래야 자신이 그들 속에서 살기가 편하기 때문이다.

창세기 18장에 보면 하나님이 아브라함에게 소돔과 고모라의 멸망을 미리 말씀해 주시는 장면이 나온다. 23절에 보면 "가까이 나아가 이르되"라고 하며 아브라함이 다급한 동작을 취한 것을 볼 수 있다. 무엇 때문에 그렇게 공손히 접대하던 하나님께 다급하게 나아갔을까?

아브라함이 생각할 때 그 성 내에는 착하고 의로운 사람들이 많이 있는데 그들을 다 진멸하시겠다니 너무 놀란 것이다. 그래서 "의인과 악인을 함께 죽이시는 것은 불가한 일입니다. 다시 한 번 생각해 주십시오" 하고 조언을 드리려는 것이었다.

아마 D형이었다면 의인이 없다는 말씀을 듣자마자 발끈하면서 "아니, 그럼 한 사람도 없습니까?" 하고 결론부터 냈을 텐데, S형은 그렇게 단번에 뛰어넘기를 잘 못한다. 그 대신 구렁이 담 넘어가듯이 조금씩 슬그머니 하는 일을 잘한다. 오십 명에서 열 명씩 깎아 내려가는 아브라함의 모습에서 사람들의 생명에 대한, 집요하리만큼 따뜻한 사랑을 보게 된다. 40명, 30명, 20명, 10명까지 무려 여섯 차례나 소돔 안에도 하나님의 마음에 드는 좋은 사람들이 있다고 거듭 말씀드리고 있다. 그래서 조언자가 되는 것이다.

이들은 어디에서나 평화를 만들고 안정과 조화를 이루려고 한다. 이들이 있는 곳에는 언제나 모든 사람이 이해받고 개방적이며 무조건적인 용납이 있다. 이들은 자기를 실망시킨 사람들도 용납을 잘하며 진정한 친구의 귀감이 어떤 것인지를 보여주는 헌신적인 사람들이다. 이들은 어디서나 온화하고 친절하며 동료들에게도 충실하다.

| S/I형이 극복해야 할 부분 |

스트레스를 받을 때 갈등을 풀어라 아브라함은 첩 하갈에게서 이스마엘을 낳았다. 그때 아브라함의 나이 86세였다(창 16:16). 사람이 나이 90세가 다 되어 처음으로 자기 핏줄을 얻을 때의 기쁨이 얼마나 크겠는가? 하물며 아브라함처럼 사람을 좋아하고 마음이 따뜻한 S/I형에게 두 말할 필요가 있겠는가? 비록 서자라도 이스마엘을 향한 사랑이 갈수록 깊어졌을 것이다.

이스마엘은 할례를 받기까지 13년 동안 아브라함의 사랑을 독차지하며 살았다. 그런데 이삭이 태어난 뒤부터 상황이 달라졌다. 아버지 아브라함은 이삭이 태어나자 너무 기뻐했고 온 집안 식구들의 관심도 이삭에게로만 향했을 때, 이스마엘은 마음에 상처를 받고 이삭을 향한 미움으로 가득 차게 되었다.

창세기 21장 9절은 이러한 이스마엘의 사춘기 시절의 상처를 짐작하게 하는 구절이다. "사라가 본즉 아브라함의 아들 애굽 여인 하갈의 아들이 이삭을 놀리는지라." 이 사건은 15년 전 아브라함 가정의 '하갈 구타 사건' 이후 잠복되어 있던 내면의 문제들을 다시 들춰냈다.

이제는 사라도 이삭까지 낳은 뒤였기 때문에 D형답게 거침없이 밀어붙이기 시작한다. "그가 아브라함에게 이르되 이 여종과 그 아들을

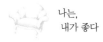

내쫓으라 이 종의 아들은 내 아들 이삭과 함께 기업을 얻지 못하리라"
(창 21:10). 이스마엘의 거칠어진 행동을 걱정하고 있던 아브라함은 하갈
과 이스마엘을 쫓아내라는 아내의 강압적인 요구에 깊은 근심을 얻게
되었다(창 21:11).

그러나 아브라함의 성격을 잘 아시는 하나님이 아브라함의 갈등을
해결해 주신다. "약속의 민족을 위해서 하갈과 이스마엘을 내어보내라"
고 하신 것이다. 아브라함은 아침에 일찍이 일어나 떡과 물 한 가죽부대
를 하갈의 어깨에 메어 주고 그 자식을 이끌고 떠나가게 한다. 자상한
아브라함이 얼마나 마음이 아팠을까?

S/I형들은 이러한 갈등 구조를 갖게 되면 어떻게 문제를 풀어야 할
지 당황한다. 특별히 가정에서 일어나는 관계성의 문제들은 S/I형들에
게는 아주 괴로운 일이다. 여기서 S/I형들은 하나님의 갈등 해결 방법
을 배워야 한다.

첫째, 문제가 되는 부분을 하나님이 책임져 주신다는 믿음을 갖는
것이다. 하나님은 "여종의 아들도 네 씨니 내가 그로 한 민족을 이루게
하리라"고 약속하심으로 이스마엘에 대한 아브라함의 근심을 해결해
주신다. 인간관계 부분에서 생겨난 갈등을 겪을 때 S형들은 하나님을
의지하고 말씀대로 따르는 기준을 가져야 한다는 것이다.

둘째, 냉혹하고 문자주의적으로 들릴지 모르지만, 성경말씀 그대
로 '가장 가까운 것을 택하라' 는 것이다. S형들이 상황을 분명하게 이
해하고 단호하게 결정을 내리지 못하기 때문에, 그들을 가장 잘 아는 식
구들의 견해를 따르는 것이 가정과 일 전부를 살리는 길이다. 하나님도

아브라함에게 아내의 말을 들으라고 하신다(창 21:12).

　　인간관계 때문에 하나님의 일을 늦추지 마라　아브라함의 생애를 성격 유형으로 조명하면서 그가 겪은 시행착오들을 만나게 된다. 아브라함은 무엇 때문에 시행착오를 겪었을까? 다른 사람의 마음을 아프게 하는 것을 꺼렸기 때문이다. 또한 남의 말을 거절하지 못하기 때문에 이 말 저 말 다 듣다가 혼란에 빠진 것이다. 아브라함의 혼란은 다음과 같다.

　　첫째, 청지기 엘리에셀을 거절하지 못하는 혼란이다. 하나님이 분명히 아브라함에게 "내가 너로 큰 민족을 이루고"(창 12:2), "보이는 땅을 내가 너와 네 자손에게 주리니 영원히 이르리라 내가 네 자손이 땅의 티끌 같게 하리니 사람이 땅의 티끌을 능히 셀 수 있을진대 네 자손도 세리라"(창 13:15–16)고 약속하셨는데도 자기의 상속자는 엘리에셀이라고 한다.

　　왜 그랬을까? 아브라함은 사람을 좋아하고 중요하게 생각하기 때문에, 어려서부터 자신의 일 전부를 맡아 수고한 엘리에셀에게 자기의 전부를 상속하려고 했던 것이다. 그러나 하나님은 아브라함을 이끌고 밖으로 나가 하늘의 별들을 보여주시면서 네 자손을 이렇게 많게 할 것이라는 구체적인 말씀으로 다시 약속해 주신다.

　　둘째, 이스마엘을 거절하지 못하는 혼란이다. 아브라함은 이스마엘 탄생 이후 13년 동안 하나님의 약속을 믿고 기다렸다. 약속의 자손을 기다리다 나이 99세에 이르러 그는 실현되지 않는 하나님의 약속을 나름대로 유추하여 해석했다. '하나님이 나의 상속자를 분명히 내 씨라고 하셨고, 내 나이 이제 99세며 이스마엘도 내 피가 섞인 자식이

나는,
내가 좋다

니 필경은 이스마엘을 내 상속자로 삼으실 것이다' 그래서 하나님이 네 번째 약속을 주실 때 '100세 된 사람이 어찌 자식을 낳을까' 하고 심중에 웃으며 "이스마엘이나 하나님 앞에 살기를 원할 뿐입니다"라고 한 것이다.

관계 중심적인 사람들은 언제나 하나님의 계획을 관계성으로 인해 그르칠 수 있음을 유의해야 한다. 특별히 하나님이 아브라함에게 네 번째로 주신 말씀에는 아브라함이 가슴 깊이 새겨 놓아야 할 놀라운 약속이 들어 있었다.

> "내가 그에게 복을 주어 그가 네게 아들을 낳아 주게 하며 내가 그에게 복을 주어 그를 여러 민족의 어머니가 되게 하리니 민족의 여러 왕이 그에게서 나리라"(창 17:16).

그런데 이 놀라운 약속 즉, 인류의 메시아가 자기 씨 중에서 나와 세상을 구원할 것이라는 언약을 아브라함이 귀하게 여기지 않은 것을 보면, 이들의 휴머니즘이 도리어 하나님의 일에 얼마나 방해 요소가 되는지 알 수 있다.

S/I형의 콤비 기질　S/I형은 아브라함처럼 숱한 믿음의 성숙 단계들을 거치면서 사람을 사랑하는 휴머니즘 위에 하나님에 대한 사랑을 완성시켜 나가는 것이 삶의 최종적인 목표가 된다. 최고의 관계 중심 유형인 S/I형은 일하는 데 있어서 D형, D/I형, D/C형과 팀을 이루면 최상의 콤비가 된다. 그들은 S/I형의 부족한 과업 부분을 힘 있게 추진하

고 S/I형은 그들의 차가운 가슴을 덥혀 주며 일을 하기 때문에 서로 잘 맞고 서로 필요한 존재들이다.

S/I형의 완성   S/I형의 따뜻한 사랑의 승화는 하나님을 향한 불변의 믿음과 순종이다. S/I형 아브라함의 삶의 백미는 그의 아들 이삭을 드린 철저한 순종의 사건이었다. 자신의 생명과도 같은, 100세에 얻은 아들을 드리라는 하나님의 명령에 순종하는 것은 S형에게는 제일 큰 시련이었다. S형들은 자신의 손때가 묻거나 자기가 제일 아끼는 것에 광적으로 집착하는 경우가 많기 때문이다.

D형들은 아무거나 샀다가 금방 싫증을 내고 버리는 경우도 많지만 S형들은 무엇이든지 오래 간직하고 오래 사용하며 자신의 낯익은 환경 속에 들어 있는 모든 것들을 소중하게 생각한다. 사물에 대해서도 그러한데 하물며 자기 아들을 드린다는 것은, 믿음과 순종으로 거듭나지 않으면 불가능한 일이다.

대표적인 S형 이삭조차도 야곱이 장자가 되리라는 하나님의 말씀에도 불구하고 끝까지 에서에게 축복하려는 고집스러움을 보인 것처럼, S/I형 아브라함에게 아들을 바치라는 명령은 성격 구조로 이해하면 매우 어려운 일이다. 그러나 그는 순종함으로 시험을 통과했고, 열국의 아비가 되어 믿음의 조상으로 만세에 빛나게 되었던 것이다. S/I형들은 하나님의 말씀이 임할 때 반드시 자기의 제일 아끼는 것에서 시련이 찾아온다는 사실을 기억하고 아브라함처럼 순종으로 승리해야할 것이다.

나는,
내가 좋다

때를 아는 전략가 S/C/D형 야곱

보편적으로 사람은 두 가지 이상의 성격 유형을 가진다. 이번에는 세 가지 유형을 비슷하게 소유한 경우를 알아보기로 하겠다. 성경에 등장하는 인물들의 프로파일 가운데 야곱은 S형과 C형 그리고 D형의 세 가지 성격을 비슷하게 소유한 사람이다. 실제로 그의 삶의 행동을 연구해 보면 이 세 가지의 요소들이 모두 강하게 나타난다. 이 세 가지 성격을 비슷하게 나눠 가진 야곱의 삶을 통해 우리 주변에 이와 같은 유형의 사람들에 대해서 이해하면 도움이 될 것이다.

| S/C/D형의 장점 |

S/C/D형의 장점을 살펴보면 먼저 S형과 D형은 성격이나 행동에서 가장 극단적인 대립 구조를 가지고 있다. 상당한 부분에서 서로 반대되는 성격으로 자기 안에 상호 모순적인 행동 양식을 가지고 있다. 자기 스스로도 자기가 어떻게 행동할지 예측하지 못하는 것은 80% 이상이나 되는 대치 구조를 형성하는 성격 때문이다.

S형은 가장 안 움직이는 사람들이고, D형은 가장 많이 움직이는 사람들이다. S형은 제일 잘 참는 사람들이고, D형은 제일 못 참는 사람들이다. S형은 물 같은 사람들이고, D형은 불 같은 사람들이다.

그러나 재미있는 사실은 S형과 D형 사이에도 묘한 공통점이 있다는 것이다. 제일 대표적인 것은 이 두 기질이 연합했을 때 이들은 가장 실제적인 사람들이 된다는 것이다. S형도 실제적인 사람들이고 D형도 실제적인 사람들이기 때문에 이 두 기질이 연합된 사람들은 무엇을 하든지 실질적인 것에 기준을 두는 가장 현실적인 사람들이 된다.

S형이 왜 실질적인 사람들이 되는가 하면, 그들이 많은 것을 하기 싫어하기 때문이다. 결국 매일 반복되는 일이라면 한번에 어떤 시스템을 만들어 놓고 그 속에서 편하게 살고자 하는 욕망 때문에 그들 나름대로의 삶의 지혜가 생기는 것이다.

S형은 단순하게 실제적인 구조를 갖지만 D형이 결합된 S/D형들은 파워가 있는 실제적인 사람이 된다. 이들은 D형의 추진력과 S형의 꾸준함을 가지고 장기간에 걸친 프로젝트도 능히 감당할 수 있는 놀라운 실천력을 소유한 사람들이다. 실제로 주위에 이런 성격을 가진 사람들을 보면 이기적이고 매몰차다는 소리를 들을 만큼 자기 삶과 일에는 가장 독한 종류의 사람들임을 알 수 있다.

그런데 이러한 두 기질 사이에 C형이 들어 있을 때, 이 기질은 더욱 내향적으로 강해진다. S는 더욱 강해지고 D는 이성적인 내면 속에 감추어진다.

S/D형인 마르다가 S형으로 주님을 접대하는데 동생 마리아가 자기를 돕지 않고 가만히 방구석에 앉아 있자 D형으로 주님 앞에서도 쉽게 폭발한 것과 달리, C형이 추가된 S/C/D형은 봉사하면서도 불평과 불만을 내면 깊이 감추고 쉽게 터뜨리지 않는다. 그러나 이들은 결코 S/C형의 구조만 가지고 인내하지는 않는다. 이제는 폭발해도 괜찮다고 C형으로 판단될 때에는 아주 독하게 행동으로 옮기는 내장형 다이너마이트를 가진 사람들이다.

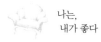
나는,
내가 좋다

일에 있어서는 S형의 안정적이며 차분함에 C형의 신중함과 분석적이고 계획적인 것이 덧붙여져 소극적이 되기 쉬우나, 그들에게는 힘 있는 D형이 함께 있으므로 마치 D/C형처럼 힘 있고 치밀하게 일을 추진해 나가게 된다.

그래서 DISC 유형에서 이들은 '전략가형'으로 불리는데 조금 덧붙이면 실전형 참모 같은 사람들이다. 이들은 S형으로 장기적인 프로젝트를 C형으로 정밀하게 계획하고 D형으로 실천하기 때문이다. 따라서 이들은 반드시 성공하는 구조를 가지고 있다.

| S/C/D형의 장점의 연합 |

이 세 유형이 성숙한 인격으로 훈련되어 결합되면 이들보다 실제적이고 일 잘하며 사람에 대해 여유 있고, 나아갈 때와 물러설 때를 아는 사람은 없다.

D형의 난폭함도 S형으로 한 박자 죽이면 사람을 잃지 않게 되고, D형의 단발적인 에너지를 S형의 끈기로 보충하면 엄청난 일을 끝까지 지속할 수 있게 된다. D형의 개인주의적인 성향을 S형의 조직 중심주의로 보충하면 개인과 조직 전체를 다 이끌어 갈 수 있는 훌륭한 지도자가 된다. D형의 강한 추진력에 S형의 따뜻함이 결합되면 사람을 잃지 않고 큰일을 감당할 수 있게 된다.

D/S형의 정밀하지 않음에 C형의 치밀한 분석과 완벽주의가 가미되면 완벽한 일의 시종始終을 만들어가며, D형의 호방한 보스 기질에 C형의 정교한 완벽주의와 S형의 성실성을 더하면 어떤 단체도 이들을 무너

뜨릴 수 없다. 이들이 축구를 한다면 수비형 공격수 부분에서 최고의 선수들이 된다. 그래서 수비형 공격수에 대한 인식을 가지고 이들을 보면 이해하기가 쉽다.

야곱이 자기 외삼촌 라반에게 사기 결혼을 당하고도 20년 동안 인내하며 품삯조차 제대로 받지 못하고 일했을 때는 S형으로 참았지만, 20년 세월 동안 C형으로 치밀하게 준비하며 부자가 된 후 외삼촌 집을 떠나 고향으로 돌아갈 때는 그동안 외삼촌 라반에게 쌓였던 분노를 폭발한 것은 전적인 D형 요소의 발현인 것이다. 야곱 속에 있는 C형 요소는 라반과 다툰 이후 평생 가슴속에 묻어둔 상처를 기억하면서 다시는 외삼촌을 만나지 않게 했다.

훗날 사랑하는 아들 요셉이 실종됐을 때에도 C형 요소로 그의 마음속 깊은 곳에 아들을 향한 그의 사랑이 얼마나 깊은지 성경은 말해주고 있다. 죽은 줄로만 알았던 자기의 가장 사랑하는 아들 요셉을 만난 야곱은 "네가 지금까지 살아 있고 내가 네 얼굴을 보았으니 지금 죽어도 족하도다(창 46:30)"라고 말하고 있다.

야곱이 요셉의 성공이나 가정의 신분 변화나 먹고살 길이 열린 것을 기뻐하는 것보다도 사랑하는 아들의 얼굴을 보게 된 것에서 이제 죽어도 여한이 없다고 말하는 것은, 그가 얼마나 요셉을 가슴속에 묻고 살아왔는지를 보여준다. 오랜 세월 동안 가슴속에 아픔을 묻고 살아가는 S/C형의 진면목을 보여주는 대목이다.

S/C/D형은 D형의 꿈과 목적을 S형으로 인내하고 C형으로 성실하게 이루어가는 사람들이다. 이들은 마음속에 목표가 생기면 묵묵히 일

하면서도 잠시라도 머릿속에서 꿈을 놓지 않는 목표 지향적인 사람들이며 꿈을 이루기 위한 실제적인 방안까지 가지고 있어 기회가 주어지면 즉시 실행에 옮기는, 집요하고도 무서운 실천력이 있는 사람들이다. 타인에 대해 싫어하고 짜증을 잘 내는 요소도 갖고 있지만 D형에 앞서 S형과 C형이 있기 때문에 먼저 화를 표현하지는 않는다.

이들이 지도자가 될 때에는 당근과 채찍 둘 다 가지고 사람들을 다루는 스타일이 된다. S형으로 접대하고 C형으로 원인을 설명하고 D형으로 혼을 낸다. 이런 부모들은 비장의 무기를 가지고 자녀들을 통제하며 양육한다. 자녀들은 이런 스타일의 부모가 좋다가도 무섭고, 존경스럽다가도 완벽한 논리로 무장한 독재자처럼 변하는 카멜레온 같은 모습에 당황하기도 한다.

한편 이런 부모들과 언제든지 마음을 열고 대화를 나눌 수 있는 것은 S형 기질이 자녀들의 불만을 들어줄 준비를 하고 있기 때문이다. 사람들은 이러한 기질을 가진 사람들이 편하고 아무런 반응이 없다고 쉽게 대하면 안 된다. 상황에 따라서 긴장하고 신중하게 대해야 한다. 이들에게는 까다로운 C형의 요소와 폭발하는 D형의 요소가 숨겨져 있기 때문이다.

| S/C/D형의 단점 |

S/C/D형은 완고함과 두려움이라는 공통점을 갖고 있다. S형은 소극적인 자신을 앞에 나서서 일하게 만드는 것에 대해 두려움을 갖고 있고, C형은 완벽하게 일이 처리되지 못하고 자신의 실수가 드러나는 것

에 대한 두려움이 있으며, D형은 자기를 공격하는 것에 대한 두려움과 자기가 행한 일에 대해 평가절하 당하는 일에 두려움을 갖고 있다.

또한 이 세 유형은 완고하다. S형은 전문성에 있어서 완고하고 C형은 자기 논리에 있어서 완고하며, D형은 인간관계에 있어서 완고하다. 그래서 이 세 유형의 약점의 공통성은 두려움과 완고함이 된다.

야곱이 가족을 떠나 광야의 두려움 속에 있을 때 하나님이 그를 꿈 가운데 만나 주신 것은, 그의 앞날에 대한 두려움을 제거하고 그와 함께 하고 계신다는 약속을 보여주시기 위함이었다. 그는 하나님과의 첫 대면을 두려움으로 표현하고 있다.

"이에 두려워하여 이르되 두렵도다 이곳이여 이것은 다름 아닌 하나님의 집이요 이는 하늘의 문이로다"(창 28:17)

| S/C/D형 단점의 연합 |

만약 이 세 기질을 가진 사람들이 정서적으로나 인격적으로 훈련되지 않으면 이들처럼 괴팍하고 이해하기 어려운 사람들도 없다. 성격 중에 S/C/D형 성격을 가진 사람들이 제일 괴팍한 사람들이라고 할 때는 이들이 단점으로 강하게 결합돼 있을 때다. 세 유형의 단점을 다 합하면 얼마나 단점이 많고 그 강도가 얼마나 강하겠는가?

이들은 종종 사람을 대할 때 C형의 분석적 사고로 원인을 분석하고 D형의 직관으로 빠른 처방을 다 준비하고 있으면서도 S형으로 아무 말도 하지 않고 가만히 있다가 대형 사고를 치기도 한다.

한번은 모임에서 친구들이 모여 있는데 S/C/D형 친구가 뒤늦게 왔다. 아무 소리 안 하고 조용히 한 시간쯤 앉아 있다가 그는 다른 친구에게 말했다.

"너, 집에 가봐." "왜?" "니네 집에 불났어."

'갈수록 태산'이라는 말은 이들을 두고 하는 말이다. 부드러움 속에 난폭함을 가지고 있고, 미소 속에 철저한 실리적인 계산이 숨어 있는 사람들이 이들이다. 이들의 마음을 파고들어 가기란 참으로 어렵다. 도무지 무슨 생각을 하고 있는지, 다음은 어떤 행동을 할지 예측하기가 어렵다.

S/C형 구조 때문에 수줍어서 말은 안 해도 속에는 D형 구조가 있기 때문에 언제든지 폭발 가능하다. 얌전하고 조용하다가 화를 낼 만한 분위기도 아닌데 갑자기 화를 내서 주변 사람을 당혹하게 만들기도 한다. 이들은 평소에 차분하다가도 운전대를 붙잡기만 하면 과속 딱지를 떼이기 일쑤다.

나와 가까이 지내던 한 사람이 있었다. 이 사람은 취미가 난 기르기고 낚시를 해서 물고기를 잡아오면 불쌍해서 잡아먹지도 않고 욕조에다 먹이를 주면서 기른다. 평소에도 말수가 없고 말을 해도 꼭 새색시처럼 사분사분하게 말한다.

그런데 이 사람이 자동차에만 올라타면 마치 미친 사람처럼 달리기 시작한다. 여리고 얌전한 성격과는 상관이 없는 전혀 다른 사람이다. 나는 이 사람과 함께 다니다가 과속으로 경찰에 대신 붙잡힌 적이 한두 번이 아니다. 본인은 오리발을 내밀고 시치미 떼고 있으니 누가 그 얌전한

사람이라고 생각할 수 있겠는가!

　이들이 속도와 관계된 스포츠를 한다면, 누구도 신경 안 쓰는 사람처럼 조용히 있다가 갑자기 폭발적인 스피드를 내는 비밀 병기로 쓰인다. 설마 저렇게 조용한 친구가 일을 저지르랴 하지만 뜻밖에 기상천외한 일들을 많이 저지른다.

　아이들도 이런 유형은 가만히 앉아 있다가 없어지면 밖에서 사이렌 소리가 난다든가 돈 들어갈 일을 저지르고 오는 경우가 허다하다. 이런 아이들에게는 조용히 해결할 수 있는 일거리나 긴 시간 동안 풀어야 하는 복잡한 일을 시키면 좋다. 짧은 일은 이들에게는 아주 해롭다. 이야기도 긴 이야기를 해 줘야 좋아하고 특별히 시리즈가 있는 이야기를 좋아한다.

S/C/D형들은 도무지 이 사람이 평소의 그인가 할 정도로 알 수 없는 일들이 많이 생기는 사람들이다. 또한 이들은 D형의 빠른 일 추진 구조로 약속을 해 놓고서 S형으로 인해 실천을 미룰 때가 많아 이들의 약속을 믿고 기다리는 I형이나 C형들은 상당히 실망을 하고 곤란을 겪을 때가 많다.

| 집착이 강한 목표 지향형 S/C/D형 |

야곱이 태어날 때 자기 형의 발꿈치를 붙잡고 태어났다는 이야기는, 먼저 세상에 나가 장자가 되려는 D형의 구조와, 붙잡고 늘어지는 끈질긴 S형의 구조, 발목이라도 붙잡아야 좋은 세상을 구경할 수 있다는 C형의 집착의 결합으로, 출생부터 집착하며 세상에 등장하는 독특한 성격의 모양새를 보여준다. 그래서 야곱이 실제적으로는 아버지로부터 재산 하나도 얻지 못하면서도 그렇게 장자권에 집착하여 팥죽 사건을 벌이고 장자의 축복을 받기 위해서 기를 쓴 것이다.

| 스트레스를 받으면 인내 후 폭발하는 S/C/D형 |

이들은 개인적인 목표와 목적 달성에 대한 조급한 열망 때문에 압박을 받으면 쉽게 S/C형의 소극적 안정 구조로 되돌아가는 경향이 있다. 그래서 이들은 사람들에게 조급해하고 마구 대하게 된다.

야곱이 결혼 첫날밤을 지내고 난 다음 날 아침에 신부가 바뀐 사실을 알고 외삼촌에게 대노하는 것은 이런 유형의 사람들이 압박을 받을 때 S/C형으로 인내를 잘하다가도 더 이상 참지 못하게 될 때에 D형 구조로 한순간에 폭발하게 되기 때문이다.

이들은 S/C형으로 하는 일도 스스로 D형 구조로 남을 통제하려 하기 때문에 자신은 잘 못하면서 다른 사람은 질책한다는 비난의 소리를 듣기 쉽다.

이들은 대화를 주도하지 않고 듣는 편이다. S형으로 가만히 남의 이야기를 들어주다가, C형의 이성으로 판단해서, 정 못 들어주겠으면 D형으로 한 마디씩 톡톡 정곡을 찌르는 소리를 잘해서 말하던 사람을 머쓱하게 만들기도 한다. 말로 사람을 쏘는 것은 이들을 따라올 자가 없다. 성격 유형의 네 요소 중 I형이 제일 약하기 때문에 인간관계에서도 지극히 내향적이며 수동적인 사람들이다.

| 예비된 지도자형 S/C/D형 |

이 유형은 스스로 지도자가 되려고 하지는 않으나 지도자의 부재 시에 침착하면서도 책략이 뛰어난 지도자로 등장한다. D형의 구조가 S/C형을 받들고 있기 때문에 남에게 짜증은 내도 먼저 폭발하는 일은 드물고, C형으로 분석된 것을 S형으로 마음속 깊이 조금씩 모아놓았다가 결정적인 때에 큰 것을 한 방 터뜨린다.

나는,
내가 좋다

| S형＋C/D형＝ S/C/D형 |

S/C/D형은 이삭(S형)과 요나(C/D형)의 결합으로 보면 이해가 더욱 쉽다. 이삭은 전형적인 S형이다. 요나는 전형적인 C/D형이다. C/D형은 D/C형보다 훨씬 더 까다롭고 신경질적이다. 그리고 일에 대한 능력은 D/C형보다 더욱 논리적이고 질서정연하다. 감성 부분에서도 D/C형보다도 예민하다. 그래서 신경질적인 부분이 많다.

이제 S형과 C/D형이 결합된 야곱의 일생을 통해서 세 가지가 섞인 복합적인 성격 구조를 좀 더 깊이 있게 이해해 보자.

| 독특한 성격을 가진 야곱 |

야곱은 아버지 이삭의 S형과 어머니 리브가의 D형을 물려 받아서 아주 독특한 S/C/D형 기질을 가지고 태어난다. 묘하게도 야곱 가문의 남자들은 S형들이고, 여자들은 I/D형이나 D/C형들이 많다. 사라가 D/C형이고 리브가가 I/D형이다. 대부분 S형 남편들과 사는 부인들은 본래의 기질보다 살아가면서 D형 요소를 더 많이 갖게 된다. 이를테면 생존의 가면을 쓰는 것이다.

| 생존의 가면 쓰기 |

S형 남편이 결정을 내려야 할 때에 결정하지 못하고 주저하고 있으면 D형 부인들이 나서서 결정하는 것이 습관이 되다 보니까 본의 아니게 가장 결단력이 강한 D형 요인을 더욱 강하게 갖게 되는 것이다. 이것이 생존의 가면이다.

나의 지인 중 한 사람은 대표적인 S형이고 그의 부인은 I/D형이다. 그 부인은 깐깐하기는 해도 잘 폭발하지 않는 성격인데도, 사람들이 남편에게 스트레스를 줄 때면 돌부처같이 아무렇지도 않게 압박을 받아넘기는 남편을 보고 부인은 화가 머리끝까지 치밀어 오른다. 화가 나서 도저히 잠을 이룰 수 없다. 결국에는 남편에게 스트레스를 준 사람에게 전화를 걸어 한바탕 해댄다. 그리고는 다음에 찾아올 보복이 두려워 가슴 저미며 밤을 지샌다. 이것이 S형 가장들에게 D형 부인들이 적응하는 생존 방식이다.

| 성격의 상호 끌림 관계 |

S형의 아버지와 D/C형의 어머니에게서 야곱은 S/C/D형의 성격을 물려 받게 되었다(C형은 할머니 사라의 요소임). 재미있는 사실은 왜 야곱의 아버지 이삭은 야곱보다 에서를 좋아했을까? 이유는 성격의 끌림과 상호 보완 관계 때문이다. 이삭은 자기와 비슷하게 안정적이고 가정적이면서 집착이 강하고 계산이 많은 야곱의 묘한 성격을 보면서 별로 마음에 들어하지 않았던 것이다.

아버지 이삭의 편애 속에서, 그리고 장자만이 아버지의 모든 축복을 받을 수 있었던 고대 사회에서, 목표지향형인 야곱에게는 간발의 차이로 차자가 되어 모든 축복으로부터 멀어진 장자라는 권리가 결코 포기할 수 없는 필생의 목표가 되었다. 이러한 성격적인 요인으로 팥죽 사건이 생겨난 것이다.

야곱이 에서의 음식 요구에 대해 일초의 재고도 없이 팥죽과 감히

비교할 수도 없는 장자권을 요구했던 것은 그가 얼마나 장자권에 대한 집착이 강했었는가 하는 것을 보여준다. 팥죽 한 그릇에 장자권을 사려는 당치도 않은 엉뚱한 생각을 하는 것은 C/D형의 강한 집착에 관련된 요소들이다.

특히 야곱에게는 C형이 들어 있기 때문에 그가 속으로 치밀하게 계산해 보았을 때, C형을 갖지 않은 자기 형은 반드시 경솔하게 '그까짓 장자권이 무슨 대수랴. 너나 가져라' 하고 말할 것이라는 점을 이미 계산했을 수도 있다.

| 전략가 야곱 |

이러한 성격은 자연히 전략적인 강점을 갖게 된다. 야곱이 타국에서 20년간 고생하다가 고향으로 돌아올 때도 에서가 4백 명의 군사를 거느리고 자기를 향해 온다는 소리를 듣고 S/C/D형의 공통적 단점인 두려움에 휩싸이게 된다. 형에 대한 거의 공포에 가까운 그의 두려움은 마침내 S/C/D형의 대표적인 표상인 그의 전략가적인 기질을 발휘하게 한다.

창세기 32장 7–21절의 전술 계획을 보면, 양과 소와 약대를 두 떼로 나누고 에서가 와서 한 떼를 치면 한 떼는 피하겠다는 심산을 보여준다. 형 에서를 위하여 예물을 따로 준비한다. 암염소가 이백 마리, 숫염소가 이십 마리, 숫양 이십 마리, 젖 나는 약대 삼십 마리와 그 새끼들, 암소 사십 마리, 황소가 열 마리, 암나귀 이십 마리에 그 새끼 나귀 열 마리를 세 떼로 나누어 미리 보낸다.

먼저 떠난 팀이 에서를 만나서 에서가 "이것은 무슨 행렬이냐?"고 물으면 "주인님께서 형님되신 에서에게 드리는 예물입니다"라고 대답하게 시키고 각 떼로 하여금 거리를 두고 이동하도록 시킨다. 그는 이러한 행동의 이유를 20절에서 스스로 밝히고 있다. "예물로 형의 감정을 푼 후에 대면하면 혹시 형이 나를 받으리라"고 생각했기 때문이었다.

두려움으로 가득 찬 야곱의 전략적인 행동은 다음 날 그의 형을 만났을 때 절정에 이른다. 창세기 33장 1-2절에 보면 그의 아내와 자식들에 대한 그의 마음을 읽을 수 있다.

그의 첩이 된 실바와 빌하 두 여종과 그들의 자녀들은 맨 앞줄에 두고 그 뒤에 레아와 그의 자식들을 두고 맨 뒤에 제일 사랑하는 라헬과 외아들 요셉을 배치한 것은, 만일 자기 형이 앞에 있는 이들을 죽인다면 자신이 가장 사랑하는 라헬과 요셉만은 살리리라는 계산적인 마음이었음을 볼 수 있다.

| 이기적이면서도 계산적인 사람 |

우리는 S/C/D형의 전략적인 모습 속에서 이기적이면서 계산적이고 단호한 모습을 보게 된다. 우리가 생각할 때 다 똑같은 자식으로 볼 수도 있지만 첩들과 그들의 자식들의 생명을 담보로 삼고서도 라헬과 요셉은 살리겠다는 S/C/D형의 고집스러운 계산을 보는 것이다.

만약 야곱이 에서의 기질을 알았더라면 이렇게까지 두려움으로 중무장하지 않아도 됐을 것이다. 에서는 D형이 강하게 폭발하기는 하지만 C형의 정밀함이 추가되지 않았기 때문에 지난간 20년 세월의 상처들을

크게 생각하지 않는다.

더구나 축복의 안수는 야곱이 받았지만 실제적인 아버지의 재산은 자기가 이미 다 물려받은 상황이었기 때문에 그의 앞에서 "형님, 철없던 저의 지난날의 행동을 용서해 주십시오. 쌍둥이로 태어나서 동생이 되어 장자의 축복을 누리지 못하는 것이 너무 속상해서 그랬습니다. 아버지 어머니와 형님이 보고 싶어서 견딜 수가 없었습니다. 죄송합니다. 용서해 주십시오"라고 눈물을 글썽이며 솔직히 고백하면, D형에서는 동생의 모습을 보는 순간 순간적인 아주 짧은 감성의 폭발로 함께 울고 반가워했을 것이다. 실제로 야곱보다 에서가 먼저 달려와서 그를 맞이하여 안고 목을 어긋맞추어 그와 입맞추고 서로 울었다(창 33:4).

S/C/D형의 두려움은 항상 사실 그 자체보다 더욱 크게 과장된다. 혼자서 문제를 너무 깊이 파고들어 생각하기 때문이다.

| 쉽게 마음을 열지 않음 |

형에 대한 야곱의 원초적인 두려움은 이렇게 화해를 이루었다고 해결되지 않는다. 물론 야곱에게도 폭발적인 D형 구조가 있지만 D형은 더 강한 D형에게는 절대적으로 굴복하는 경향이 있어서, 그는 감히 에서와 맞붙을 생각은 꿈조차 꾸지 않고 형과는 만나지 않는 게 상책이라고 생각한다.

그래서 창세기 33장 12절 이하를 보면 그렇게 반가워하고 시원하게 자기 인생의 문제를 풀어 준 형을 마치 "하나님 얼굴을 뵈옵는 것 같다"고 말해 놓고서도 'D형 저 인간은 언제 돌변하고 언제 옛날 이야기를 끄집어낼지 모른다'는 계산을 한다.

12절에 에서가 "우리 함께 가자"고 권면해도 방금 전까지는 맨 앞에 세워 여차하면 싸움이라도 시킬 것 같았던 자식들을 이제는 뒤로 빼돌리며 "자식들은 유약하고 양 떼와 소 떼가 새끼를 데리고 있어 과히 몰면 모든 떼가 죽으리니 형님 먼저 가시면 천천히 뒤를 따르겠다"라고 둘러대면서 결코 그와 함께 가지 않으려는 계산된 모습을 보여준다. S/C/D는 이렇게 철저하게 치밀하고 계산적이다.

| 희생과 봉사 정신의 사람 |

S/C/D형은 이렇게 자기 자신의 철저한 실리를 챙기는 데도 능하지만 반대로 남을 위해 마음을 열고 희생과 봉사하는 데도 강하다.

야곱이 외삼촌 집에서 더부살이를 시작했을 때 한 달을 그를 위해 무상으로 봉사했다. 라반은 그가 성실히 일을 잘하는 것을 보고 그에게 "급료를 주마"라고 말했다. 야곱은 물질보다도 라반의 둘째 딸 라헬을 좋아해서 라헬을 주면 외삼촌을 위해 7년을 봉사하겠다고 했다.

고대 중동사회의 풍속으로 장인에게 주어야 할 '모하르'(처녀에게 장가들 때 신랑이 신부의 아버지에게 주는 지참금으로, 강제 결혼일 때에도 은 50세겔을 넘지 않았음)라는 재물이 없는 야곱으로서는 인력 봉사로나마 갚을 수밖에 없었지만 7년이라는 긴 세월의 노동 품삯은 지나친 것이었다.

그러나 S/C/D형은 S형의 특성상 자기가 좋아하는 것에 대해서는 손해보는 것도 결코 마다하지 않는다. 자기의 사랑하는 여인을 위해서 '칠 년을 수일처럼' 여기며 봉사한 것은 사랑하는 여인과 함께라면 무

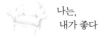

엇이든 참아낼 수 있는 S형의 은사와 성격이 만든 것이다. 그러므로 철저히 계산적인 그의 손익계산서에조차도 14년의 세월이라는 긴 시간들을 허송세월하는 것은 아닐까 하는 두려움이 없다. 계산은 정확하게 하려 하지만 선천적인 그들 기질 속의 S/C형 기질은 남을 향한 희생과 봉사 정신이 강하기 때문이다.

야곱보다 더욱 실리에 밝았던 D/I형 라반은 속으로 "이게 웬 떡이냐" 하면서 눈이 어둡고 미련하여 귀찮게 생각했던 큰 딸 레아를 아예 야곱에게 팔아치울 생각을 한다. 성경에 등장한 라반의 행동은 대단한 지도력을 가지고 있는 D/I형의 단점이 결합된 구조를 보인다.

여기서 잠시 D/I형을 살펴보자. D/I형이나 I/D형은 사람을 세우는 은사가 제일 강한 사람들이다. 그러나 단점으로 결합되면 이들보다 사람을 마구 부려먹고 제값을 지불하지 않는 교묘한 사람들을 보기 힘들 정도로 사람을 마구 대하는 사람들이다.

이들은 언어구조상 대단한 설득력을 가지고 있으며 화려한 말솜씨로 사람을 다루는 능력을 가지고 있다. 야곱이 그를 배반하고 야반도주를 했을 때에도, 사흘 길을 쫓아간 후에 하는 라반의 말솜씨는 얼마나 이들이 사람을 이용하는 데 능한 사람들인가를 보여준다.

"네가 나를 속이고 내 딸들을 칼에 사로잡힌 자같이 끌고 갔으니 어찌 이같이 하였느냐 내가 즐거움과 노래와 북과 수금으로 너를 보내겠거늘 어찌하여 네가 나를 속이고 가만히 도망하고 내게 알리지 아니하였으며 내가 내 손자들과 딸들에게 입맞추지 못하게 하였으니 네 행위가 참으로 어리석도다(창 31:26)."

이러한 말을 야곱이 한두 번 들었겠는가? 야곱은, 자기는 눈물겹도록 추위와 더위를 무릅쓰고 외삼촌의 양들을 돌보았는데 외삼촌은 내품삯을 열 번이나 이 핑계 저 핑계 대고 주지 않았고, 그래서 하나님이 나에게 복을 주시지 않았다면 외삼촌은 나를 빈손으로 돌려보냈을 것이 뻔했다고 반박한다. 31장 15절에서 두 딸이 "아버지가 우리를 팔고 우리의 돈을 다 먹어버렸다"고 말하는 것은 딸들조차도 야곱의 생각과 같다는 것을 보여준다.

기분 좋은 첫날밤을 지내고 난 뒤에 여명에 비친 자기 아내가 라헬이 아니라 레아였음을 발견한 야곱은 대경실색하여 삼촌에게 폭발한다. 29장 25절에서 야곱은 "외삼촌이 어찌하여 내게 이같이 행하셨나이까 내가 라헬을 위하여 외삼촌을 섬기지 아니하였나이까 외삼촌이 나를 속이심은 어찌됨이니이까"라고 한다. 그제서야 라반의 속내가 드러난다. "우리 지방에서는 언니보다 동생을 먼저 결혼시킴이 없으니 7년을 더 봉사하면 라헬마저 네게 주겠다"고 하며 14년의 노동값을 딸 둘을 주는 것으로 메우려 했다.

요즘 같으면 어림 반푼어치도 없는, 노조 투쟁의 대상이 될 만한 일이었지만 야곱은 S/C형의 지속적인 봉사 정신으로 또 다시 7년을 봉사한다. S/C형들이 사람들에게 봉사 정신이 강하니까 그들의 순수함을 역이용하려는 사람들이 있지만, S/C형들은 반드시 자기 먹을 것은 다 챙겨 먹는다는 사실을 잊지 말아야 한다.

| 자기 일의 전문가 |

S/C형은 변화를 싫어하고 한 가지 일을 꾸준히 하기 때문에 특정 분야에 전문가가 되는 경우가 많다. 20년의 긴 세월을 외삼촌 라반의 양들을 돌보며 희생정신으로 봉사한 야곱이 어느 날 라반을 찾아가 처자들을 데리고 고향으로 가겠다고 했다. 야곱 한 사람만이 아니라 그의 자식들까지 자신의 일꾼이 되어 재산을 증식시켜 주고 있는데 갑자기 야곱이 가겠다고 하니 라반은 무척이나 놀랐다.

라반은 "여호와께서 너를 인하여 내게 복을 주신 것을 안다"고 하면서 "네가 나를 사랑스럽게 여기면 여기 머물고 이제부터는 네 품삯을 정해서 네게 주겠다"고 했다(창 30:27). 야곱은 "양이나 염소 중에 아롱진 것이나 점 있는 것이나 검은 것들만 앞으로 내게 주시면 됩니다"라고 했고 양들을 둘러본 라반은 야곱이 요청한 양들이 몇 마리 되지 않는 것을 보고 속으로 "이 바보가 또 실수를 하는군!" 생각하며 야곱의 요청을 들어주었다.

그러나 20년 동안 양들을 키우며 그들 중 검정이나 아롱진 것이나 줄무늬 있는 새끼들이 나오는 것을 눈여겨보았던 야곱은 자기만의 비장의 유전학적인 지식을 동원하여 양들이 교미를 할 때 버드나무와 신풍나무와 살구나무 가지의 껍질을 벗겨서 흰무늬를 내고 껍질 벗긴 것을 양들이 물 먹는 개천의 물구유에 세워 놓고 양들이 물을 먹으러 와서 교미를 하면 그것을 쳐다보게 했다. 그러자 나오는 새끼들마다 전부 검정이나 아롱진 것이나 줄무늬 있는 것들이 나왔다.

외삼촌 라반에게 당한 아픔도 S/C형으로 오래 참았으나 이제 결정적인 순간이 되니 큰 것으로 한 방 먹이는 것이다. 이와 같은 일들은 S/C/D형들이 얼마나 자기 일에 집중하고 성실하며 전문성을 가지고 있는가 하는 것을 보여주는 중요한 대목이다.

| S/C/D형의 은사 |

S/C/D형이 접대의 은사를 받은 경우에는 이들보다 접대를 빨리하는 사람도 드물다. 보편적으로 S/C형들은 자비의 은사가 제일 강하다. S/C형의 자비를 D형의 신속함으로 실천하기 때문에 봉사도 접대도 빠른 것이다. S/I형인 아브라함이나 순수 S형인 이삭은 접대하는 은사를 소유한 사람들이다. 실제로 야곱이 자기의 몸으로 봉사하는 일이나 형에서의 마음을 풀기 위해서 물질을 베푸는 일에 빨리 움직인 것은 그의 이러한 성격 때문이다.

S/C/D형이 보편적으로 접대와 분별, 지혜와 지식 그리고 믿음이나 가르침의 은사들이 많은 것은 그들이 S형으로 접대하고 D형의 지혜(일에 있어서의 지혜를 말함. 인간관계의 지혜는 아님)와 직관적으로 사안을 분별하는 힘이 강하고 C형의 지식과 S/D형 모두의 장점인 실제적인 가르침이 강하게 된다. 이들의 가르침은 군더더기가 없고 실사구시의 사상을 따르기에 제일 적합한 사람들이다.

S, C, D 이 세 유형은 말을 지혜롭게 하는 요소들을 갖고 있지 않기 때문에 단문이나 단답형의 교육 방식을 택하게 된다. 실제로 아브라함이나 이삭이나 야곱이 한 이야기는 성경에 몇 줄 나오지 않는다.

이들은 비슷한 유형인 마르다(S/D형)가 S형으로 열심히 봉사하면서

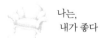

도 D형으로 가만히 있지 않고 온갖 잔소리를 다해서 그 많은 봉사에도 불구하고 인기가 없는 것에 비해, S/C/D형은 자기가 모든 상황에서 확실히 자유로워질 때까지 남에게 터뜨리지 않는다. 결단을 내려야 할 때 결정하지만 쉽게 터뜨리지 않는 것은 이들에게 D형보다 침묵 요소인 S/C형이 강하기 때문이다.

전략가 기질을 가진 모든 S/C/D형들이 하나님나라 확장과 이웃 구원을 위해 장기적인 전략을 세우고 하나님나라의 큰 일꾼들로 쓰임받으면 이들의 인내와 능력 그리고 지혜는 무슨 일이든지 성취시킬 수 있다는 것을 명심해야 한다.

내 눈이 이 땅의 충성된 자를 살펴 나와 함께 살게 하리니
완전한 길에 행하는 자가 나를 따르리로다 (시 101:6)

chapter 4

웬만해선 만족하지
않는 사람
(C형 이야기)

왜 모세는 하나님이 부르실 때 여섯 번이나 거절했을까? 하나님이 두렵지 않아서였을까? 전적으로 그의 C형 성격 때문이다. C형은 특별한 사람들이다. 제일 똑똑하면서도 제일 문제가 많고 제일 섬세하면서도 제일 까다로운 사람들이다. C형은 히포크라테스의 네 가지 기질 중 우울질에 해당된다. DISC에서는 '신중형'으로 분류된다.

| C형의 일반적 특성 |

C형은 기대치가 너무 높기 때문에 스스로 만족하지 못하고 항상

'나 같은 사람이 무슨 일을 할 수 있을까?' 하고 우울해하는 사람들이다. C형은 네 가지 성격 유형 가운데 가장 복잡한 정신적 구조를 소유한 사람들이다.

이들은 사물의 근본과 원리에 대해 알고 싶어한다. 이들의 사고는 깊고 철저하며 사색적이다. 이들은 강한 창조력과 예술적 감성을 갖고 있으므로 세계적인 예술가들이 여기서 많이 배출된다. 분석적 사고는 매사에 부정적이지만 검토가 끝날 때까지 움직이지 않는 완벽주의를 만든다. 때로는 지나친 이상적 완벽주의로 인해 세상과 주위 사람들에게 환멸을 느끼고 염세적인 성향을 갖기도 한다.

| 외형으로 C형 찾기 |

C형은 사상의학으로 보면 소음인에 해당된다. 소음인은 이목구비가 단정하고 미남미녀형들이 많다. 얼굴 전체로 볼 때 이목구비가 안으로 몰려 있고 질서정연하게 조직되어 있다. 보편적으로 피부가 희고 촉촉하며 기운이 하초로 내려가기 때문에 콩팥이 제일 크고 실한 사람들이다. 그래서 왕성한 정신 활동을 할 수 있고 그들 중에 상당한 정력가들이 많은 것은 이러한 연유에서다.

전체적인 용모는 깔끔한 인상을 준다. 대체적으로 입이 작고 눈매가 차가우며 후각이 발달해 냄새를 잘 맡아 여성인 경우는 보편적으로 미각이 발달하고 음식을 잘 만든다. 그러나 조금이라도 이상한 냄새를 맡으면 식사를 잘 못하거나 과민 반응을 보이는 것은 비장부가 약하기 때문이다.

자연히 상부 기관은 작고 허하기 때문에 목소리도 작고 조용히 말한다. 추위를 많이 타고 골격은 크지 않으며 걸음걸이는 앞축을 중심으로 소리가 나지 않게 바닥을 쓸 듯이 걷는다. 남에게 신경을 쓰게 하는 것도 싫지만 중심이 앞으로 쏠려 있기 때문이다.

| 웬만해선 이들을 만족시킬 수 없다 |

C형은 자기 자신에 대한 기대치나 남에 대한 기대치가 최고로 높은 사람들이다. I형은 자기 자신에 대해서나 남에 대해서 큰 기대를 하지 않는다. 사람을 높낮이로 평가하는 기준이 낮다. 그래서 아무하고나 잘 어울리고 자신의 실수에 대해서도 그다지 큰 부담을 갖지 않는다.

I형이 복잡한 사안을 싫어하고 단순하며 뒷정리를 잘 못하는 것은 일을 마무리하는 것까지 자신의 몫이라고 생각하지 않기 때문이다. 그러나 C형은 이처럼 정리가 안 되고 일만 많이 벌려 놓는 I형과는 상극이다. 그들이 항상 즐거운 것도 불만이고, 중요한 일 앞에서도 전혀 심각하지 않고 자신들의 실수에도 결코 우울해하지 않는 그들을 보면 C형은 더욱 우울해진다. 다른 사람에 대한 기대치가 높기 때문이다. 기대치가 높다는 말은 모든 것이 처음부터 마지막까지 완벽해야 한다는 것이다.

이들이 제일 좋아하는 환경은 정확하고 분명한 것이다. 그리고 논리적으로 왜 그것이 그렇게 되어야만 하는지를 설명해 주어야 하고 무엇을 어떻게 해야 하는지까지 자료로 만들어져야 비로소 행동하는 사람들이다.

| 까다롭다고 C형을 포기하지 마라 |

혹시 이러한 C형의 완벽주의 자녀를 기르는 부모가 D형이라면 자녀들에게 "뭘 그렇게 말이 많아! 시키는 대로 하면 되지. 너, 말 안 들을 거야?"라는 언어나 감정적인 폭력을 조심해야 한다. 이들의 두뇌나 정서는 논리적으로 합당하지 않는데도 강압적으로 해야 되는 상황이 되면 마음의 문을 닫는다.

야단을 쳐도 자녀의 신중한 기질을 한 번 더 생각하고 '왜 네가 꾸중을 들어야 하는지' 설명해 주어야 한다. 부모 노릇하기가 갈수록 어려운 세상이지만, 자녀들의 성격을 잘 알아야 하는 것은 C형의 인재들이 좋은 머리를 가지고 하나님의 뜻을 이룰 수 있도록 잘 길러내야 하기 때문이다.

C형은 신중한 사람들이다. 이들을 우격다짐으로 끌고 갈 수 있다고 생각하는 것은 큰 오산이다. 교회에서도 이러한 성격의 평신도 지도자들이 많이 있다. 이들은 무슨 일이든지 비판적인 입장을 견지하고 있다. 교회를 치리하는 목회자들로서는 이들로 인해 항상 많은 부담을 갖게 된다.

그러나 그들의 성격을 이해하고 언제나 목회자의 계획과 실천 방안을 설명해 주면, 놀랍게도 그들 속에 누구도 생각하지 못한 엄청난 능력들을 발휘하는 것을 발견하게 될 것이다. 이들이 까다로운 사람들이어도 결코 포기해서는 안 된다.

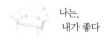

신중하고 주도면밀한 C형 모세

| 하나님은 왜 모세를 찾으셨을까? |

하나님은 아브라함에게 그의 후손들을 큰 민족이 되게 하시겠다고 약속하셨다. 아브라함의 4대손인 요셉이 애굽으로 팔려가 그곳에서 총리가 된 뒤 이스라엘 백성들은 430년 동안 애굽 바로의 노예로 살았다. 성경을 보면 그들은 국고성 비돔과 라암셋을 건축하는 일에 부역한 것(출 1:11)으로 나타나 있다.

하나님은 이스라엘 민족을 향한 두 가지 계획을 갖고 계셨다. 하나는 택하신 백성들을 애굽에서 구출해 내는 일이었고, 다른 하나는 애굽의 우상숭배로 인해 타락한 이스라엘 백성들을 성별시켜 하나님을 섬기는 제사장 민족으로서의 규모와 틀을 갖추게 하는 일이었다. 하나님은 이 두 가지를 다 행할 수 있는 지혜와 학문과 지도력을 갖춘 사람을 찾으셨다.

| 주도면밀한 모세의 가정 |

인간의 성격은 그 부모의 형질로부터 시작된다. 출애굽기의 이야기는 성장한 모세로부터 시작하지 않고 레위 족속 중의 한 사람(아므람)이 레위 지파의 한 여인(요게벳)과 결혼하는 이야기로 시작한다.

여기서 모세 출생의 스토리를 잠시 살펴보자. 그 부모가 아이를 더 이상 숨길 수 없게 됐을 때 갈대 상자를 준비해서 역청과 나무진을 칠하고 아이를 거기에 담아 나일 강변 갈대 숲 사이에 둔다. 그 후 그곳에는 바로의 딸이 시녀들과 함께 목욕하려고 등장한다. 공주는 상자를 발견하고 뚜껑을 연다. 잘생긴 아이가 들어 있는 것을 보고 곧 상황을 알아차리게 된다.

완벽한 기질을 가진 이들이 아니면 결코 감당할 수 없는 일이었다. 바로의 딸이 목욕하는 장소와 시간을 정확히 계산하여 목욕하는 갈대숲 사이에 상자를 놓고 숨어 기다리는 것은 이 가족의 철저한 준비성을 보여준다. 만일 공주가 아이를 마음에 들어하면 젖 먹일 것을 걱정할 것이고, 그때 "아이를 위해서 유모를 준비해드리겠다"는 말까지 준비하고 있었다. 이들의 계산대로 공주는 아이를 거두었고 이 가정은 마음 놓고 왕궁의 돈까지 받아가며 아이를 길러낼 수 있었다.

이 가정의 이러한 주도면밀함은 모세가 출생한 가정이 완벽주의자 C형의 가정이었음을 보여주고 있다. 또한 이 이야기는 모세 자신 역시 동일한 기질을 물려받았을 가능성을 암시하고 있다.

| 40년 동안의 왕궁생활을 한 줄도 기록하지 않은 모세 |

성경의 기록에는 모세의 왕궁에서의 성장 과정이 빠져 있다. 모세는 성경의 저자이면서도 왜 자기의 찬란한 왕궁생활을 한 줄도 언급하지 않았을까? 성격 구조로 보면 쉽게 추측할 수 있다.

그는 왕궁에서 성장하는 동안 결코 행복하지 않았다. 왕궁에서 애굽인들의 채찍 속에서 일하는 동포들을 보거나, 자기를 향한 동족들의 비난의 소리를 들을 때마다 그에게 왕자의 자리는 부끄러움이었고 생각하고 싶지 않은 과거였을 것이다. 이것은 C형의 높은 도덕적 가치 기준

때문이다.

어느 날 모세는 자기 동족들의 고역을 조금이라도 덜어 주고 싶어서 부역 현장을 방문했다. 왕자가 온 것을 보고 애굽의 한 관리는 자기 딴에는 열심히 일하는 모습을 보여주고 싶어서 일이 더딘 한 히브리 노인을 채찍으로 때렸다.

순간 40년 동안 쌓인 내면의 갈등과 분노가 모세에게서 폭발했다. 출애굽기 2장 12절을 보면 "좌우로 살펴 사람이 없음을 보고 애굽사람을 쳐 죽여 모래 속에 감추었다"고 되어 있다. 아마도 모세가 D형이었다면 좌우를 살펴볼 것도 없이 그냥 그 자리에서 죽였을 것이다. 그러나 C형은 살인하는 순간에도 철저하다. 좌우로 살펴 사람이 없음을 본 뒤에 살인을 행하는 것은 C형들의 주도면밀한 완벽주의 구조 때문이다.

C형은 자기의 행한 일이 완벽하게 처리되지 않은 것에 대해서 두려움을 갖는다. 동족들의 싸움을 말리다가 자기의 살인 사건이 이미 모든 사람들에게 알려져 있음을 안 모세는 '바로가 자기를 찾는다' 는 소리를 듣고 그날로 줄행랑을 친다. 이때의 성경은 C형의 두려워하는 감정을 기록하고 있다(출 2:14).

| C형을 조용히 살도록 내버려 두라 |

살인자 모세는 애굽 땅 밖으로 사막을 따라 정신없이 도망했다. 미디안 광야까지 도망친 그는 양을 치는 제사장의 가정을 만났고 십보라와 결혼한다. 그가 첫아들을 얻었을 때 I형 같으면 '하나님이 객지에서 나의 외로움을 돌보셨도다!' 하고 기뻐했을 텐데 C형인 모세는 그다지 기쁘지 않았다. 아이 이름을 '게르솜'이라 지은 것을 보라. '타국에서 나그네가 되었다'는 뜻이다.

　기쁜 일이 있어도 별로 즐거워하지 않는 것은 그들이 우울증에 걸린 것이 아니라, 그들의 감정이 쉽게 자기를 드러낼 수 없는 너무 깊은 곳에 자리잡고 있기 때문이다. 기쁨의 감성이 자기 내면에서 밖으로 표출되기까지 열어야 할 문이 많은 C형은 늘 우울해 보인다. 이것은 결코 병이 아니다. 그들은 우울한 모습으로 자기를 나타내는 것이 제일 건강하게 사는 길이다. 그들을 조용히 살게 내버려 두어야 한다.

| 쉽게 순종하지 않는 사람 |

　미디안에서 그는 날마다 처갓집 양떼를 돌보면서 살아가고 있었다. 그러던 어느 날 호렙산에 이르렀을 때에 하나님을 만난다. 우리는 하나님이 C형을 설득하시기 위해 얼마나 많은 말씀을 하시는가를 보게 된다. 이렇게 한 사람에게 집요하게 말씀하신 하나님의 모습은 아마도 성경에서 다시는 볼 수 없는 진기한 장면이다. 하나님이 하신 말씀을 정리하면 이렇게 된다.

> "모세야 모세야 이리로 가까이하지 말라 이리로 가까이 오지 말라 네가 선 곳은 거룩한 땅이니 네 발에서 신을 벗으라 나는 네 조상의 하나님이다 나는 네 조상의 하나님이니 아브라함의 하나님, 이삭의 하나님, 야곱의 하나님이니라"(출 3:4-10).

이 말씀 속에서 우리는 C형을 향한 하나님의 지극한 사랑과 관심 어린 대응 방법을 배운다. D형 바울을 불러 쓰실 때는 이렇게 길게 말씀하지 않으셨다. "사울아! 네가 왜 나를 핍박하느냐?" D형은 극단적인 처방이면 돌아온다. 그러나 C형은 결코 윽박질러서 되는 사람들이 아니다. 반드시 육하원칙에 의해서 설명이 돼야 움직인다.

하나님이 모세에게 먼저 자신을 밝히신다. "나는 너의 조상의 하나님(그것도 아브라함, 이삭, 야곱까지 들어서 네 조상들의 하나님)"(출 3:6)이시라는 것이다. 그리고 '어디서 오셨는지'도 밝히신다. "하늘에서 애굽 땅에 있는 내 백성들 때문에 내려왔다"(출 3:7). '왜 오셨는지'도 말씀하신다. "그들이 그 간역자들 때문에 고통당하는 것을 보고 그 괴로움을 알았고 그래서 그들을 해방시키기 위해서 너를 보내려 한다"(출 3:7, 9, 10).

C형은 보아야 믿고 알아야 행하는 사람들이다. 하나님은 정확하게 짚어나가신다. 그래서 '어떻게 하실 것인가?'도 설명하신다. "그들을 그 고통에서 해방시켜 주고 해방시킨 뒤에는 가나안 일곱 부족이 살고 있는 땅에 들어가 살게 할 것이다"(출 3:8). 그러나 C형의 반응을 보라. 이렇게 전능하신 하나님이 상세하고도 긴 설명을 해주셨는데도 모세의 대답은 부정적이다. "내가 누구이기에 바로에게 가며 이스라엘 자손을 애굽에서 인도하여 내리이까"(출 3:11). 한마디로 '못 간다'는 것이다.

C형의 심각한 약점은 스스로 완벽하다고 생각되기 전까지는 아무것도 할 수 없다는 것이다. '전능하신 하나님이 이 일을 행하신다'는 믿음보다 '내가 할 수 있느냐 없느냐?'를 더욱 중요하게 여긴다. 자기중심적인 성격이 강한 사람들이다. 무슨 일이든지 체계가 바로 서 있고 자

기 자신이 기여할 수 있는 분명한 환경이 마련돼 있어야 한다. 이것은 이들이 일을 하기 싫어서가 아니라 완벽하게 준비된 환경에서 일하기를 좋아하기 때문이다.

하나님이 두 번째 주머니를 여셨다. "염려하지 마라 내가 정녕 너와 함께 있을 것이다"(출 3:12). 그러나 모세는 하나님께 되묻는다. "내가 이스라엘 자손에게 가서 너희 조상의 하나님이 나를 너희에게 보내셨다 하면 그들이 너를 보낸 이의 이름이 무엇이냐고 물으면 무엇이라고 말하리이까"(출 3:13).

아마도 I형이었다면 "아싸!" 하며 신이 나서 한참 가다가 "그런데 나한테 이런 일을 시킨 분이 누구지?"라고 물었을 것이다. 그러나 C형은 '보고 또 보고 알고 또 알고 나서야' 움직인다. 하나님은 그런 C형을 아신다. 하나님이 당신의 이름을 가르쳐 주신다. "나는 스스로 있는 자이니라 또 이르시되 너는 이스라엘 자손에게 이같이 이르기를 스스로 있는 자가 나를 너희에게 보내셨다 하라"(출 3:14).

모세가 아니었으면 하나님의 이름이 '스스로 있는 자', 야훼 YHWH라는 이름인 것을 후세 사람들은 몰랐을 것이다(출 3:15–24을 참조하라. 하나님이 얼마나 모세에게 집중하셨는지 알 수 있다).

전능하신 하나님이 세 번씩이나 모세에게 말씀하셨다. 그러나 출애굽기 4장 1절에 보면 여전히 모세는 정확한 증거 불충분을 예로 들면서 여전히 '갈 수 없다'고 한다(출 4:1). 그러자 하나님이 이제는 능력을 보여주시며 설득하신다. 출애굽기 4장 2–9절에 보면 '지팡이를 뱀으로 변하게 하시고 손에 문둥병이 생겼다가 사라지는' 표적을 보여주신다.

여기서 주목해야 할 사실은 하나님은 모세의 오관을 사용하셨다는 것이다. C형은 체험되고 검증되어야 믿기 때문에 '지팡이가 뱀이 된 것을 손을 내밀어 잡게 하시고' (촉각) '뱀이 다시 지팡이가 되는 것을 보게' (시각) 하시며(4절) '손을 품에 넣었다가 내어 보니 눈같이 희게' (시각, 촉각과 반복으로 검증시킴) 하신다.

아마도 D형이었다면 '불꽃떨기에서 하나님을 만나자마자' 갔을 것이고, I형이었다면 관계성을 설명해 주신 '조상의 하나님' 이라는 말씀만 듣고도 떠났을 것이다. 결코 쉽사리 움직이지 않는 S형이라도 '내가 너와 함께 있겠다' (S형들은 혼자서 알아서 하라는 말을 두려워함)는 말씀을 들었을 때 움직였을 것이다.

그러나 C형은 오백 번을 이야기 해도 납득이 되지 않으면 행동하지 않는다. 이들이 고집이 센 것은 아니다. 고집은 S형을 따라갈 사람들이 없다. C형은 이성적으로 이해가 되기까지를 기다리는 것이다. 하나님이 C형들의 두뇌를 정교하게 만드신 이유는 그들의 이성적 인식 작업을 도와주시기 위함이다.

하나님이 네 번을 설득하셨는데 모세는 "오 주여 나는 본래 말을 잘하지 못하는 자니이다 주께서 주의 종에게 명령하신 후에도 역시 그러하니 나는 입이 뻣뻣하고 혀가 둔한 자니이다"(출 4:10)라고 발뺌을 한다. 강적이다. 하나님은 그에게 다섯 번째 설득하신다. 이제는 "네 입에도 내가 함께하겠다"라고 하신다. 전능하신 하나님께서 이 얼마나 쑥스러운 표현이신가? 그냥 "너와 함께하겠다!"고 하면 될 것인데 워낙 말을 안 들으니까 온몸을 따로따로 분해해서 '손에도 능력으로 함께하시고 입술에도 말로써 함께하겠다'고 하신다.

입술에도 함께하시겠다는 말씀에도 모세는 또 거절한다. "주여 보낼 만한 자를 보내소서!" 여섯 번째 거절에 하나님이 노를 발하셨다. "네 형 아론이 있지 않느냐 그의 말 잘함을 내가 아노라 너는 그에게 말하라 그가 너를 대신하여 백성에게 말하리라"(출 4:14). 하나님의 진노와 그의 형을 대언자로 삼으라는 대책 강구에 더 이상 모세는 둘러댈 말이 없어서 승낙하는 듯했으나 그렇다고 모세가 마음을 열어 순종한 것은 결코 아니었다.

하나님은 모세에게 다시 한 번 앞으로 일어날 일들을 설명하신다. "모세의 두려워하던 자기 생명을 찾는 이들이 다 죽은"(출 4:19) 사실과 "바로가 쉽사리 히브리 백성들을 놓아 주지 않을 것과 그러니 내가 그의 장자를 죽일 것"(출 4:23)이라고 가르쳐 주신다. 동시에 아론에게도 나타나셔서 "네 동생 모세를 영접하고 그에게 복종할 것"을 말씀하신다 (출 4:27). 하나님은 완벽한 C형을 위해 완벽한 무대를 준비해 두신다.

| C형에게는 경험이 보약 |

출애굽을 위한 대재앙의 역사가 시작되었다. 애굽의 왕 바로는 D형이다. 히브리 백성들이 광야에 가서 하나님께 제사를 드리고 올 수 있도록 보내달라고 모세가 간곡한 부탁을 하자 바로는 보란 듯이 히브리인들의 노동을 더욱 과중하게 만든다(출 5:4-9).

바로의 명령 때문에 히브리인들은 모세를 미워하게 되었고 모세는 다시 하나님께 불평을 터뜨린다. C형의 약점 중 하나는 본인이 책임을

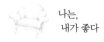

져야 할 부분에서 남에게 책임을 전가한다는 것이다. 자신이 논리적 결론으로 행한 일에는 책임을 지지만, 이렇게 누군가에 의해 떠밀려서 일하다 겪는 실패는 '그것 보라'는 듯이 '왜 내가 하기 싫다는 것을 억지로 맡겨서 이렇게 모욕을 당하게 하느냐?'고 따지고 불평한다.

히브리인들이 모세와 아론 때문에 자기들의 고통이 심해졌다고 모세를 비난하자 모세는 "주여 어찌하여 이 백성이 학대를 당하게 하셨나이까?" 그리고 "어찌하여 나를 보내셨나이까?"(출 5:22)라고 하며 도리어 하나님께 치근댄다. C형은 쉽게 낙심하고 좌절한다. 그러나 하나님은 모세에게 실망하지 않고 다시 위로와 용기를 주신다. C형과 함께 일하는 이들이 눈여겨보아야 할 대목이다.

| 일을 터득한 C형은 천하무적 |

성경을 잘 읽어보면 네 번째 파리의 재앙부터는 하나님이 직접 모세에게 맡기시고, 모세도 직접 자신이 일하는 놀라운 변화를 보이게 된다. 경험이 중요하다. 신중하여 실패를 두려워하는 C형도 기적이 일어나고 일이 되는 것을 보며 비로소 믿음이 생긴 것이다. 이 부분이 C형의 변화의 기점이다. 피와 개구리, 이의 재앙이 내리는 과정에서 세 차례나 하나님의 능력을 체험한 모세는 세상에 이런 놀라운 일이 일어날 수 있다는 경험을 했던 것이다.

가장 이성적인 C형이 가장 초이성적인 사건들을 경험했을 때 C형은 믿음의 단계로 승화된다. 성령은 이들에게 초자연적인 일들을 경험시킴으로써 사역으로 인도하신다. 이것이 성격의 단점을 극복하고 강점

으로 일하게 만드시는 하나님의 방법이다. C형의 사람들은 어떠한 일이
든지 성공적으로 경험하는 것이 중요하다.

　　출애굽기 14장 10절 이하에 보면 홍해바다 앞에 선 히브리 민족에
게 애굽 군대가 뒤쫓아오는 다급한 상황이 발생했다. 그러나 걱정할 것
은 하나도 없었다. 그 옛날 두려움으로 가득 찼던 모세의 마음은 용기
있는 지도력이 넘쳐흐르고 있었다.

나는,
내가 좋다

"모세가 백성에게 이르되 너희는 두려워하지 말고 가만히 서서 여호와께서 오늘 너희를 위하여 행하시는 구원을 보라 너희가 오늘 본 애굽 사람을 영원히 다시 보지 아니하리라 여호와께서 너희를 위하여 싸우시리니 너희는 가만히 있을지니라"(출 14:13-14). 누가 이 말을 이전의 모세의 말이라고 믿겠는가?

| C형의 큰 적은 탈진 |

C형은 일 중심적이며 희생과 충성심과 책임감이 강하다. 원칙을 고수하기 때문에 미련할 정도로 보수적이고 우직하다. 이스라엘 백성을 광야로 인도한 모세는 곧 많은 문제에 봉착하게 되었다. 바로 애굽의 관리에게서 벗어난 사람들 사이에 발생하는 크고 작은 문제들이었다. 출애굽기 18장 13절에 보면 하루 종일 사람들의 시비를 가려주는 일을 하고 있는데 백성들이 끝도 없이 모세를 찾고, 모세는 그 일을 혼자 감당하고 있다.

그의 생각은 출애굽기 18장 16절에 들어 있다. "하나님의 율례와 법도를 알게 하려고" 그렇게 한다는 것이다. 순전한 C형의 책임감과 희생정신의 발로이다. 법을 모르는 사람들에게 하나님의 법도를 가르쳐 주는 것이 자신의 일이라고 생각하는 것이다. 또한 이것을 자신이 전부 다 해야 된다고 생각한다. 지혜로운 이드로가 아니었다면 모세는 탈진했을 것이다. C형인 모세는 이드로의 지혜를 얻어야 한다. 혼자서 모든 문제를 다 해결하려는 완벽주의에서 벗어나기 위해 사역을 분담함으로 피로를 줄여나가는 훈련을 해야 한다.

| 지구상에서 C형만이 할 수 있는 일 |

하나님이 모세를 쓰신 또 하나의 이유가 있다. 출애굽한 뒤 이스라엘 백성은 광야에서 사는 40년 동안 하나님이 주시는 것만 가지고 살았다. 이것은 오직 하나님만을 바라보게 하시고 여호와 신앙의 뿌리를 내리게 하시려는 하나님의 의도였다. 애굽에서 온갖 잡신을 섬기던 불신앙을 버리고 창조주 하나님을 바르게 알고 바르게 믿도록 하신 것이다.

하나님에 대한 확신과 여호와 신앙 체계의 부여, 이것이 노년의 모세에게 남은 사명이었다. 이러한 조직적이고 체계적인 신앙 정립을 위해서는 이스라엘 민족의 구원사적인 역사 정리와 법률의 제정이 반드시 필요했다.

율법은 예수님이 오시기 전까지 이 세상에 유일한 하나님나라의 기준이었다. 하나님께 나아가는 길도, 인간이 속죄받는 길도 오직 율법밖에 없었다. 이와 같은 조직적인 신앙의 체계를 만드는 것은 오직 C형의 몫이다. 그들은 철학자들이며 각종 이론을 세우고 원리를 만드는 데 탁월한 사람들이다. 성경의 인물 중에서 누가 모세처럼 정교한 제사법을 만들 수 있겠는가?

I형은 부피가 두꺼운 책들을 보는 순간부터 머리가 아파온다. S형은 말수가 적다. 따라서 법률 또한 몇 자 적어 놓지 않았을 것이다. 만일 D형 바울에게 제사법을 만들라고 하면 온통 무서운 형벌 조항만을 기록해 놓았을 것이다. C형은 남들이 가장 골치 아파하는 복잡하고 정교한 일을 탁월한 능력으로 해낸다. 법률가들을 보면 보편적으로 C형이 주류를 이룬다.

| 놀랍도록 정교한 사람 |

제사법(레 14:14), 의복 제작(출 28:22-28), 성막 설계도(출 26:18-21), 통계학(민 26:35-37)이 모세에 의해 이루어졌다. 이 외에 정결한 동물과 부정한 동물의 구분, 각종 질병 검사와 처방, 절기성수에 관한 규례 등 모든 세밀한 법과 원리와 규칙들이 모세의 손을 거치게 되었다.

해마다 성경통독을 한번 해 보겠다고 결심한 많은 그리스도인들이 '출애굽기'는 간신히 통과했는데 '레위기'의 법률과 '민수기'의 숫자에 걸려 중단한 사람들이 얼마나 많은가? 그러나 제사를 집전해야 하는 사람들이나 죄를 씻어야만 하는 사람들, 성막을 지어야 하는 사람들이나 국가 통계청 등에서 일하는 사람들에게 이러한 모세의 세부 조항들은 하나님과 만나는 유일한 길이었으며 나라를 다스리는 절대적인 원리였음을 기억해야 한다. 이런 복잡한 일들을 누구보다도 쉽게 만들 수 있는 사람들이 C형들이다. 이들이 없었다면 인류는 원시적 야만 상태를 벗어나지 못했을 것이다.

비판적이고 고집스러운 C/D형 요나

C형과 D형의 긍정적인 에너지가 강해지려면 그 속에 I형이 강해지게 만들어야 한다. C/D형 단 두 개만 있어 과거의 어떤 상처나 아픔들로 인한 배타성이나 가치관이 형성되면 이들은 거의 고집불통이며 한쪽면만 보는 사람들이 된다. 또한 자신이 갖고 있는 가치관이 상대적이라

는 것을 인정하지 못하며 그 가치관을 실행으로 옮겨 엄청난 실수와 범죄들을 저지르게 된다.

D형은 생각보다 행동이 먼저다. 그래서 D/C형은 쉽게 일을 저질러 놓고 C형으로 후회한다. 그러나 C/D형은 조금 다르다. 똑같이 일을 저질러도 미리 충분히 생각하고 세밀한 실천 계획을 세운 뒤에 강한 실행 능력을 갖고 일을 추진한다. 그래서 둘 다 똑같이 강한 일 중심이지만 추진력에 있어서는 D/C형이, 정밀함에 있어서는 C/D형이 앞서게 된다. 이들이 긍정적인 요소로 결합되면 반드시 성공하는 사람들이 된다. 대형 프로젝트에서 독보적인 존재들이 될 수 있다.

그러나 이들이 부정적인 요소로 결합되면 결코 성공하지 못한다. 인생의 도피자요, 비판적이며 부정적인 방관자로 살면서 알코올 중독이나 마약 중독에 빠지게 된다. 나중에는 자신에게 상처를 주고 자신의 인생을 망가뜨린 사람들에게 복수한다. 그리고 평생을 후회하면서 인생을 마치게 되는 것이다.

| 요나의 부정적 에너지 |

요나는 C/D형이다. C/D형 중에서도 비판적이고 분노하는 성격이 강하게 결합된 사람이다. 사회적으로 보면 자기 사업을 갖고 있지 않으면 결코 성공할 수 없는 경우다. 다른 사람 밑에 들어가 살 수도 없고 공동체 생활도 어려워한다.

그는 하나님의 니느웨 구원 선포 명령에 회의적이었다. 그의 국수주의는 전형적인 선민의식의 발로다. 자기 민족을 괴롭히는 강대국 니

느웨가 구원받는다는 것은 그로서는 견디기 어려운 일이었다. 그러한 강한 가치관을 갖고 있는 그에게 하나님은 복음을 전하라고 하신다. 다른 유형의 사람 같으면 조금 궁시렁거리면서 그래도 하나님의 말씀이니까 순종하는데, 자기 편견과 가치관에 사로잡힌 C/D형은 하나님의 말씀이라 할지라도 거절한다. 거절하는 정도가 아니라 하나님의 뜻을 거스르려는 자신의 강한 의지를 드러낸다.

니느웨로부터 더욱 멀리 떠나려고 그는 다시스를 향해 가는 배를 타는데, 이 배는 6개월에 한 번 취항할 정도로 쉽게 만날 수 없는 배다. 이러한 배를 탔다는 것은 돌아오지 않으려는 그의 강한 의지를 보여준다. 요나의 편견은 이런 장면에서 더욱 극명하게 드러난다. 시공을 초월하신 하나님이 그가 멀리 떠난다고 찾지 못하시겠는가?

하나님은 곧 그를 바다 한가운데서 찾으셨다. 풍랑의 원인을 알고자 시행한 제비뽑기에서 그가 지목된다. 그는 이 풍랑의 원인이 자신에게 있음을 고하고(C형) 아주 신경질적인 반응(D형)을 보인다. "다 나 때문에 생긴 일이요(원인 분석-C형). 나를 바다에 집어 던지시오(행위-D형). 그러면 풍랑이 멈출 것이오(직관적 결과 지향-D형)."

사람들이 요나를 바다에 던지자 바다는 거짓말처럼 평온해졌다. 요나를 향한 하나님의 집요한 추적은 바닷속에서도 이어진다. 큰 물고기를 준비해서 사흘 동안 물고기 배 속에서 살게 한다. 물고기 배 속에서 전형적인 C형으로 고난, 쫓겨남, 깊음, 구덩이, 피곤 등 자신의 절망적인 상황을 피력한다(욘 2:2-7). 그리고 풍랑 이는 깊은 바닷속에서 다시 살리신 하나님의 은혜에 대해서는 단 한 번밖에 언급하지 않는다(욘 2:9).

물고기 배 속에서 토해내진 요나는 하나님께 약속한 대로 사흘 길을 걸어 니느웨에 도착한다. 그는 뒤도 돌아보지 않고 성내로 들어가며 구원의 복음을 선포한다. 그는 구원을 선포했지만 실상 그의 메시지는 멸망을 담은 것이었다. "40일이 지나면 니느웨는 멸망할 것이다."

이 메시지를 들은 니느웨 성 사람들은 모두가 회개하고 하나님을 믿었다. 이것은 하나님의 각본이었는데, 요나의 각본은 정반대였다. 그는 40일이 지나서 니느웨가 멸망당하는 모습을 보기 원했다. 그래서 복음을 선포할 때도 미움이라는 강한 에너지 파장을 갖고 있었다. 그러나 하나님은 역설적으로 그의 파괴적인 에너지를 사용하여 급박한 메시지 선포로 한 방에 니느웨를 구원하고자 하셨다.

D형들이 갖고 있는 성격적 요소들은 위험한 상황 발생 시에는 아주 요긴하게 사용되는 것들이 많다. 그들은 타인에게 긴 시간을 주지 않는다. 지금 당장 해결하라고 하기 때문에 얼떨결에 놀라서 따라하다 보면 S형들이 10년 동안 골치 썩는 일이 하루아침에 해결되기도 한다.

요나의 급하고 강한 저주성 메시지는 늘어져 있던 니느웨 성 사람들에게 아주 적합한 메시지 전달 방식이었다. 더구나 니느웨를 향한 요나의 분노의 에너지는 분노의 파장을 타고 니느웨 사람들의 마음속에 두려움으로 전달되었다. 단 한 번의 전도로 성읍 전체가 구원받았다.

요나는 니느웨성에 벌을 내리시지 않는 하나님 앞에 노골적으로 자기 감정을 드러낸다. 4장 1절에서 "요나가 매우 싫어하고(C형) 성내며(D형)" 흥분한다. 그리고 "원하건대 이제 내 생명을 거두어 가소서"(욘

4:3)라고 말한다. 이 표현을 우리 식으로 풀면 "차라리 나를 죽이시죠. 이놈들이 멸망당하지 않는 것을 보느니 차라리 내가 죽는 것이 낫습니다." 이런 것이다.

　요나는 40일째 되는 날, 혹시 니느웨가 멸망하지 않을까 하는 마음으로 성 동편에 초막을 짓고 니느웨 최후의 날을 보려 했다. 이때 하나님은 박넝쿨 하나를 급조하셔서 요나의 머리를 보호해주셨다. 그러다가 벌레를 준비하셔서 그 이튿날 새벽에 박넝쿨을 씹게 하시자 넝쿨이 시들어 죽어버렸다. 해가 뜰 때에 뜨거운 동풍이 불고 해가 요나의 머리에 쪼이자 요나는 혼미하여 차라리 자신을 죽여달라고 화를 낸다.

　성격이 거친 D형들이 자주 쓰는 문장들 중에 이런 유의 말이 많이 있다. "더러운 놈의 세상, 다 뒤집어 엎어버리든지", "에이, 어디 가서 콱 목을 매서 뒈져버리든지", "다 죽여버려야 돼."

　요나는 4장 분량의 짧은 성경 속에서 세 차례(1:12, 4:3, 8)나 이런 말을 사용하고 있다. 신경질적이면서도 분노하는 C/D형의 전형을 보이고 있는 것이다.

신비스러운 영성의 소유자
C/S형 요한

| C/S형의 장점 |

　C/S형은 서로 같은 내향성끼리 결합하고 있어서 상당히 많은 부분에서 공통적인 성향을 드러내고 있다.

　첫째, 이들은 원칙 중심으로 강한 결합을 하고 있다. 무슨 일을 하든지 원칙을 지키는 강한 구조를 가지고 있다. 더욱이 C형과 S형 모두가 양심적인 사람들이기 때문에 이들은 양심에 어긋나는 일을 하기 꺼려한다. 그래서 도덕적이고 양심적인 원칙을 생의 최고 중심 가치로 두며 사회의 가장 윤리적이고 도덕적인 기준이 되는 사람들이다.

　둘째, 이들은 충성심에서 강한 결합을 하고 있다. 이들은 모두 성실

한 기질들이라 무슨 일을 맡기든지 책임감이 강하고 끝까지 그 일을 완수해낸다. 어느 조직이든지 충성을 다하고 마지막까지 절개를 지킨다. 그래서 한 나라의 멸사봉공하는 충신들은 이 두 성격이 연합된 사람들에게서 많이 나온다.

셋째, 이들은 절제력에 있어서 강점을 가진다. 둘 다 내향성 성격이기 때문에 자기를 드러내지 않고, 표현에 있어서도 자기 감정을 절제한다. 말하는 것보다는 듣는 것을 편하게 여기며, 바깥세상에 관심을 두기보다는 자기 내면의 소리를 듣는 데 강한 사람들이다. 이들은 감정도 잘 절제하기 때문에 쉽게 흥분하거나 흔들리지 않고 항상 차분한 마음을 가지고 있다. 자연히 동작도 빠르지 않고 행동이 조심스럽다.

체질로 보면 이들은 소음과 태음이 결합된 체질이기 때문에 신장이나 간, 방광 등 하초 부분은 강하지만 폐나 위장, 기관지 등 상초 부분은 약하다. 추위를 많이 타고 몸을 약간 수그리고 다니며 걸음걸이도 느릿하다. 상체는 주로 가만히 있고 하체를 많이 움직이며 하체가 튼실하고 상체는 빈약해 보인다. 얼굴은 희고 피부는 촉촉하며 외양적으로도 안정적이고 차분해 보인다. 목소리는 조용하면서도 느리다. 그러나 순수 S형의 발음이 우물거리는 것에 비해 C/S형은 또렷하며 천천히 말을 한다.

장점의 연합 C/S형은 C형의 장점과 S형의 장점이 연합될 때 아주 독특한 기능들이 파생된다. C형의 분석력과 S형의 인내력이 합해지면 어떤 주제를 놓고서 이들보다 더 오래 그리고 깊이 연구할 수 있는 사람들은 없다. 또한 C형의 치밀함과 S형의 효율성이 연합하면 아무리 어려운 행정적인 일이라도 아주 효율적으로 치밀하게 성취해낸다.

C/S형은 S/C형과는 달리 아주 집요한 일 중심적인 구조를 갖고 있다. 어떤 일이든지 끝까지 마무리될 때까지 이들의 생각은 멈추지 않는다. C형의 자기희생적 구조와 S형의 평화로움이 합해지면 이들은 다른 사람들에게 헌신적이며 안정감을 준다. 그래서 이들과 함께 있으면 들뜨기보다는 마음이 차분해지며 평안함을 갖게 된다.

C형의 질서와 S형의 양보 정신이 합해지면 이들은 자기 자신이 양보를 해서라도 모든 일의 질서를 지켜내려 한다. 원칙주의자들이기 때문에 무슨 일이든지 원리 원칙대로 철저하게 한다. 처음에는 이러한 사람들과 함께 있는 것이 답답할 수도 있지만 이들과 오래 지내다보면 이들에게 속거나 배신당하는 일은 결코 없을 것이다.

| C/S형의 단점 |

이들은 아주 강한 내향성을 보인다. 칼 융의 이론에 의하면 이들은 주체에 대한 관심이 다른 사람이나 사물과 같은 객체에 대한 것보다 강해 자기 자신의 마음이나 자신의 영역 곧 주체에서 떠나려 하지 않는다. 외향성의 사람들이 객체를 향해서 열려 있는 것과는 달리 이들은 언제나 주체를 향해서 열려 있다. 내면을 향하여 열려 있는 넓이만큼 바깥을 향해서는 자기표현이 닫혀 있기 때문에 이들의 속내를 아무도 짐작할 수 없으며 너무 완고하고 수줍어 하는 점에 있어서 대단히 강한 공통점을 가지고 있다. 그래서 이들은 가장 고집스러운 성격이 된다.

수동적인 사람들 이들은 또한 수동적인 데 공통점이 있다. 자기들의 삶을 스스로 만들어 나가는 능동적 삶의 형태보다는 만들어진 틀

에 의지해서 살려는 수동적 의지가 강하다. 틀렸다는 것을 지적은 하면서도 주도적으로 문제를 해결하려고 하지는 않는다. 이들은 새로운 프로그램을 만들거나 미래에 대한 창조적인 꿈을 만들기를 꺼려한다. 한 곳에서 편안하고 낭만적인 감성을 채우며 살 때 더욱 만족을 얻는다.

이러한 이들의 수동성은 자신에게 과제로 주어지지 않는 한 일부러 부담을 지는 일을 결코 하려고 하지 않는다. 그래서 이러한 사람들과 사는 아내나 남편들은 자연스럽게 개혁과 창조하는 생존의 과제를 가면처럼 뒤집어쓰고 살게 된다.

단점의 연합　C형의 의심 많음과 S형의 변화를 싫어하는 성격이 합해지면 이들은 온갖 공포와 염려 속에 아무것도 할 수 없게 된다. C형의 불만족과 S형의 미루는 성격이 하나가 되면 이들은 지나치게 비판적인 사람이 된다. 그래서 스스로 땀 흘려 일은 하지 않으면서도 사회를 비난만 하고 자기에게 맡겨진 일은 뒤로 미루기 일쑤다.

인간관계에 있어서도 C형의 비사교성과 S형의 소심함이 합해지면 사람을 사귀는 데 상당한 문제점을 가지고 있어, 어려서부터 친구 없이 외롭게 자라다가 이 부분이 극복되지 않으면 아주 심각하고 우울한 내면의 그림자가 자아의식을 덮게 된다.

사람의 뇌세포 속에는 신경 전달 물질인 세로토닌의 분비를 조절하는 5-HTT라는 유전자가 있다. 이 5-HTT 유전자는 긴 것장형과 짧은 것단형이 있는데 오랜 세월 스트레스를 받을 때 장형은 잘 견디나 단형은 참지 못하고 슬픈 마음, 무기력, 스스로 무가치한 존재라는 생각을 뇌로 하여금 지울 수 없게 하고 불면증과 자살충동에 휩싸이게 만든다. C/S

형은 아마도 이러한 단형 유전 인자를 날 때부터 많이 갖고 나오는 사람들인 것 같다.

전형적인 C/S형은 적어도 일주일에 한 번씩 밖에서 사람들을 만나거나 오락이든 스포츠든 몰입의 즐거움을 통해서 자아를 잊어야 한다. 그러나 직장생활을 하는 C/S형들의 경우에는 이와 반대로 더욱 많은 독서를 하거나 음악을 듣거나 홀로 조용히 있는 시간을 가져야 한다. 왜냐하면 내향적인 사람이 외향적으로 너무 많이 자신을 드러내면 그의 무의식이 그의 고향인 내향성으로 돌아가려는 본능을 발동하기 때문이다.

이러한 본성적인 명령에도 불구하고 C/S형이 자기를 외향성이라고 착각해서 지나치게 자기 주체를 돌아보지 않으면 하루아침에 정신적인 해리解離와 함께 내면의 대공황을 겪게 된다. 이때 의지로 버텨왔던 모든 병적 요소들이 드러나면서 없던 병들이 발생하고 일거에 무너지는 사람들을 주변에서 많이 보게 된다.

| C/S형 요한 이야기 |

예수님은 세상을 떠나면서 어머니 마리아를 왜 요한에게 맡기셨을까? C/S형의 성격을 생각하면 이 문제는 쉽게 풀린다. 더욱 이해를 쉽게 하기 위해서, 만일 베드로에게 어머니를 맡겼다고 생각해 보라. 대표적인 외향성인 I/D형 베드로는 매일 자기의 사역지마다 어머니를 모시고 다녔을 것이다. 그리고 마리아는 수많은 사람들에게 가려 외로운 시간을 보냈을지도 모른다. 만일 바울과 같은 D/C형에게 어머니를 맡겼으면 어머니는 바울의 강행군에 지쳐서 아마도 다른 머물 곳을 찾으셨

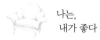

나는,
내가 좋다

을 것이다.

제일 원칙적이고 평안하면서도 안정적인 사람은 바로 C/S형인 요한이었다. 예수님으로부터 사랑을 제일 많이 받은 이유도 이와 같은 평온함과 안정적인 차분함에 연유한다. 요한은 예수님의 제일 가까운 곳에서 언제나 주님을 챙겨드리고 구석구석 필요한 것들을 생각하고 기억했다가 주님을 돌봐드리는 사람이었다. 예수님이 홀로되신 어머니를 끝까지 지켜드리지 못한 아픈 마음 때문에 제일 안정적이고 따뜻하며 차분한 사람에게 맡긴 것은 아들로서 지극히 당연한 일이었다.

| 경험의 사람 |

요한은 그의 주요 저서인 요한복음에서 사건이나 그리스도의 연대기적인 기록이 아니라 예수 그리스도에 대한 해석학적 이해를 남기고 있다. 곧 예수님이 전한 복음은 '하나님나라'였는데 요한에 와서는 '예수 그리스도'가 복음의 중심이 되었다. 왜냐하면 요한이 자기 손으로 만지고 보고 경험한 하나님을 사람들에게 알리고자 했기 때문이다.

C형의 경험 중심과 분석적 기능은 여지없이 성경을 연결해 가는데 있어 중요한 고리가 된다. 즉, 요한의 성경 가운데 가장 많이 쓰이는 말은 '본다'라는 단어인데 무려 134회나 사용되고 있다. 경험적 인식의 기능을 갖고 있는 '본다'라는 말을 이렇게 많이 사용한 것은 그가 하나님이 이 세상에 사람의 몸으로 오신 것을 보고 만졌던 실존적 충격을 표현해야 했기 때문이다(요일 1:1-2).

아마도 I형이었으면 이 세상에 오신 하나님의 아름다움을 극찬하거나 온갖 자랑스러운 모습을 설명했을 것이다. 그러나 차분한 C/S형은 C형의 경험적 요소를 더욱 많이 드러내고 될 수 있으면 사실을 그대로 전하려고 하는 노력을 보여준다.

재미있는 사실은 그의 종 성격인 S형은 요한으로 하여금 예수 그리스도를 아주 끈끈한 관계성으로 계속해서 반복하여 설명하게 한다는 것이다. 요한복음을 볼 때마다 느끼는 것이지만 요한의 서신에는 '아버지와 아들', '보낸 자와 보냄을 받은 자', '나는 너희 안에 너희는 내 안에' 등과 같은 관계를 설정하는 문구들이 유난히 많다.

인간관계를 빠르게 형성하는 I형과는 달리 S형은 느리면서도 아주 끈적거리는 관계를 만들어간다. 서로 간에 믿을 수 있고 또한 믿을 만한 사람이라는 것을 여러 가지 방법으로 확인하는 사람들이다. 그래서 요한복음은 유달리 논리적이면서도 반복적인 문장 구조를 많이 갖게 된다. 이런 유형의 문장들이 얼마나 많은지 모른다. 관계성 중에서 '보낸 자와 보냄을 받은 자'라는 용어는 무려 47번이나 사용했다.

| 사랑으로 거듭난 사람 |

상징적인 해석이겠지만 베드로는 그물을 던지다가 부르심을 받았고 요한은 그물을 깁다가 부르심을 받았다. 실제로 그 후의 사역도 베드로는 복음을 전하는 전도자로 사역을 감당했고 요한은 한 곳에서 교회를 오래 섬기고 성도들을 양육하는 목회자로 살았다.

목회자는 섬김과 돌봄의 은사가 있어야 좋은 목회를 할 수 있다. 이러한 은사들은 사랑이라는 열매를 맺는다. 섬김이나 돌봄과 같은 은사는 주로 내향성의 C형이나 S형들이 많이 갖는 은사들이다. 자연히 이러한 은사를 받은 사람들은 사랑의 열매를 맺는다. 요한은 그의 복음서에서 사랑에 대해서 56회 말하고 전체 장수가 7장에 불과한 요한일·이·삼서에는 무려 63번을 말하고 있다. 성경은 인간을 향한 하나님의 사랑에 핵심 가치를 두고 있다. 이것은 사랑의 사도로 거듭난 C/S형인 요한의 공로다.

이렇게 C/S형은 잔잔한 사랑을 실천하고 사랑을 베푸는 일에 제일 적합한 사람들이다. 그들의 내향성은 남의 말을 들어주는 데 능하고, 그들의 안정감은 흥분된 사람을 가라앉게 한다. C형의 감성과 S형의 편안한 분위기는 상처받은 사람들의 아픔을 위로하고 소외당한 영혼을 어루만지는 데 익숙하기 때문이다.

| 신비한 것을 좋아함 |

외향성인 I형이나 D형은 인식 기능이 밖을 향해 열려 있기 때문에 신기한 것을 좋아하고, 내향성인 C형이나 S형은 내면을 향해 열려 있기 때문에 신비한 것을 좋아한다. 요한이 전하는 복음은 신비스러운 영성을 담뿍 안고 있다.

C/S형들은 심리적으로 자기를 여럿으로 나누어서 하는 일에 능하지 않고 내면적 구조 속에 통일되는 단일 구조를 지향한다. 그들은 어떠한 객체라도 자기의 주관으로 받아들이고자 할 때 자기와 동일시되지 않는 것들은 쉽게 받아들이지 못한다. 그러므로 그들의 내면은 주관적 경험이나 인식과 같은 부분을 좋아하게 된다.

요한이 즐겨 사용하는 직유법 문장들은 그의 내면의 영적 신비로움을 전달하는 중요한 도구로 쓰인다. 이를테면 "아버지께서 자기 속에 생명이 있음 같이 아들에게도 생명을 주어 그 속에 있게 하셨고"(요 5:26), "살아 계신 아버지께서 나를 보내시매 내가 아버지로 말미암아 사는 것 같이 나를 먹는 그 사람도 나로 말미암아 살리라"(요 6:57)와 같은 문장들이 무려 20회 가까이 사용되었다. 이러한 문장 구조는 예수님 자신과 하나님이 본질적으로 하나이며 동일한 행동 방식을 가진다는 것을 나타내려 할 때 반드시 사용되었다.

또한 '아버지와 아들'이라는 구조와 '나와 제자들'이라는 구조를 말씀하는 많은 구절들이 '우리는 하나'라는 사실을 지향하고 있다. 이것을 통해 요한은 세상에 오신 하나님 자신이신 예수 그리스도를 하나님과 같은 분으로 설명하고, 나아가 그의 제자된 모든 사람들도 그의 말씀을 듣고 실천하면 그분과 하나가 될 수 있다는 신비를 말하려 했던 것이다.

말이 좀 어렵고 지루하지만, 이렇게 복합적이면서도 내면적인 신비로움이 요한의 성경 전체에서 흘러나오는 것은 C/S형 곧 대표적인 내향성 성격이 얼마나 신비로움과 거룩성에 접하기 쉬운 성격이었는지를 잘 보여준다.

| 깊은 친밀함을 나누는 사람 |

C형들은 사람을 쉽게 사귀지 못한다. 오랜 세월 동안 검증되어 믿을 만한 사람들에게는 자기의 고민까지 말할 수 있는 깊은 사귐을 갖지만 아무하고나 쉽게 말하거나 즐거워하지 못한다. 더구나 S형까지 섞여

있을 때는 상대에게 다가가는 시간도 상당히 오래 걸린다. 그러나 자기의 내면에 검증되어 믿을 만한 사람이거나 참 좋은 생각이라고 결론이 나면 이들 속에 들어간 사람이나 사상은 일생 동안 그의 벗이 되고 신념이 된다.

누구보다도 보수적인 기질의 요한에게 구약의 여호와 하나님을 '아버지'라는 호칭으로 부른다는 것이 결코 쉬운 일이 아니었을 것이다. 그러나 자기가 가장 사랑하는 주님이 하나님을 아버지라 부르며, 아버지와의 친밀한 관계성을 갖고 계신 것을 알고 난 뒤에 그에게 아버지는 지극히 매력적이고 다정다감한 분으로 다가왔던 것이다. 이러한 현상은 종교 경험 속에서 내향성의 사람들이 제일 즐거워하고 쉽게 접할 수 있는 경험들이다.

조금 더 구체적으로 설명하면, 구약을 비롯한 복음서까지도 하나님에 대해서 아버지라고 쉽게 호칭한 부분은 거의 없다. 마태는 42번, 누가는 19번, 마가는 6번 하나님을 '아버지'라 했는데, 요한은 무려 159번이나 하나님을 아버지라고 부른다. 이러한 독특한 현상은 요한이 갖고 있는 S형의 관계성에서 기인한다. 가족적인 친밀함과 안정적인 관계성을 좋아하는 C/S형은 이러한 하나님의 이름에서조차도 '나와 그것'의 관계에서 '나와 당신'의 관계로 바꾸는 것이다.

이러한 친밀함은 오늘 우리들이 하나님을 '아버지'라 부를 수 있는 중요한 전환점이 되었고, 그의 철저한 분석적이면서도 관계 중심적인 기질로 인해 4,000년 역사 동안 '나와 그것'의 관계에 있던 엄위하신 여호와가 '나와 당신'의 사귐으로 전환된 것이다. 이와 같은 C/S형들의 내향적이면서도 개인적인 친밀함은 오늘 우리들로 하여금 신앙의 피상적 두개골을 쪼개고 차가운 뇌 속에서 뜨거운 생명의 RNA와 만나게 하는 위대한 유산을 물려주었다.

자기관리가 철저한 C/S형 요셉

요셉은 철저한 자기관리로 성공한 사람이다. 그의 성격이 신중하면서도(C형) 맡겨진 일을 성실히(S형) 감당한 것을 보면 전형적인 관리자의 성격임을 알 수 있다.

요셉은 꿈과 연관된 세 차례의 사건들로 고난을 당하기도 하고 인생의 극적인 반전을 이루기도 한다. 꿈은 모든 사람들이 꿀 수 있는 것이지만, 내부 의식의 충만한 에너지와 영원하신 하나님과의 만남을 갈망하는 사람들에게 더욱 강하고 신비롭게 열리는 세계이다.

성경의 인물들 가운데 요셉만큼 드라마틱한 삶을 살았던 인물도 없다. 형들에게 버림받아 애굽에서 종살이하고, 주인집 부인의 유혹을 뿌리친 대가(?)로 옥살이를 톡톡히 하고, 훗날 왕의 꿈을 해석해주어 일국의 총리로 살아가게 되는 삶은 참으로 한편의 인생 역전 드라마를 보는 것 같다.

그가 다른 사람들보다 유난히 꿈을 잘 꾸었던 것은 그의 성격 구조가 갖고 있는 내부 에너지에 기인한다. 특별히 완벽주의자 C형들은 가장 합리적이면서도 가장 신비로운 세계에 관심이 많다. 성경의 인물 중

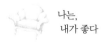

나는,
내가 좋다

에 신비로운 사건을 경험한 사람들의 대부분이 C형 사람들이다. 모세가 그렇고 엘리야가 그렇고 다니엘이 그렇고 바울이 그렇다. 이들의 성향이 내부로 침잠하며 차분한 성정과 신장의 강한 정신력이 더욱 깊은 세계를 찾기 때문이다.

반면에 외향적인 D형이나 I형들은 사회나 사람들 속에서 영향력을 미치려 하기 때문에 이러한 내적인 신비로운 세계에는 그다지 큰 관심이 없다. 그들은 사람들과 더불어 말하고 일하며 사귀는 것을 좋아한다. 여호수아가 그렇고 솔로몬이 그렇고 베드로가 그렇다.

| 신중형의 에너지와 내부 의식의 표출 |

정신 활동이 가장 많은 C형들은 꿈을 통해서 자신의 내적 세계를 표출하고 사람들에게 쉽게 자신을 드러내지 않는다. 따라서 그들은 꿈을 통해서 숨겨놓은 이야기들을 더 많이 하게 한다.

요셉은 나이가 들수록 더욱 완숙한 완벽주의자 모습을 드러낸다. 더욱 조심스럽고 더욱 신중하며 더욱 철저해진다. 그가 어려서 꾸었던 꿈들을 소중히 지키며 꿈을 통해서 자신의 내면에 말씀하시는 하나님의 음성을 듣는 일에 항상 가슴을 열어놓았던 것이다. 그는 꿈을 통하여 말씀하시는 하나님의 명령을 성실히 지켜 행하는 사람이었기 때문에 하나님이 그를 존귀하게 만드시고 그를 통하여 한 민족을 이루는 출발점으로 삼아주셨다.

| 요셉의 패밀리즘 |

요셉은 자신의 가족을 살렸을 뿐 아니라 애굽이라는 당시 세계 최강의 국가를 지켜냈다. 나아가 중동 지역의 기근을 해결했던 큰 인물이었다. 요셉은 자신을 키우는 양인 스타일의 사람이 아니라 터를 닦고 씨를 뿌리고 열매를 맺는 음인 스타일의 사람이다.

S형 타입의 음인들이 쉽게 살이 찌는 이유는 수렴형이기 때문이다. S형은 겨울 사람이고 C형은 가을 사람이다. 가을에는 모든 것이 더욱 안으로 채워지고 표면은 단단해져간다. 땅도 차가워지고 곡식도 영근다. 천자문에 추수동장秋收冬藏이라는 말이 있다. 가을에는 거두어들이고 겨울에는 감추어 놓는다는 뜻이다. 그래서 실제로 가을이 곡식을 베고 자르고 집어내고 묶고 분류해야 하는 계절인 것처럼 가을 체질을 가진 C형들도 이러한 일들을 잘한다.

그러나 S형들은 겨울에 모든 사람들이 꼼짝도 안 하고 집안에만 들어앉아 있는 것처럼, 동물들이 먹을 것을 잔뜩 집어먹고 겨울잠을 자는 것처럼 자기 안에 저장하고 필요에 따라서 조금씩 꺼내 쓰면서 살아간다. 그래서 S형들은 저축을 잘한다. 가난한 살림으로 가정을 시작해도 부부가 함께 S형이면 몇 년 가지 않아 집도 사고, 차도 사고, 살림이 펴게 된다. 부지런히 벌고 축적하기 때문이다.

요셉은 두 유형이 뒤섞여 있는 사람이다. 철저한 분석자 C형의 주 성격과 부드러우면서도 쌓아놓는 S형의 성격이 연합하여 강점으로 승화하면 요셉처럼 훌륭한 관리자가 되어 무너진 가정을 일구고 어려운 나라의 살림을 맡아 국난을 극복하는 재상이 되는 것이다.

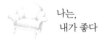

| 흐트러진 마음을 가진 사람들의 모델 |

신중형 C형의 훌륭한 덕목 중에 한 가지는 깔끔함이다. S형들은 식사 후에 양치질을 하지 않는다. "조금 있다가 또 먹을 건데 뭐 하러 닦냐?"는 것이 지론이다. 그러나 C형들은 항상 청결을 유지한다. 그들이 선호하는 환경이 청결한 환경과 질서가 잡힌 곳이기 때문이다.

C형은 자신의 몸이나 주변 환경이 더러우면 제일 못 견딘다. 그런 상황에서 이들이 제일 먼저 하고 싶어하는 일은 빨리 씻는 것이다. 이들의 사물은 정리정돈이 잘 되어 있다. 누가 흐트러뜨릴 때에 불쾌해한다. 타인에 대한 기대치와 자신에 대한 기대치가 높기 때문에 타인도 잘해야 하지만 자기 자신도 스스로 만족할 수 있는 수준이어야 한다.

요셉은 보디발 장군의 집에서 종살이를 하면서 그 집의 많은 재물이나 물건들에 손을 대지 않았다. 도둑질은 반드시 드러난다. 군인들은 D형들이 많다. 군인 보디발은 전형적인 D형이다. D형들은 사람을 빨리 읽는다. 바람기 있는 자기 아내에 대해서도 잘 알고 있었고, 자기 집안에는 믿을 만한 사람이 별로 없다는 것도 익히 알고 있었을 것이다. 그러나 주인의 재물에 손대지 않고 성실하게 일하는 한 히브리 소년을 눈여겨보면서 그는 그 소년을 마음에 두었다. 결국은 자기 집 전체의 살림을 노예에게 맡기기까지 그를 신뢰하게 되었다.

이러한 요셉의 자기관리의 철저함은 그의 준수한 용모에 반한 보디발의 아내의 유혹을 이겨낸 부분에서도 여실히 드러난다. 그가 모함을 받아 감옥에 들어간 뒤에도 전옥이 그에게 모든 감방 열쇠를 맡겼다는 이야기는 얼마나 그가 관리에 철저한 사람이었는가를 말해 준다.

바로가 괴이한 꿈을 꾸었을 때 그의 꿈을 해몽해주고 앞으로 다가올 7년의 풍년과 흉년에 대한 관리의 비전을 설명했을 때, 바로가 이방인 노예며 죄수의 신분에 불과한 요셉에게 국가의 경영을 위탁했다는 사실은 단순히 꿈을 풀어냈다는 사실을 뛰어넘어, 그가 상황에 대한 정확한 설명과 주도면밀한 대책을 보여주었기 때문에 가능한 일이었다.

총리가 된 후에 그는 한 번도 곁눈질을 한 적이 없다. 일생을 실수 없이 자신의 업무와 삶에 충실하고 죽을 때에도 자신의 유골을 들고 나가라는 유언을 남기기까지 자신의 사후 관리까지도 준비하는 빈틈없는 삶을 보여주고 있는 것이다.

순종의 사람 C/S형 노아

성경은 노아를 완전한 자(C형)라고 말한다(창 6:9). 노아는 자신이 성공하고 훌륭한 사람이 되는 것보다 하나님이 원하시는 열매를 맺는 일을 일생의 과제로 생각하고 실천하는 사람이었다.

창세기 6장부터 진행되는 홍수 재앙은 패괴한 인류를 향한 하나님의 실망과 분노, 그리고 인류의 종말로 이어진다. 하나님은 불의하고 더러운 종은 멸하시고 거룩하고 완전하고 의로운 하나님나라의 성격에 맞는 신인류를 만들고자 하셨다. 이 일에 가장 적합한 사람이 노아였다. 그는 의인이요 당세에 완전한 자며 하나님과 동행했다.

| 순종의 사람 노아 |

의로움은 S형의 대표적 덕목이고 완전함은 C형의 대표적 성품이기 때문이다. 노아는 C형과 S형의 모든 강점들로 스스로를 만들었던 사람이다. 이 두 성격이 연합돼 있는 사람들은 철저하게 원칙 중심적이며 체제 순응과 질서를 중시하는, 순종하는 사람들이다. 하나님은 인류의 심판과 노아 가족의 구원 프로젝트를 그에게 알리시고 준행을 명하셨다. 하나님의 길고도 상세한 프로젝트를 듣고 난 뒤의 노아는 특별한 말이 없다. 창세기 6장 22절에 보면 "노아가 그와 같이 하여 하나님이 자기에게 명하신 대로 다 준행하였더라"고 되어 있다.

이 문장에서의 핵심은 '준행'과 '다'이다. 어떤 것은 하고 어떤 것은 안 하고의 선택이 없이 하나님이 명하시니 모든 것을 다 순종했다는 것이다. 카운트다운 명령에 따라서 전부를 준행했다고 7장 5절에 거듭 기록되어 있다.

준행했다고 하는 것은 순종의 행위다. 순종은 자기를 낮추고 자신에 대한 철저한 자기비움의 마음가짐 없이는 할 수 없는 일이다. 자기를 낮출 수 있다는 것은 그만큼 유연하다는 뜻이기도 하다. 노아가 하나님께 드린 순종의 행위는 성격의 유형들을 떠나서 모든 성도들이 마지막 완성해야 할 승화된 품성이다.

| 사랑과 순종 |

순종은 사랑의 에너지에서만 나올 수 있다. 사랑은 무엇인가? 제일 귀한 것을 줄 수 있는 것이다. 이것이 열매를 맺는 방법이다. 인생에서 가장 소중한 것은 사랑의 관계성이다. 사랑하는 사람은 적이 없다. 모든 사람에게 져줄 수 있는 사랑을 갖고 있기 때문이다. S형이 적이 많지 않은 것은 다른 사람을 이기려 하지 않기 때문이다. 노자도, 최상의 선은 물과 같은 것이라고 했다上善若水. 물은 자신을 고집하지 않는다. 모든 존재의 명령에 따라서 움직이지만 자기 존재를 잃어버린 적 없다. 이것이 S형이 도道에 제일 가깝게 되는 이유이다.

이기려 하지 않으면 별의별 것이 다 용납된다. 이기려 하니까 예민

해져서 말 한마디에 신경이 곤두서고 별것 아닌 것으로 싸우는 것이다. 사랑하지 못하기 때문이다. 사랑할 수 없는 것은 사랑의 나무에서 끊어져 있기 때문이다. 정 미우면 그냥 속으로 다른 생각을 하더라도 웃으며 대해야 한다. 세월이 지나면서 더욱 소중해지는 것이 관계이다.

하나님께 전적으로 순종했던 노아는 사랑을 많이 받았고, 사랑받은 노아는 더욱 깊은 순종을 할 줄 알았다.

PART 3

성숙한 인격을
향하여

사람의 성격은 쉽게 변하지 않는다. 그럼에도 완전에 이르는 길
은 어려운 것이 아니다. 이 땅에서 우리와 동일한 성정을 지녔
으면서도 완전한 성품으로 본을 보여주신 분이 계시기 때문이
다. 그분이 우리에게 성숙한 인격을 향한 한 길을 열어주셨다.

우리가 다 하나님의 아들을 믿는 것과 아는 일에 하나가 되어
온전한 사람을 이루어 그리스도의 장성한 분량이 충만한 데까지 이르리니 (엡 4:13)

chapter **I**

성숙한 인격을 향하여

성경의 인물들을 성격 유형으로 풀어간 이 책은 많은 사람에게 성경을 쉽게 이해하고 사람에 대한 이해를 더해 줄 것이다. 그러나 성격에 대한 이해가 곧 인간에 대한 이해임을 깨달을 때, 그것은 더 높은 최종 목적을 가지고 있음을 알게 될 것이다. 곧, 인격의 완성이다. 인격이 완성된다는 것은 그리스도의 장성한 분량으로 자라나는 것을 말한다.

사람의 성격은 쉽게 변하지 않는다. 그러나 인격의 완성은 불가능한 것이 아니다. 우리는 자신의 인격을 완성시키기 위해서 자기가 가지고 태어난 본래 성격의 장점과 단점을 알고 있어야 한다. 또한 다른 사람들을 대할 때 본의 아니게 가면을 쓰고 살아야 하는 사회생활 속에서, 자신이 가면을 쓰고 있다는 사실을 항상 인식해야 한다.

가면을 쓰는 사람들

옛날에 여우라는 놈이 산속을 돌아다니다가 우연히 호랑이 가죽을 발견하고 그것을 뒤집어 쓴 채로 다니기 시작했다. 그러자 평소 자기가 그렇게 싫어하고 두려워했던 늑대가 자기를 보고 도망갔다. 세상에 이렇게 좋을 수가 없었다.

그러던 어느 날, 여우는 호랑이 가죽을 뒤집어쓰는 것을 잊어버리고 그냥 여우인 채로 돌아다녔다. 늑대를 만났는데 이상스럽게도 자기를 보고 피하지 않았다. 그래서 "어흥" 하고 호랑이 목소리를 내면서 겁을 주었다. 그러자 늑대가 "아니, 이놈이 한동안 안 보이더니 성대수술을 하고 온 거야?" 하고 덤벼들었다. 여우는 꼬리를 감추고 달아나버렸다.

부자일수록, 지식인일수록, 정치인일수록, 완벽주의자일수록 가면을 많이 쓴다. 가면은 사회생활에 반드시 필요하다. 그러나 가면을 쓴 자아는 많은 단점과 오류를 함께 가지고 있다. 겉으로는 안 그런 척하며 가면 속에 허물 많은 자신의 내면을 묻어버리면 안 된다. 바울은 로마서 7장에서 자기 안에 있는 두 마음 때문에 고민하고 그의 갈등을 사람들에게 공개할 정도로 자신에게 솔직했던 사람이었다. 이렇게 사는 사람

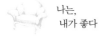

들이 인격의 완성을 향해 가는 사람들이다.

체질과 기질(성격 유형)은 한가지다. 체질이 기질을 만들기 때문이다. 기질 검사를 했을 때 체질과 기질이 동일한 사람이 있는가 하면 서로 다른 사람들이 상당히 많다. 체질은 원래의 자기 것인데 반해 기질은 후천적인 직업 환경이나 가정 환경 속에서 가면을 쓰게 되어 자기 자신이 아닐 수도 있다.

기질 검사를 했을 때 체질과 기질이 동일한 사람들은 인생을 사는 동안 가면을 쓸 필요가 없이 솔직하게 자기 모습대로 살아도 될 수 있는 사람들이다. 그러나 체질과 기질이 서로 다르게 나오는 사람들은 본래의 자기와는 상당히 다른 강요된 삶을 살았던 사람들이다.

분노와 폭발 요소를 가진 D형인데 남편이 더 강한 D형이기 때문에 자연히 죽어지내다보니 자신이 꼭 S형인 것처럼 착각하지만, 상담을 통해 자신이 살아온 삶의 역사로 들어가보면 대부분 자기 자신이 아닌 다른 사람의 가면을 쓰고 살았던 모습을 보게 되고, 이런 사람은 대부분 혈관 계통이나 소화기 계통에 질환을 앓고 있는 것을 보게 된다. 인격의 완성은 이렇게 자기가 살아온 삶 속에서 자신이 가면을 쓰고 있다는 사실을 먼저 직시하는 것부터 시작된다. 이것이 첫걸음고 이때 몸에 생긴 병들도 자연히 치료된다.

여인들의 피부에 화장이 두꺼울수록 결점들이 감춰지는 것처럼 가면이 두꺼울수록 자아의 추한 요소들이 가려지게 된다. 그런데 화장을 지운 후에는 여지없이 드러나는 잡티와 주름을 보면서 늙어가는 자신을 발견하게 된다. 화장한 자기의 모습이 진정한 자기인 줄 알고 미래를 준비하지 않고 있다가 어느 날 문득 늙어버린 자기 현실을 직시했을 때 삶의 붕괴를 체험하게 된다. 마찬가지로 현대인들도 가면 속에 들어 있는 자기 자신의 죄된 본성과 성격의 단점들을 망각한 채 살아가다가는 정체성의 혼동 때문에 급락할 수밖에 없다. 단 한 번밖에 없는 인생을 잘 살아야 한다.

이제 완전한 인격을 가지신 한 분을 소개하려 한다. 그분은 이 세상에서 어떠한 가면도 쓰고 살지 않으셨다. 하나님으로서 인간의 가면을 쓰신 것이 아니라 완성된 인간으로 사셨고, 인간의 완성된 성품이 어떤 것인지를 보여주시는 모범으로 세상에서 사셨다. 우리는 이 부분을 깊이 마음에 새겨 놓아야 한다. 완전한 성품이란 어떠한 모습으로 사는 것일까? 그분의 살았던 모습을 따라가 보자.

완전한 성품을 지닌 분

칼 융의 분석심리학을 보면, 인간은 자기 완성을 통해서 인간의 모든 기질이 어느 한 곳으로 치우치는 것을 극복하고 자유로운 경지에 이를 수 있다고 말했다. 그는 이러한 완전함을 이룬 분으로 예수 그리스도를 들었다.

| 완전한 성품의 모범이 되신 분 |
지금부터 이 땅 위에서 우리와 같은 성정을 가지고 우리와 같은 모

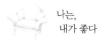

습으로 33년간 사셨던 예수님의 성품을 다루려고 한다. 혹자는 어떻게 감히 예수님의 성품을 다룰 수 있느냐고 반박할 수도 있겠지만, 예수님은 하나님이실 뿐아니라 인간의 모습으로도 오신 분이셨고, 무엇보다도 '내가 곧 길'이라고 가르쳐 주셨기 때문이다(요 14:6).

무슨 길일까? '아버지께로 이르는 길'이라고 하셨다. 이 길은 우리 모두에게 예수님을 따라야만 아버지께로 이를 수 있다는 것을 말씀하신 것이다.

아버지께로 이르는 길은 곧 우리가 예수님처럼 장성한 분량에 이르기를 원하신다는 것으로 해석해야 한다. 우리가 거룩함과 성화의 단계에 이르는 길이 곧 그리스도의 장성한 분량에 이르는 것이다.

그러면 예수님이 가지신 성품은 무엇이었을까? 우리도 예수님과 같은 성품을 가진다면 그분의 장성한 분량에 이를 수 있지 않을까 하는 논리적인 귀결이 나온다.

성경을 보면, 예수님은 네 기질을 모두 보이신다. 놀라운 사실은, 네 기질은 원래 단점들을 갖고 있지만 예수님의 행적에는 그런 단점들을 찾을 수 없다는 것이다.

예수님은 인간이지만 죄는 없으시기에 네 유형의 부정적인 요소들이 없으신 것이다. 그리고 놀랍게도(!) 성령을 우리에게 보내주심으로써 우리 또한 성령으로 말미암아 완전한 성품에 참여할 수 있는 가능성을 품게 해주셨다.

| 예수님의 D형 성품 |

직관이 강한 D형 예수님　보편적으로 D형들은 직관력이 강하다. 지(智)의 기능이 강하기 때문에 어떤 사안이나 사람의 생각과 사물의 본질을 파악하는 힘이 다른 사람들보다 강하다. 예수님은 당신이 만나는 모든 사람들의 본질을 꿰뚫어보는 놀라운 직관력을 보이셨다.

심지어는 물속의 고기들의 움직임까지도 파악하시는 깊은 통찰력을 가지셨다. 성경에 보면 상당히 많은 구절들이 '예수께서 아시고'라는 말을 사용하고 있다. 이는 예수님의 D형 직관력이 발휘되는 대목이다.

어떤 서기관들이 속으로 '이 사람 참 당돌한 사람이다' 하고 생각했는데 예수님은 그 생각을 아시고 "너희가 어찌하여 마음에 악한 생각을 하느냐 네 죄 사함을 받았느니라 하는 말과 일어나 걸어가라 하는 말 중에 어느 것이 쉽겠느냐"(마 9:3-5)라고 하신 말씀은 이미 주님이 직관으로 그 사람들의 생각을 파악했다는 증거다(마 12:24-25).

제자들이 서로 모여서 먹을 떡을 걱정할 때에도 예수님은 그들의 미련함을 아시고 "믿음이 적은 자들아, 아직도 먹을 것 때문에 걱정하느냐? 오병이어와 칠병이어의 기적을 벌써 잊었느냐?"(마 16:6)라고 꾸짖으셨던 일들은 사람들의 생각을 빨리 읽으시는 지(智)의 강한 요소를 보여주는 대목이다.

이러한 직관의 기능은 때를 분별하는 능력으로도 나타난다. 예수님은 자신을 세상에 드러내는 첫 시작도 "때가 찼고 하나님의 나라가 가까이 왔으니 회개하고 복음을 믿으라"(막 1:15)라고 일갈하심으로 사역을 시작하신다. 그리고 마치시는 것도 "유월절 전에 예수께서 자기가 세상을 떠나 아버지께로 돌아가실 때가 이른 줄 아시고 세상에 있는 자기 사람들을 사랑하시되 끝까지 사랑하시니라"(요 13:1)로 끝맺음하시는 것이다.

D형 예수님의 거룩한 분노 일반적으로 내향성인 S형이나 C형들은 자기를 건드리지 않으면 불의나 거짓 앞에서도 그렇게 빠르게 반응하지 않는다. 보편적으로 D형이 제일 빨리 반응한다.

예수님은 성경에 보면 얼마나 많은 불의와 거짓 앞에서 D형으로 싸우셨는지 모른다. 마태복음 21장 12절에 예루살렘 성전에 들어가셔서 더럽혀진 하나님의 성전을 보시고 폭발하는 장면이 기록되어 있다.

> "예수께서 성전에 들어가사 성전 안에서 매매하는 모든 사람들을 내쫓으시며 돈 바꾸는 사람들의 상과 비둘기 파는 사람들의 의자를 둘러엎으시고" 라고 되어 있다. 주님의 일거수일투족을 주시하고 언제나 제일 가까이 있었던 요한의 기록은 더욱 정교하다. "노끈으로 채찍을 만드사 양이나 소를 다 성전에서 내쫓으시고 돈 바꾸는 사람들의 돈을 쏟으시며 상을 엎으시고" (요 2:15).

뒤집어엎고 걷어차서 쏟아버리고 무기(채찍)를 휘두르는 것은 전적인 D형들의 파괴적 요소다. 그러나 예수님은 자기 가정이나 불특정 다수에게 이러한 폭력을 휘두르신 것이 아니라 거대한 정치와 종교의 결탁 세력들이 망가뜨린 예배와 썩어버린 비진리에 대해 폭거를 하신 것이다. 그래서 이를 본 제자들은 "주의 전을 사모하는 열심이 나를 삼키리라"는 성경말씀을 기억하게 되었다(요 2:17).

거짓에 대한 꾸짖음　제자들이 풍랑 속에서 두려워할 때 예수님은 그들을 꾸짖고 그들을 두렵게 한 바람과 파도까지 꾸짖으셨다(막 4:39). 자기의 죽음에 대한 예고를 하셨을 때 "선생님 그러면 안 됩니다"라고 주님을 막던 베드로를 꾸짖어 "사탄아 내 뒤로 물러가라 네가 하나님의 일을 생각하지 아니하고 도리어 사람의 일을 생각하는도다"(막 8:33하)라고 책망하셨다. 심지어는 말 못하는 무화과나무도 열매를 맺지 않는다고 꾸짖으셨다.

주님이 떠나갈 시간은 다 되어 가는데 진리를 깨닫고 전파해야 할 제자들이 예수님의 말씀을 깨닫지 못할 때마다 "내가 얼마나 너희와 함께 더 있겠느냐. 아직도 깨달음이 없느냐"고 대노하시는 모습은 오늘의 무기력하고 방탕한 우리들의 정신을 번쩍 들게 한다.

거룩한 독설　예수님은 바리새인을 향하여 이렇게 외치신다. "독사의 자식들아 너희는 악하니 어떻게 선한 말을 할 수 있느냐 이는 마음에 가득한 것을 입으로 말함이라"(마 12:34).

그리고 마태복음 23장에서 당시의 종교지도자들의 외식적이고 거짓된 삶을 보실 때 D형 요소로 강력하게 대응하셨다(마 23:2-7, 15, 23-26, 27, 29). 예수님의 거룩한 분노는 마태복음 33절 이후에서 절정에 이른다.

웬만한 D형도 예수님처럼 독설과 분노를 표현할 수 없을 만큼 예수님은 엄청나게 해대셨다. 이렇게 대중들 앞에서 욕을 얻어먹었으니 정치 권력자들과 종교인들이 예수님을 죽일 마음을 갖는 것은 당연한 일이었다.

D형들은 지智의 능력이 강해서 사리를 분별하거나 시비를 가리는 마음이 크다. 예수님은 아닌 것은 아니고 옳은 것은 옳다고 하셨다. 당시의 종교지도자들이 옳은 것은 말뿐이었다. 그래서 그들의 말은 맞지만 그들이 자기들의 행한 말을 실천하지 않는 것을 보시고, 가르친 말은 실천하더라도 그들의 행동은 본받지 말라고 하신 것이다. 말은 그럴듯해도 행동은 결코 진실하지 않았기 때문이었다.

그래서 예수님은 불의한 세력들 앞에서 결국 그들의 손에 의해 죽임 당하실 것을 아시면서도 단 한 번도 그들과 타협하거나, 그들의 권위를 인정하거나, 권력 앞에 고개 숙이지 않으셨다.

D형은 일 중심 구조가 가장 강한 사람들이다. 예수님은 이 땅 위에 하나님의 가장 큰 일을 이루어 드리려고 오셨다. 일생을 오직 '하나님나라' 실현이라는 대명제 하에 한 길을 가셨다. 인류를 죄에서 건지며 진리를 세우시는 대사명을 D형의 요소로 목숨을 걸고 감당하셨던 것이다.

| 예수님의 I형 성품 |

예수님의 I형 요소는 그분의 인간을 향한 관계성과 사람의 마음을 움직이는 화려한 말씀 속에 드러나 있다.

인간관계를 잘하시는 I형 예수님 　누가복음 5장에 보면 I형 베드로를 부르실 때 예수님은 I형의 방식으로 접근하신다. 3절에 보면 베드로가 물고기를 잡을 때 베드로의 배에 오르시고 그곳에서 사람들에게 말씀을 가르치시는 장면이 나온다. 관계성이다. 많은 고깃배 중에서 베드로의 배에 오르셨다는 것은 베드로를 택하시려고 의도적으로 그와의 접촉을 가지셨다는 것을 의미한다.

만일 예수님이 D형적인 요소로 베드로에게 단 한마디로 "나를 따르라"고 했으면 어땠을까? 관계성을 소중히 여기는 베드로에게 너무 싱겁고 부담스러운 초청이 아니었을까? 그러나 주님은 베드로와 먼저 말씀을 나누신 것이 아니라 일반 대중과 말씀을 나누셨다.

자기의 배에서 화려한 말씀으로 뭇 군중들을 가르치시는 예수님의 모습을 바라본 베드로는 자연히 '나도 저렇게 사람들 앞에서 멋진 말씀으로 가르치고 무대에 서고 싶다' 는 I형 특유의 무대 체질인, 나서고 싶은 마음이 발동했을 것이다. I형의 이러한 감성을 이해한다면 I형의 심장부를 바라볼 수 있다.

많은 사람들을 가르치신 주님은 갑자기 베드로를 향해 바라보시면서 "깊은 곳에 그물을 내리라"고 하셨다. 자기와의 접촉을 기다리던 베드로는 예의 그 화려한 미사여구를 토해 낸다. 그냥 "예" 해도 될 것을 "선생이여, 우리들이 밤이 맞도록 수고를 하였으되 얻은 것이 없지마는 말씀에 의지하여 그물을 내리리이다"라고 말이다.

그때 그물이 찢어지도록 고기를 잡은 후에 베드로는 주님 앞에 무릎을 꿇으며 "주여, 나를 떠나소서 나는 죄인이로소이다" 하니 주님은 베드로의 매력적인 언어처럼 똑같이 매력적인 명언을 사용하신다.

"이제 후로는 네가 사람을 취하리라." 이 말씀 한마디에 "나를 떠나달라"고 했던 베드로는 모든 것을 버려두고 예수님을 쫓았다. '사람 낚

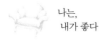

는 어부' 얼마나 멋진 말씀인가? 관계성을 소중히 여기신 예수님의 I형 스타일로 I형을 낚는 모습이다.

사람을 좋아하는 예수님의 I형 성격 유형은 죄인들에 대한 기대치를 낮게 가지셨기 때문에 유대교의 결벽적인 종교주의자들이 율법적으로 사람을 정죄하던 관습을 한 방에 무너뜨리실 수 있었다.

예수님께 소경이 자기의 눈먼 것을 뜨게 해 달라는 요청 앞에 제자들이 "저 사람이 눈이 먼 것은 자기의 죄입니까? 조상의 죄입니까?"라고 물었을 때 예수님은 "누구의 죄도 아니라 하나님의 영광을 위할 뿐"이라고 하시며 그를 고쳐 주셨다.

예수님 주변에 당시 사회에서 죄인들로 분류된 세리와 창기들 각종 불치병자들이 그의 주변에 넘치도록 많아 죄인의 친구라는 별명까지 가지신 것도 사람을 따뜻하게 대하는 예수님의 I형 요소를 보여주고 있는 것이다.

한번은 한 여자가 간음하다가 현장에서 붙잡혀 왔다. 많은 사람들이 "율법에 돌로 쳐서 죽여야 한다고 되어 있는데 당신은 어떻게 하시겠소"라고 했을 때 "죄 없는 자부터 먼저 돌로 쳐라" 하시며 땅에 글씨를 쓰셨다.

많은 사람들은 예수님이 무엇을 쓰셨을까 궁금해한다. 예수님은 이때 I형이 나타나는 시기였으므로 아마도 이렇게 쓰셨을 것 같다. "○○아, 나는 네가 지난 여름에 한 일을 알고 있다."

스킨십이 강한 I형 예수님 I형들은 다른 사람과의 관계를 설정하고 누구와 함께 있는 것을 좋아한다. 사람들과 그냥 있는 것보다도 기왕이면 살이 닿고 만져주는 것을 좋아한다.

　마태복음 8장 2-3절에 보면 한 문둥병자가 예수님께 나아와 자기를 깨끗하게 해 달라는 요청을 한다. C형 요소도 강하신 주님이시기 때문에 상대가 나환자라면 그 몸에 손대기가 꺼림칙해서 그냥 말씀으로만 "네 믿음이 너를 고칠지어다"라고 하실 수도 있다.

　그러나 3절에 보면 손을 내밀어 그에게 대시며 고쳐주신 장면이 있다. 자기 몸의 더러움 때문에 남에게 가까이 가고 싶어도 갈 수 없었고 아무도 자기에게 가까이 오지 않았던 외로운 나환자에게 가장 I형다운 접촉의 방법으로 그를 손으로 만져주시고 전인적으로 마음의 상처까지 치료해주신 것이다.

　하루는 사람들이 예수의 만져주심을 바라고 어린아이들을 데리고 나아오는데 제자들이 그들을 꾸짖자 예수님은 분히 여기셨다.

　"예수께서 보시고 노하시어 이르시되 어린아이들이 내게 오는 것을 용납하고 금하지 말라 하나님의 나라가 이런 자의 것이니라 내가 진실로 너희에게 이르노니 누구든지 하나님의 나라를 어린아이와 같이 받들지 않는 자는 결단코 그곳에 들어가지 못하리라 하시고 그 어린아이들을 안고 그들 위에 안수하시고 축복하시니라"(막 10:13-16)고 돼 있다.

　징그러운 어른도 좋아하는 I형인데 하물며 귀여운 아이들이 오는 것을 막았으니 예수님이 화가 나실 법하지 않겠는가?

　덮어주시는 예수님　I형의 장점은 사람에 대한 낮은 기대치 때문에 남의 허물을 들추지 않고 도리어 덮어주고 감싸주는 데 있다. 그래서 사람들이 그들을 좋아하는 것이다. I형은 지극히 작은 일에도 "그것도 어디냐"고 하면서 기뻐하고 좋아할 줄 안다.

한번은 예수님과 제자들이 밀밭 사이로 지나가다가 제자들이 시장하여 밀 이삭을 훑어서 먹었다. 밀 이삭은 손으로 비벼야 껍질이 벗겨지기 때문에 손을 움직인 것이 안식일에 노동한 것으로 법에 위반되었다고 바리새인들과 시비가 붙었다.

예수님은 제자들의 행위를 비난하는 바리새인들에게 놀랍게도, 사울에게 쫓기던 다윗이 놉 땅에서 아히멜렉에게 진설병을 얻어먹은 이야기를 언급하신다. 무슨 말씀이신가? '이스라엘의 상징인 다윗도 법을 어겼는데 왜 그것은 문제 삼지 않고 우리가 배고파서 먹은 것 가지고 트집을 잡느냐?' 라는 것이다.

이때 알 수 있는 주님의 마음은 안식일도, 율법도 사람을 위해서 존재하는 것 그 이상 그 이하도 아니라는 것이다. 그 후에도 주님은 안식일법을 어긴 제자들의 행위를 비난하지 않으셨다. 다른 이들이 겪는 고난을 자기 아픔처럼 생각하고 덮어주는 행위는 전형적인 I형의 행동 양식이다.

남에게 기쁨을 주는 I형 예수님　　I형들은 외향적 사람들이라 자기와 함께 있는 사람들이 기뻐하는 것을 좋아한다. 특히 자기로 인해서 더욱 즐거워하기를 바라며 그들에게 에너지를 충전시켜 주며 사람을 흥분시키는 데 능한 사람들이다. 그래서 사람의 마음에 감동을 주기도 하고 실제로 남의 도움의 요청에 제일 민감하게 반응한다.

성경에 보면 예수님도 상당히 행복한 분위기를 즐거워하셨다. 오죽하면 "인자는 와서 먹고 마시매 말하기를 보라 먹기를 탐하고 포도주를 즐기는 사람이요"(마 11:19)라는 소리를 들을 정도라고 스스로 말씀하셨을까? 잔칫집에 관한 비유가 많은 것도 주님의 기쁘고 즐거워하는 마음이 얼마나 많은지를 알게 한다.

마태복음 9장 15절에는 너무도 유명한 말씀이 있다. 금식을 요청하는 요한의 제자들에게, 혼인집 손님들이 신랑과 함께 있는데 왜 슬퍼하느냐고 말씀하신 것이다. 새 술은 새 부대에 담으라는 것은 예수님과 함께하는 종교는 낡은 금욕적 종교가 아니라 살아 있는 생명의 종교이니 그분과 함께 기뻐하고 즐거워하라는 의미다. I형의 기뻐하고 즐거워하는 모습이 너무나도 강하게 드러나 있다.

우스갯소리로 I형들을 '남의 똥구멍에 바람 넣어주는 사람들'이라고 하는데, 예수님의 I형 능력은 사람을 즐겁게 해 줄 뿐 아니라 그들을 흥분시키고 자신을 위해 목숨까지 걸고 따르게 만드는 에너지로 충만하다. 그래서 완벽주의자 도마도 그 차분함을 깨고 전혀 C형답지 않게 "우리도 주와 함께 죽으러 가자"고 할 정도로 예수님은 사람을 마음을 움직이는 힘이 강하셨던 것이다.

I형 예수님의 화려한 명언들 I형들은 보편적으로 배움이나 지식의 유무를 떠나서 말을 잘하고 화려한 언어를 사용한다. 예수님도 I형의 강한 요소들로 말씀 한마디에 진리를 함축시킨 매력적인 용어들을 사용하셨다. 예수님이 남기신 말씀 중에 이 세상에서 명언으로 사용되는 문장들이 얼마나 많은가!

"원수를 사랑하라"(마 5:44).

"오른손이 하는 일을 왼손이 모르게 하라"(마 6:3).

"어찌하여 형제의 눈 속에 있는 티는 보고 네 눈 속에 있는 들보는 깨닫지 못하느냐"(마 7:3).

"남에게 대접을 받고자 하는 대로 너희도 남을 대접하라"(마 7:12).

"가이사의 것은 가이사에게, 하나님의 것은 하나님께 바치라"(마 22:21).

이러한 무수한 명언들은 기독교인들 뿐만 아니라 전 세계인의 인구에 회자되었던 말씀들이다. 심오한 진리를 평이한 문구 속에 담아내는 것은 예수님의 높은 I형 요소 때문이다. 물론 "I형만 그렇게 말을 잘하느냐?"라고 물을 수 있지만 나머지 세 유형의 성격은 이러한 단문적인 언어 사용에서 I형보다 결코 앞설 수 없다는 사실을 인식해야만 한다.

❘ 예수님의 S형 성품 ❘

예수님이 가지셨던 성격의 유형 중에 S형 요소는 때를 향한 기다림과 일생 동안 일관적인 사명을 감당한 것에 드러나 있다.

예수님의 인내　예수님은 30세경에 세상에 당신을 드러내셨다. 주께서 사셨던 고향의 사람들은 예수님을 그의 가문과 성장 배경에 대해서 너무나 잘 알고 있었다.

나다나엘은 "나사렛에서 무슨 선한 것이 날 수 있느냐?"고 하면서 예수님의 마을을 무시했고, 요한복음 6장 41-42절에 보면 "자기가 하늘에서 내려온 떡이라 하시므로 유대인들이 예수에 대하여 수군거려 이르되 이는 요셉의 아들 예수가 아니냐 그 부모를 우리가 아는데 자기가 지금 어찌하여 하늘에서 내려왔다 하느냐"라고 고향 사람들이 빈정대고 있다.

마태복음은 "고향으로 돌아가사 그들의 회당에서 가르치시니 그들이 놀라 이르되 이 사람의 이 지혜와 이런 능력이 어디서 났느냐 이는 그 목수의 아들이 아니냐 그 어머니는 마리아, 그 형제들은 야고보, 요셉, 시몬, 유다라 하지 않느냐 그 누이들은 다 우리와 함께 있지 아니하냐 그런즉 이 사람의 이 모든 것이 어디서 났느냐"(마 13:54-56)라고 했다.

이 말씀들은 우리에게 예수님의 S형 요소를 잘 보여주고 있다. S형은 네 성격 중에서 반응이 제일 느린 사람들이다. 생각이 없는 것이 아니라 사리판단한 것이나 좋고 싫음에 대해서 빨리 표현하지 않는다. 그들은 기다리고 인내하는 사람들이다. S형은 때를 위해서 모든 것을 인내할 수 있는 사람들이다.

예수님은 당신의 때를 위해서 30년을 기다리셨다. 그냥 기다리신 것이 아니라 준비하시며 자신의 때가 이르도록 기다리셨다. 하늘과 땅을 뒤엎을 능력과 권세를 가지셨으면서도 가족이나 이웃들이 전혀 예수님에 대해서 알 수 없었을 정도로 자신을 드러내지 않으시고 인내하셨다. 그래서 모든 공관복음서 기자들은 예수님의 공생애 첫 시작을 '때가 차매'로 시작하고 있는 것이다.

평안을 주는 S형 예수님이 가난하고 소외당하고 버림받은 사람

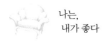

나는,
내가 좋다

들에게 사회적인 율법을 강요하지 않고 그들을 있는 모습 그대로 받아주시고 그들이 소외와 외로움, 질병에서 일어서도록 도와주신 것은 주님이 S형 덕목이 강하셨기 때문이다. "나는 마음이 온유하고 겸손하니 나의 멍에를 메고 내게 배우라"(마 11:29)고 하신 말씀도 주님의 마음이 높은 S형들에게서 나타나는 따뜻함과 온화함을 보여주고 있다.

회당장 야이로의 딸을 살리러 가던 길이었다. 누군가가 와서 예수님의 옷자락을 만졌고, 예수님은 몸에서 능력이 나갔음을 느꼈다. 누가 내 몸에 손을 대었느냐고 물으실 때에 12년 동안 혈루증으로 고생하던 한 여인이 두려워 떨며 땅에 엎드려 자기였음을 고백한다. 그때 예수님이 말씀하신다. "딸아 네 믿음이 너를 구원하였으니 평안히 가라"고 하신다. 우리는 이 대목에서 사람의 마음을 편안하게 해주는 S형의 요소를 엿보게 된다.

S형들의 장점은 태평하다는 것이다. 나쁜 쪽으로 보면 게으른 요소도 강하지만 좋게 보면 배짱도 좋고 믿음이 좋은 것이다. 그래서 S형인 아브라함이 믿음의 조상이라는 칭호를 듣는 것도 쉽게 요동하지 않는 그들의 평안함에 기인한다. 예수님은 믿음에 대한 말씀을 주실 때 평소와는 다르게 S형으로 말씀하신다.

마태복음의 산상수훈 중 6장 25-34절은 S형들이 제일 좋아하는 구절이다. "그러므로 내가 너희에게 이르노니 목숨을 위하여 무엇을 먹을까 무엇을 마실까 몸을 위하여 무엇을 입을까 염려하지 말라… 공중의 새를 보라 심지도 않고(S형이 제일 좋아하는 부분) 거두지도 않고 창고에 모아들이지도 아니하되 너희 하늘 아버지께서 기르시나니 너희는 이것들보다 귀하지 아니하냐… 그러므로 내일 일을 위하여 염려하지 말라 내일 일은 내일이 염려할 것이요 한날의 괴로움은 그날로 족하니라."

드러나기를 원하지 않는 S형　　S형들은 전형적인 무대 아래 체질이다. 그들은 자기들을 무대 위로 끌어올려서 무엇인가 사람들의 이목이 집중되는 것을 부담스럽게 생각한다. I형처럼 스타가 되려는 열망보다 스타를 보는 것을 더욱 좋아한다. 남을 웃기기보다는 남이 자기를 웃겨 주기를 좋아한다. 그래서 그들은 타인에게 전화를 걸어 놓고도 상대가 무슨 말 좀 해 주었으면 하기 때문에 S형과 전화를 하면 아무 말이라도 닥치는 대로 해야 한다.

예수님은 가르치고 불의에 항거하실 때에는 불같이 나섰지만 사람들이 조금이라도 이상하게 주님을 높이려 하면 쉽게 그 자리를 버리시고 겸손한 자리로 돌아가셨다. 요한복음 6장에서 보면 오병이어의 기적이 있은 후 기적을 체험한 사람들이 예수님을 붙잡아 억지로 왕으로 세우려는 줄을 아시고 다시 혼자 산으로 떠나가셨다.

또한 무수한 환자들을 고치신 후에 침묵하라는 명령을 내리신다. 대부분의 사람들이 자기의 조그마한 능력이라도 세상에 드러나기를 원하며 세상의 인기를 귀하게 여겨 목숨을 걸기도 하는데 예수님은 그 위대한 능력을 가지시고도 자기를 드러내기를 원하지 않으신 것이다. 마가복음에는 귀신들에게도 본인의 정체를 드러내지 말도록 명하시는 것을 포함해서 모두 자신을 나타내지 않도록 명하시는 말씀이 아홉 번이나 기록되어 있다(막 1:34, 1:44, 5:43, 7:36, 8:26, 8:30, 9:9, 9:30).

섬김의 종 S형　　S형들은 사람들을 억압하지 않고 그들이 서로 평안히 잘 지내는 것을 좋아한다. 자신들이 갈등 요소를 제일 싫어하기 때문이다. 그러다 보면 자연히 남을 억압하고 지배하는 것보다 불의하지만 않으면 섬기려는 마음이 강한 사람들이다.

예수님은 친히 이사야에 예언된 메시아의 모습처럼 사셨다.

"그는 주 앞에서 자라나기를 연한 순 같고 마른 땅에서 나온 뿌리 같아서 고운 모양도 없고 풍채도 없은즉 우리가 보기에 흠모할 만한 아름다운 것이 없도다 그는 멸시를 받아 사람들에게 버림 받았으며 간고를 많이 겪었으며 질고를 아는 자라 마치 사람들이 그에게서 얼굴을 가리는 것 같이 멸시를 당하였고 우리도 그를 귀히 여기지 아니하였도다" (사 53:2-3)라는 구절처럼 철저히 낮아지고 섬김으로 사셨다.

"인자가 온 것은 섬김을 받으려 함이 아니라 도리어 섬기려 하고 자기 목숨을 많은 사람의 대속물로 주려 함이니라"(막 10:45)고 하였고 실제로 마지막 만찬 때에 제자들의 발을 씻겨 주시며 "내가 주와 또는 선생이 되어 너희 발을 씻었으니 너희도 서로 발을 씻어 주는 것이 옳으니라"(요 13:14)고 본을 보이셨다.

예수님은 마치 소와 같다. 일생 동안 주인을 위해서 논밭을 갈고 무거운 짐을 묵묵히 나르고 마지막에는 죽임을 당한 바 되어 자기 몸을 사람들을 위해 남김없이 베풀고 간다. 가죽부터 꼬리까지 온몸을 각종 부위별로 사람들에게 공급하고 마지막 피 한 방울도 남김 없이 준다.

S형이 소로 상징되는 것도 이와 같이 헌신적이며 섬김의 요소가 강하기 때문이다. 예수님도 마치 소처럼 삶 전부를 주셨고 마지막 자신의 살과 피 한 방울까지 다 주고 가셨다. S형의 완성된 모습은 언제나 이렇

게 헌신과 섬김으로 씨앗을 남기고 또 다른 열매가 그 속에서 나게 하는 것이다.

| 예수님의 C형 성품 |

자비하신 C형 예수님　　C형은 인의 마음을 갖고 있어 측은지심이 강하다. 측은지심이란 어린아이가 물가에서 놀 때 불안해하고 걱정하는 마음을 말한다. 또한 약한 사람을 보호해주고 불쌍히 여기는 마음을 말한다. 주님이 웃으셨다는 구절은 성경에 없지만 민망히 여기시고 불쌍히 여기셨다는 말씀은 많이 찾을 수 있다.

"예수께서 나오사 큰 무리를 보시고 불쌍히 여겨 그중에 있는 병자를 고쳐 주시니라"(마 14:14)는 구절과 칠병이어의 기적으로 많은 사람들을 먹이실 때에도 "예수께서 제자들을 불러 이르시되 내가 무리를 불쌍히 여기노라 그들이 나와 함께 있은 지 이미 사흘이매 먹을 것이 없도다 길에서 기진할까 하여 굶겨 보내지 못하겠노라"(마 15:32)는 말씀을 통해 주님이 얼마나 불쌍한 사람들에 대한 긍휼의 마음을 가지셨는지 알게 한다. 나인성을 지나실 때 한 과부의 아들의 죽음을 보시고 슬퍼하는 어머니를 바라보시며 불쌍히 여기시어 그 아들을 다시 살아나게 하셨다.

많은 환자들을 고치실 때도 그들이 목자 없는 양과 같이 고생하며 유리함을 보시고 민망히 여기셨고(마 9:36), 제자들을 파송하실 때에도 '양을 이리 가운데 보냄과 같다'고 안타까워하셨고, 곧 무너질 예루살렘성을 바라보시며 "예루살렘아 예루살렘아 선지자들을 죽이고 네게 파송된 자들을 돌로 치는 자여 암탉이 그 새끼를 날개 아래에 모음 같이 내가 네 자녀를 모으려 한 일이 몇 번이더냐 그러나 너희가 원하지 아니하였도다"(마 23:37)라고 토로하셨다. 예루살렘을 바라보시며 한탄하시며 이스라엘 백성들을 향한 사랑의 눈물을 흘리셨던 것이다.

원칙주의자 C형 예수님 C형의 장점은 주로 철저하고 완벽한 구조를 갖는다는 것이다. 특히 논리적이고 빈틈이 없는 말씀과 철저한 자기 훈련과 자기 관리가 이들의 핵심 포인트다. 이러한 관점을 가지고 예수님의 말씀과 삶을 보면 얼마나 규칙적이고 원칙 중심적이며 완벽한 논리로 사람들에게 다가가셨는지를 알게 된다.

광야에서 40일 금식 후에 사탄과의 싸움을 하셨을 때 주님은 개인적인 말씀을 하지 않으셨다. 오직 성경말씀으로만 대했다. 무엇을 말하는가? 영적 실체와의 전쟁은 영적 배경을 가진 것에 원리를 두셨다는 것이다. 곧 하나님의 말씀이 항상 제일의 원리라는 것을 깊이 새기고 계셨다는 것이다.

C형은 원칙에 충실한 사람들이다. 이들이 나쁜 일을 한다면 이들은 끝없는 나락에 빠져 완전히 망가진다. 자기를 방기함으로써 스스로를 망가뜨리고 난 뒤엔 우울증으로 세상을 포기하기 때문이다. 그러나 주님은 불의와 추함을 보고 슬퍼하시며 분노하셨지만 C형의 우울의 함정에 빠지지 않으셨다. 그들의 감상과 낭만에 빠지지도 않으셨다. 오직 C형의 최대 장점으로 스스로를 무장하셨다.

논리적 완벽주의자 C형 예수님 C형의 장점은 완벽한 논리와 완벽주의에 있다. 주님의 말씀은 언제나 비유법과 대조법을 사용하셔서 이해하기도 쉽지만 반박할 수 없는 명확한 논리를 가지고 있다.

성경에는 이러한 실례들이 많다(마 6:22-23, 6:26). 산상수훈에도 잘 나타나 있다. "이같이 한즉 하늘에 계신 너희 아버지의 아들이 되리니 이는 하나님이 그 해를 악인과 선인에게 비추시며 비를 의로운 자와 불의한 자에게 내려 주심이라 너희가 너희를 사랑하는 자를 사랑하면 무슨 상이 있으리요 세리도 이같이 아니하느냐"(마 5:45-46).

명백하면서도 통쾌한 논리로 대적하는 자들을 물리치시는 데도 능하셨다. 한번은 성전에 들어가셔서 가르치시는데 대제사장과 백성의 장로들이 "네가 무슨 권세로 이런 일을 하느냐 또 누가 이런 권세를 주었느냐"고 묻자 예수님은 "예수께서 대답하시되 나도 한 말을 너희에게 물으리니 너희가 대답하면 나도 무슨 권위로 이런 일을 하는지 이르리라 요한의 세례가 어디로부터 왔느냐 하늘로부터냐 사람으로부터냐 그들이 서로 의논하여 이르되 만일 하늘로부터라 하면 어찌하여 그를 믿지 아니하였느냐 할 것이요 만일 사람으로부터라 하면 모든 사람이 요한을 선지자로 여기니 백성이 무섭다 하여 예수께 대답하여 이르되 우리가 알지 못하노라 하니 예수께서 이르시되 나도 무슨 권위로 이런 일을 하는지 너희에게 이르지 아니하리라"(마 21:24-27)고 하셨다.

바리새인들이 어떻게 예수를 말의 올무에 걸리게 할까 상론하고 자기 제자들을 헤롯당원과 함께 예수께 보내어 세금 시비를 걸었던 사건이 있었다(마 22:17-22). 그 뒤 벌어지는 사두개인들과의 부활 논쟁에서도 예수님은 분명한 논리로 말씀하셨다(마 22:29-32). 또한 율법에서도 무엇이 가장 소중한 것인지 정확하게 가르쳐 주셨다. "주 너의 하나님을 사랑하는 일이 첫째 계명이고 둘째는 네 이웃을 네 몸과 같이 사랑하라"

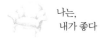

공평하신 C형 예수님　　C형은 공평한 것을 좋아한다. 예수님은 자본주의 논리보다 하나님나라의 논리를 앞세우셨다. 자본주의 논리에서는 많이 배우고 많이 소유한 자가 사회를 지배하고 리더가 된다. 그러나 하나님나라에서는 누구나 기회를 얻는다. 어떤 사람에게는 한 달란트를 주고 어떤 사람에게는 다섯을, 어떤 사람에게는 둘을 준다. 주님은 다섯 달란트 받은 사람이 많이 남겼기 때문에 칭찬한 것이 아니다. 자기에게 주어진 것이 많든 적든 열심히 일하고 남긴 사람을 칭찬하신 것이다.

그러나 한 달란트 받은 사람은 자기에게 주어진 것의 작음 때문에 불평하고 일하지 않았다. 그때 주님은 은행에라도 넣었으면 변리라도 생겼을 것이 아니냐 하고 책망하셨다. 무슨 말씀이신가? 다섯 개의 일을 할 사람에게는 다섯 개 분량의 일감을 주시고, 한 개 만큼 일할 사람은 한 개 분량을 주셨다는 것이다. 양은 다르지만 능력과 개인의 역량에 있어서는 균등하다는 것이다. 걱정하셨던 것처럼 한 개 받은 사람은 한 개 분량만큼도 결국은 해내지 못했다.

예수님의 공평하신 C형 요소를 보여주는 예가 더 있다. 마태복음 20장에 보면 포도원의 일꾼들에 대한 말씀을 예로 들어 설명하신다. 천국은 마치 일꾼을 얻어 포도원에 들여보내려고 이른 아침에 나간 집주인과 같다고 하셨다. 집주인의 모습이 천국의 모습이라는 것이다.

집주인은 무엇을 했는가? 삼시에 나가 얻은 일꾼과 육시, 구시, 십일시에 온 모든 일꾼들에게 공평하게 한 데나리온씩 주었다. 먼저 와서 일한 사람들은 더 받을 줄 알고 기대했다가 똑같이 나누어 주는 주인에게 불만을 터뜨렸다. 그러나 주인은 단호하게 말한다. 누구에게나 똑같이 일할 권리가 있고 이것은 주인의 마음이며 나는 너희들과 한 데나리온에 계약을 했기 때문에 한 데나리온을 줄 뿐이라고 하셨다. 이렇게 서로 공평하게 모든 사람들을 대하는 것은 C형들의 특징이다.

C형은 성실하고 책임감이 강하다. 주님은 그 짧은 공생애의 기간 동안 심히 피곤하고 지치셨을 텐데도 성실하게 기도하셨다. 대단한 일에만 성실한 것이 아니라 작은 일에도 지극히 성실하다. 예수님은 기도하는 일에도 성실하셨다. 왕이 되고 높임받는 일에 부지런하지 않으셨고 그 놀라운 능력과 권세를 가지시고도 겸손하게 하나님과 함께 계시며 기도하는 일에 성실하셨다.

마가복음 1장 35절에 "새벽 오히려 미명에 일어나 나가 한적한 곳에 가사 거기서 기도하셨다"고 했다. C형들은 홀로 한적한 시간 속에 있기를 즐거워한다. 그 시간에 내적 충만함을 얻기 때문이다.

주님은 바쁜 일과 속에서도 새벽 시간을 쪼개서 하나님과 함께하셨다. 가르치심에 성실하셨고 병자들을 치료하시는 데도 성실하셨다. 마지막 겟세마네 동산에서 죽으심을 결단하실 때까지도 주님은 기도에 매달리셨고 그에게 주어진 십자가의 책임을 완수하시고 결국은 승리하셨다.

하나님은 인류 구원의 대사명을 감당하신 예수 그리스도를 만유 위에 뛰어난 이름을 주사 하늘과 땅 위에 있는 자들과 땅 아래 있는 자들로 모든 무릎을 그 아래에 꿇게 하시고 주라 부르도록 하셨고 오늘과 영원토록 우리의 주님이 되게 하셨다.

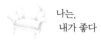

이야기를 맺으며

주님이 열어 놓으신 길은 주님 혼자만 가시기 위한 것이 결코 아니다. 주님의 제자된 모든 사람들이 쉽게 따라갈 수 있도록 만들어 놓으신 것이다. 그리고 아주 친절한 안내자를 주셨다. 바로 성령님이시다. 성령님께 우리의 약함을 도와주시도록 구하고 그분의 음성에 전적으로 순종하면 우리의 모든 성격적 결함 위에 뛰어나신 성령님은 우리의 단점을 장점으로 채워주시고 언젠가는 완전에 이르도록 인도하실 것이다.

나의 성격 유형이 무엇이고 다른 사람의 성격 유형이 무엇인가를 아는 일도 중요하지만, 성격 유형을 알아야 하는 최종 목표는 그것을 뛰어넘어 예수님처럼 불의 앞에 분노할 줄 알고, 불쌍한 사람들과 같이 아파하고, 진리와 참됨을 실현하는 것에 있다. 그때에 우리의 인격이 성숙되고 하나님나라가 이루어지는 것이다.

DISC로 알아보는
성격 유형 검사 방법

부록에 있는 검사를 한 가지만 실행해도 자신과 상대방의 성격을 알게 된다. 그러나 모든 검사를 다 하게 되면 자신과 타인의 드러난 성격 외에 숨겨진 가면적인 성격도 찾을 수 있게 된다. 사람의 성격을 알면 가슴에 품지 못할 사람이 없다. 우리는 틀린 존재가 아니라 서로 다른 존재라는 것을 인식하면서 검사를 시작하자.

1. 설문지 검사

나를 가장 잘 나타낸 순서대로 빈칸에 4점/3점/2점/1점을 기입한다. 왼쪽에서 오른쪽 방향으로 읽으면서 점수를 적되, 빈칸을 남겨 두거나 같은 점수를 적으면 안 된다.

"가장 잘 맞는 것"은 4점, "종종 그렇다"는 3점, "가끔씩 그렇다"는 2점, "거의 그렇게 하지 않는다"는 1점이다. 모두 기입했다면 세로의 모든 점수를 더하고 (가), (나), (다), (라)의 빈칸에 총점을 기입한다. 네 가지 총점의 합은 150점이 되어야 한다.

나는,
내가 좋다

DISC 행동 유형 평가

		점수		점수		점수		점수
내 성격은…	명령적이고 주도적이다		사교적이며 감정 표현을 잘 한다		태평스럽고 느리다		진지하고 세심하며 상식적이다	
나는 …에 둘러싸인 환경을 좋아한다	개인적 성취와 보상 및 목표지향적		사람을 좋아하는		그림, 편지와 내 물건들		질서와 기능 조직	
내 성격 스타일은 …하는 경향이 있다	결과를 중시		사람을 중시		과정과 팀을 중시		세부사항을 중시	
다른 이에 대한 내 태도는…	시원시원하다		친절하고 싹싹하다		착실하고 자제력있다		차갑고 객관적이다	
다른 사람의 말을 들을 때…	종종 참을성이 없다		주위가 산만하다		기꺼이 주위를 기울여 듣는다		사실에 초점을 맞추고 분석한다	
나는 다른 사람과 …에 대해 이야기하는 것을 좋아한다	내 업적		나 자신과 다른 사람들		가족과 친구		사건과 정보 조직	
나는 사람들에게 …경향이 있다.	사람들에게 지시하는		사람들에게 영향을 미치는		잘 용납하는		가치와 질로 평가하는	
축구팀에 들어가면 나의 포지션은…	최전방 공격수		공격형 수비수		수비형 공격수		최종 수비수	
나에게 시간은…	항상 바빠하는		교제에 많은 시간을 사용하는		시간을 중시 하지만 그리 부담이 없는		시간의 중요성을 알고 시간 활용을 잘하는	
내가 교통표지판을 만든다면…	난폭운전! 죽음을 부릅니다		웃는엄마 밝은아 빠 알고보니 양 보운전		조금씩 양보 하면 좁은 길도 넓어진다		너와 내가 지킨 질서 나라안녕 국가번영	
평소 내 목소리는…	감정적, 지시적 힘있고 짧고 높은 톤		감정적, 열정적 가늘고 높은 톤		감정이 적게 개입되고 굵고 낮은 톤		냉정하고 감정을 억제하고 가늘고 낮은톤	
내 제스처는 대부분…	강하고 민첩하다		개방적이고 친절하다		경직되고 느리다		계산되고 신중하다	
나는 … 스타일의 옷을 좋아한다.	정장		멋을 내는 캐쥬얼		실용적이고 편리함을 추구하는		검소하고 소탈하며 깔끔한	
나의 전체적인 태도는 …으로 묘사할 수 있다	권위적		매력적인 사교적, 외향적		수용적 또는 개방적		평가적이거나 말이 없는	
내 삶의 페이스는…	빠르다		열광적이다		안정되어 있다		조절되어 있다	
총점	(가)		(나)		(다)		(라)	

| 설문지 기록 검사 방법 |

한 개만 높은 경우   네 가지의 성향 중 어느 한 개가 50점 이상 나오고 두 번째 높은 점수보다 약 10점에서 15점 이상 차이가 나면, 그 한 개만 기록한다. 예를 들면 (가)의 점수가 높게 나왔다고 하면 설문지 검사란에 '높은 D형'이라고 기록한다.

두 개가 높은 경우   설문지 검사 결과 두 개가 서로 엇비슷한 경우(보통 사람들의 약 50~60% 정도가 이에 해당함)는 두 개의 성향을 높은 점수 순서대로 쓰면 된다. 이를테면 (가)와 (나)가 순서대로 45점 정도로 비슷하게 나왔으면 D/I형으로 기록한다.

세 개가 엇비슷한 경우   이런 유형의 사람들은 인구의 약 20~30% 정도가 된다. 이를테면 (가), (나), (다)의 순서대로 세 개가 모두 비슷하면 D/I/S형인 것이다. 혹은 거꾸로 (라), (다), (나)의 점수가 비슷하게 높이 나오면 C/S/I형이 되는 셈이다.

네 개가 모두 비슷한 경우   이런 경우는 네 개를 순서대로 모두 기록하면 된다(보통 사람들의 5% 정도가 이에 해당함).

| 점수로 그래프 그리기 |

1. (가)는 D를, (나)는 I를, (다)는 S를, (라)는 C를 측정한 것이다. 각 칸의 숫자를 그래프에 표시한다. 예를 들어 (가) 점수가 39점이라면 그래프에 있는 D줄의 39점에 점을 찍으면 된다.

2. 36점 이상에 있는 점 주위에 동그라미를 그린다. 이것이 당신의 주된 성격 유형이다.

나는 (　　) 유형이다.

나의 행동 유형은 (　　)형이다.

※ 아래의 프로파일 참조

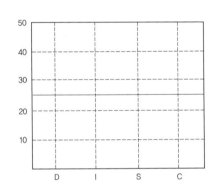

DISC의 40개 행동 유형 프로파일

행동 유형	행동 유형	행동 유형	행동 유형	행동 유형	행동 유형
D	감독자형	I/S	격려자형	S/C/D	전략가형
D/I	결과지향형	I/S/D	헌신자형	S/C/I	평화중재자형
D/I/S	관계중심적 지도자형	I/S/C	코치형	C	논리적 사고형
D/I/C	대법관형	I/C	대인협상가형	C/D	설계자형
D/S	성취자형	I/C/D	업무협상가형	C/D/I	프로듀서형
D/S/I	업무중심적 지도자형	I/C/S	조정자형	C/D/S	심사숙고형
D/S/C	전문가형	S	팀플레이어형	C/I	평론가형
D/C	개척자형	S/D	전문적 성취자형	C/I/D	작가형
D/C/S	대중강사형	S/D/I	디자이너형	C/I/S	중재자형
D/C/S	마이스터형	S/D/C	수사관형	C/S	원칙중심형
I	분위기 메이커형	S/I	조언자형	C/S/D	국난극복형
I/D	설득자형	S/I/D	평화적 리더형	C/S/I	교수형
I/D/S	정치가형	S/I/C	상담자형		
I/D/C	지도자형	S/C	관리자형		

2. 에너지 검사 – 오링테스트

① 오링테스트를 실시하기 전에 설문지 검사를 반드시 마쳐야 한다(에너지 검사와 비교해서 자신의 가면을 찾을 수 있기 때문이다).

② 정밀하게 검사하기 위해서는 시계, 반지, 목걸이 등 귀금속을 빼고 전자파가 나오는 물건이나 장소를 피한다. 일어서서 검사하는 것이 좋다.

③ 먼저 오른손잡이는 왼손을, 왼손잡이는 오른손을 각각 네 차례씩 윗가슴, 가슴, 배, 아랫배에 대고, 다른 손은 팔을 쭉 뻗어 중지손가락으로 꿀밤을 때릴 때의 손가락 모양으로 오링 형태를 만든다(아래 그림 참조).

④ 검사를 해 주는 사람은 피검사자의 정면에 서서 양손을 갈고리 모양으로 만들어 네 차례씩 천천히 상대의 손가락을 떼어 본다. 이때 네 곳 모두 똑같은 힘을 줘야 한다. 갑자기 확 떼어서도 안 된다. 아주 강하게 손가락에 힘이 들어가서 잘 벌어지지 않는 자리가 강한 에너지가 흐르는 곳으로써 바로 자신의 유형이다(검사자와 피검사자의 체격이 어느 정도 서로 비슷하면 더 정확하게 할 수 있다).

〈검사자와 피검사자의 모습〉

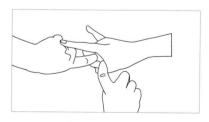

〈오링 떼는 모습〉

나는,
내가 좋다

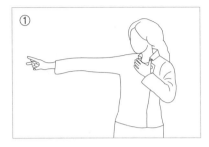

① **윗가슴(목 아랫부분)** 제일 위의 폐부에서 손가락이 안 떨어지는 사람은 폐의 주도적인 에너지가 강한 것이다. 이런 사람은 지배적이고 부지런하며 일 중심적인 D형이다.

② **가슴** 두 번째 가슴에서 손가락이 떨어지지 않고 강한 반응을 보이는 사람은 소화와 사랑 에너지가 강한 I형이다.

③ **배** 세 번째 복부에서 강한 에너지 반응을 보이는 사람은 간 에너지인 포용과 관용의 사람인 S형이다.

④ **아랫배** 마지막으로 아랫배에서 강한 반응을 보이는 사람은 분석적이고 창의적인 에너지가 충만하여 신중하고도 차분한 C형이다.

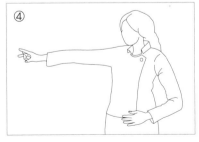

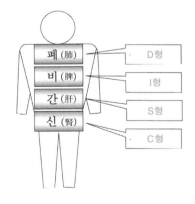

폐(肺)	D형
비(脾)	I형
간(肝)	S형
신(腎)	C형

3. 가면 찾기 검사

설문지 검사와 에너지 검사(오링테스트)가 동일한 사람은 가면이 없다. 가면이 없으면 성향 검사표에 '없음'이라고 기록하면 된다. 그러나 설문지 검사와 에너지 검사 결과가 다르게 나온 사람들은 설문지 검사가 가면이 된다. 이러한 검사 결과가 나온 사람들은 '가면 찾기'란에 가면을 기록하면 된다. 예를 들면 설문지 검사에는 D/I형이 나왔는데 에너지 검사에는 D/C형이 나왔다면 I형의 가면을 썼다는 이야기다. 그러므로 가면란에 I형이라고 기록하면 된다.

에너지 검사 결과와 설문지 검사 결과와 같은 사람들은 지금까지 살아오면서 큰 기복 없이 평탄한 생애를 살아온 사람들이다. 그러나 설문지 검사 결과와 에너지 검사 결과가 다르게 나온 사람들은 어려서부터 엄한 부모 밑에서 통제를 받았거나, 본인이 자신의 성격이 싫어서 고치려고 노력했거나, 직업상 생존을 위해 가면을 만들어 쓰게 된 경우(제일 많은 경우에 해당됨)에 해당하는 사람들이다.

현대인들은 복잡하고도 다양한 인간관계로 인해서 본래의 자신이 아닌 다양한 가면을 만들어 사용한다. 또 하나의 자신을 만드는 창조라는 측면에서 가면은 필요하다. 그러나 가면을 사용하는 삶이 오래 지속되면 자기 정체성에 심각한 문제가 발생한다.

설문지 검사와 에너지 검사를 통해 자신이 살아온 삶을 발견하고 자신의 본연의 에너지를 만나게 될 때 사람은 인생의 신비와 창조의 파워를 경험하며 행복하게 된다.

4. 자신의 종합 성향

자신의 가면까지 발견한 사람은 마지막으로 〈성향 검사표〉에 있는 종합 성향란에 설문지 검사와 에너지 검사 결과로 나온 성향들을 전부 기록하면 된다. 예를 들어 설문지 검사에는 D/I형이 나왔는데 에너지 검사가 S/C로 나왔다면 종합 성향에는 선천적인 S/C와 후천적인 D/I를 모두 합해서 S/C/D/I라고 네 가지 성향을 모두 기록하면 된다. 물론 순서는 에너지의 강한 순서대로 기록한다.

그러나 설문지 검사에는 D/S형이 나왔는데 에너지 검사에는 S/C 형이 나왔다면 이 사람은 D형의 가면을 쓴 것이고 C형은 사용하지 않고 그대로 간직한 에너지가 된 것이다. 이럴 경우에는 종합 성향란에 S/C/D형으로 기록하면 된다. 항상 에너지 검사가 원칙이고 설문지 검사가 나중이다. 설문지 검사는 다시 바뀔 수 있지만 에너지 검사의 결과는 좀처럼 바뀌지 않기 때문이다.

설문지 검사는 여러 차례 반복하는 것이 좋다.

성격 유형 검사표

날짜	설문지 검사	에너지 검사	가면 찾기 검사	종합 성향

나는,
내가 좋다